عقائد و نظریات کو قرآنی تناظر میں سمجھانے والی کنز المدارس بورڈ کے

نصاب میں شامل اردو زبان میں ایک اصولی کتاب

بنام

اَلْاِمْعَان فِیْ فَھْمِ الْقُرْآن

فہمِ قرآن کے ضابطے

The rules of understanding the glorious Qur'aan

مصنف

مولانا عبد اللہ نعیم صدیقی عطاری مدنی

معاون

مولانا محمد احمد امین عطاری مدنی

پیشکش

المدینۃ العلمیۃ

Islamic Research Center

المدینۃ العلمیۃ (دعوتِ اسلامی)

ناشر

مکتبۃ المدینہ کراچی

مکتبۃ المدینہ

MAKTABA TUL MADINAH

نام کتاب	اَلْاِمْعَان فِیْ فَهْمِ الْقُرْآن فہمِ قرآن کے ضابطے
مصنف	مولانا عبد اللہ نعیم صدیقی عطاری مدنی
معاون	مولانا محمد احمد امین عطاری مدنی
صفحات	223
پیشکش	المدینۃ العلمیۃ Islamic Research Center شعبہ درسی کتب
پہلی بار	ذوالقعدہ ۱۴۴۵ھ، مئی 2024ء تعداد: 10000 (دس ہزار)
دوسری بار	ربیع الآخر ۱۴۴۶ھ، اکتوبر 2024ء تعداد: 12000 (بارہ ہزار)

مکتبۃ المدینہ

MAKTABA TUL MADINAH

دینی کتابوں کی اشاعت کا بین الاقوامی ادارہ

فیضانِ مدینہ، محلہ سوداگران، پرانی سبزی منڈی، کراچی

Faizan-E-Madina,Mohalla Sodagaran,Old Sabzi Mandi,Karachi

UAN : +922111111252692, Ext : 1144 , , :92-313-1139278, Ext : 9223

www.dawateislami.net www.maktabatulmadinah.com

ilmia@dawateislami.net feedback@maktabatulmadinah.com

پاکستان کے چند مکتبۃ المدینہ

کراچی: عالمی مدنی مرکز فیضان مدینہ نزد عسکری پارک کراچی	+92 312 2802126	لاہور: داتا دربار مارکیٹ نزد ستا ہوٹل گنج بخش روڈ لاہور	+92 42 37300561
ملتان: نزد پیپل والی مسجد اندرون بوہڑ گیٹ ملتان	+92 61 4511192	اسلام آباد: فیضان مدینہ، شبیر شریف روڈ، جی 11 مرکز، اسلام آباد	+92 314 5208663
فیصل آباد: امین پور بازار فیصل آباد	+92 41 2632625	راولپنڈی: اقبال روڈ فضل داد پلازہ بیسمنٹ نزد کمیٹی چوک راولپنڈی	+92 51 5553765
حیدر آباد: فیضان مدینہ آفندی ٹاؤن حیدر آباد	+92 313 0492960	پشاور: سٹی ٹاور شاپ #ایف 15,16 کابلی روڈ پشاور	+92 341 1458486
کراچی: اردو بازار نزد سو بھراج ہسپتال کراچی	+92 318 3402526	کراچی: رضا مسجد چشتیہ مارکیٹ کورنگی 4 نمبر کراچی	+92 311 2569741
گجرانوالہ: عرفات کالونی شیخوپورہ موڑ جی ٹی روڈ گجرانوالہ	+92 316 7223528	گجرات: گلی فیضان مدینہ شاہ جہانگیر روڈ گجرات	+92 312 6372786
آزاد کشمیر: نزد فیضان مدینہ چوک شہیداں میرپور آزاد کشمیر	+92 300 5787824	خان پور: شاہی روڈ نزد دورانی چوک خان پور	+92 312 7436719

تصدیق نامہ

تاریخ: ۶ ذوالقعدہ ۱۴۴۵ھ

حوالہ نمبر: 295

اَلْحَمْدُ لِلّٰہِ رَبِّ الْعٰلَمِیْنَ وَالصَّلٰوۃُ وَالسَّلَامُ عَلٰی سَیِّدِ الْمُرْسَلِیْنَ وَعَلٰی اٰلِہٖ وَاَصْحَابِہٖ اَجْمَعِیْن

تصدیق کی جاتی ہے کہ کتاب

"اَلْاِمْعَان فِیْ فَهْمِ الْقُرْآن فہمِ قرآن کے ضابطے"

(مطبوعہ مکتبۃ المدینہ) پر مجلسِ تفتیشِ کتب و رسائل کی جانب سے نظرثانی کی کوشش کی گئی ہے۔ مجلس نے اسے عقائد، کفریہ عبارات اور فقہی مسائل وغیرہ کے حوالے سے مقدور بھر ملاحظہ کر لیا ہے، البتہ کمپوزنگ یا کتابت کی غلطیوں کا ذمہ مجلس پر نہیں۔

مجلس تفتیشِ کتب و رسائل (دعوتِ اسلامی)

15-05-2024

یادداشت

(دَورانِ مُطالعہ ضَرورتاً انڈر لائن کیجیے، اِشارات لکھ کر صفحہ نمبر نوٹ فرمالیجیے، ان شاءاللہ علم میں ترقّی ہوگی)

عنوان	صفحہ	عنوان	صفحہ

یادداشت

(دَورانِ مُطالعہ ضَرورتاً انڈر لائن کیجیے، اِشارات لکھ کر صفحہ نمبر نوٹ فرمالیجیے، ان شاءاللہ عِلم میں ترقی ہوگی)

عنوان	صفحہ	عنوان	صفحہ

فہرست

نیّتیں

اَلْحَمْدُ لِلّٰهِ رَبِّ الْعٰلَمِیْنَ وَالصَّلٰوةُ وَالسَّلَامُ عَلٰی سَیِّدِ الْمُرْسَلِیْنَ
اَمَّا بَعْدُ فَاَعُوْذُ بِاللّٰهِ مِنَ الشَّیْطٰنِ الرَّجِیْمِ بِسْمِ اللّٰهِ الرَّحْمٰنِ الرَّحِیْمِ

"قرآن سمجھنا بڑی سعادت ہے"
کے 19 حروف کی نسبت سے اس کتاب کو پڑھنے کی 19 نیّتیں

فرمانِ مصطفےٰ صلی اللہ علیہ واٰلہٖ وسلم: "نِیَّةُ الْمُؤْمِنِ خَیْرٌ مِّنْ عَمَلِهٖ" یعنی مسلمان کی نیّت اس کے عمل سے بہتر ہے۔ (معجمِ کبیر، 6/185، حدیث: 5942)

مَدَنی پھول: جتنی اچّھی نیّتیں زیادہ، اُتنا ثواب بھی زیادہ۔

(1 تا 4) ہر بار حمد و صلوٰۃ اور تعوذ و تسمیہ سے آغاز کروں گا (اِسی صفحہ کی ابتدا میں دی گئی دو عربی عبارات پڑھ لینے سے چاروں نیّتوں پر عمل ہو جائے گا) (5) رِضائے اِلٰہی کے لیے اوّل تا آخر اِس کتاب کا مُطالعہ کروں گا (6) حَتَّی الوسع اس کا باوُضو اور (7) قبلہ رُو مُطالعہ کروں گا (8) قرآنی آیات اور (9) احادیثِ مبارکہ کی زیارت کروں گا (10) جہاں سرکار کا اِسمِ مُبارک آئے گا وہاں "صلی اللہ علیہ واٰلہٖ وسلم" پڑھوں گا (11) جہاں کسی بزرگ کا نام آئے گا وہاں "رضی اللہ عنہ" یا "رحمۃ اللہ علیہ" پڑھوں گا (12) اِس رِوایت "عِنْدَ ذِکْرِ الصَّالِحِیْنَ تَنْزِلُ الرَّحْمَةُ" یعنی نیک لوگوں کے ذِکر کے وقت رَحمت نازِل ہوتی ہے۔ (حلیۃ الاولیاء، 7/335، رقم: 10750) پر عمل کرتے ہوئے صالحین کے ذِکر کی بَرَکتیں لُوٹوں گا (13) مسلمانوں کو یہ کتاب پڑھنے کی تَرغیب دِلاؤں گا (14) اِس حدیثِ پاک "تَهَادَوْا تَحَابُّوْا" یعنی ایک دوسرے کو تحفہ دو آپس میں محبت بڑھے گی۔ (مؤطا امام مالک، 2/407، حدیث: 1731) پر عمل کی نیّت سے (ایک یا حسبِ توفیق) یہ کتاب خرید کر دوسروں کو تحفہ دوں گا (15) اِس کتاب کے مُطالعے کا ثواب ساری اُمّت کو اِیصال کروں گا (16) حکمِ الٰہی پر عمل کرنے کی نیت سے آیاتِ قرآنیہ میں غور و فکر کروں گا (17) کتاب میں بتائے گئے ضابطوں کی روشنی میں قرآن سمجھوں گا (18) ذاتی نسخے پر "یادداشت" والے صفحہ پر ضَروری نِکات لکھوں گا (19) کتابت وغیرہ میں شَرعی غلطی ملی تو ناشرین کو تحریری طور پر مطلع کروں گا۔ (مصنّف یا ناشرین وغیرہ کو کتابوں کی اَغلاط صِرف زبانی بتانا خاص مفید نہیں ہوتا)

المدينةُ العلمية
(Islamic Research Center)

عالمِ اسلام کی عظیم دینی تحریک دعوتِ اسلامی نے مسلمانوں کو درست اسلامی لٹریچر پہنچانے اور اس کے ذریعے اصلاحِ فرد و معاشرہ کے عظیم مقصد کے لیے 1421ھ مطابق 2001ء کو جامعۃ المدینہ گلستانِ جوہر کراچی میں المدینۃ العلمیہ کے نام سے ایک تحقیقی ادارہ قائم کیا جس کا بنیادی مقصد اعلیٰ حضرت امام احمد رضا خان قادری رحمۃُ اللہِ علیہ کی کتب کو دورِ حاضر کے تقاضوں کے مطابق شائع کروانا تھا۔ جمادی الاولیٰ 1424ھ/جولائی 2003ء میں اسے عالمی مدنی مرکز فیضانِ مدینہ پرانی سبزی منڈی، یونیورسٹی روڈ کراچی میں منتقل کر دیا گیا۔ امیرِ اہلِ سنّت، بانیٔ دعوتِ اسلامی علامہ محمد الیاس عطار قادری دامت بَرَکاتُہمُ العالیہ کے نیکی کی دعوت، اِحیائے سنّت اور اِشاعتِ علمِ شریعت کا عزم پیشِ نظر رکھتے ہوئے یہ ادارہ چھ 6 شعبہ جات میں تقسیم کیا گیا۔ پھر ان میں بتدریج اضافہ ہوتا رہا۔ اس کی کراچی کے علاوہ ایک شاخ مدنی مرکز فیضان مدینہ، مدینہ ٹاؤن فیصل آباد، پنجاب میں بھی قائم ہو چکی ہے، دونوں شاخوں میں 120 سے زائد علما تصنیف و تالیف یا ترجمہ و تحقیق وغیرہ کے کام میں مصروف ہیں اور 2021ء تک اس کے 23 شعبے قائم کئے جا چکے ہیں:

(1) شعبہ فیضانِ قرآن (2) شعبہ فیضانِ حدیث (3) شعبہ فقہ (فقہ حنفی و شافعی) (4) شعبہ سیرتِ مصطفےٰ (5) شعبہ فیضانِ صحابہ و اہلِ بیت (6) شعبہ فیضانِ صحابیات و صالحات (7) شعبہ فیضانِ اولیا و علما (8) شعبہ کتبِ اعلیٰ حضرت (9) شعبہ تخریج (10) شعبہ درسی کتب (11) شعبہ اصلاحی کتب (12) شعبہ ہفتہ وار رسالہ (13) شعبہ بیاناتِ دعوتِ اسلامی (14) شعبہ تراجم کتب (15) شعبہ فیضانِ امیرِ اہلِ سنّت (16) ماہنامہ فیضانِ مدینہ (17) شعبہ دینی کاموں کی تحریرات و رسائل (18) دعوتِ اسلامی کے شب و روز (19) شعبہ بچّوں کی دنیا (20) شعبہ رسائلِ دعوتِ اسلامی (21) شعبہ گرافکس ڈیزائننگ (22) شعبہ رابطہ برائے مصنفین و محققین (23) شعبہ انتظامی امور۔

المدینۃ العلمیۃ کے اغراض و مقاصد یہ ہیں: ☆ باصلاحیت علمائے کرام کو تحقیق، تصنیف و تالیف کے لیے پلیٹ فارم مہیا کرنا اور ان کی صلاحیتوں میں اضافہ کرنا۔ ☆ قرآنی تعلیمات کو عصری تقاضوں کے مطابق منظر عام پر لانا۔ ☆ افادۂ خواص و عوام کے لیے علومِ حدیث اور بالخصوص شرحِ حدیث پر مشتمل کتب تحریر کرنا۔ ☆ سیرتِ نبوی، عہدِ نبوی، قوانینِ نبوی، طبِ نبوی وغیرہ پر مشتمل تحریریں شائع کرنا۔ ☆ اہلِ بیت و صحابہ کرام اور علماوبزرگانِ دین کی حیات و خدمات سے آگاہ کرنا۔ ☆ بزرگوں کی کتب و رسائل جدید منہج و اسلوب کے مطابق منظر عام پر لانا بالخصوص عربی مخطوطات (غیر مطبوع) کتب و رسائل کو دورِ جدید سے ہم آہنگ تحقیقی منہج پر شائع کروانا۔ ☆ نیکی کی دعوت کا جذبہ رکھنے والوں کو مستند مواد فراہم کرنا۔ ☆ دینی و دنیاوی تعلیمی اداروں کے طلبہ کو مستند صحت مند مواد کی فراہمی نیز درسِ نظامی کے طلبہ و اساتذہ کے لیے نصابی کتب عمدہ شروحات و حواشی کے ساتھ شائع کرکے ان کی ضرورت کو پورا کرنا۔

اَلْحَمْدُ لِلّٰہ! اَمیرِ اَہلِ سنّت دامت بَرَکاتُہمُ العالیہ کی شفقت و عنایت، تربیت اور عطاکردہ اصولوں پر عمل پیرا ہونے کا ہی نتیجہ ہے کہ دنیاو آخرت میں کامیابی پانے، نئی نسل کو اسلام کی حقانیت سے آگاہ کرنے، انہیں باعمل مسلمان اور ایک صحت مند معاشرے کا بہترین فرد بنانے، والدین واساتذہ اور سرپرست حضرات کو اندازِ تربیت کے درست طریقوں سے آگاہ کرنے اور اسلام کی نظریاتی سرحدوں اور دین و ایمان کی حفاظت کے لیے المدینۃ العلمیۃ نے اپنے آغاز سے لے کر اب تک جو کام کیا وہ اپنی مثال آپ ہے۔

اللہ پاک اپنے فضل و کرم سے بشمول المدینۃ العلمیۃ دعوتِ اسلامی کے دینی کاموں، اداروں اور شعبوں کو مزید ترقی عطا فرمائے۔

اٰمین بجاہ النبی الامین صلی اللہ علیہ واٰلہٖ وسلم

تاریخ: 15 شوال المکرم 1442ھ / 27 مئی 2021ء

ہدیۂ قارئین

قرآن مجید علم و حکمت کا سمندر ہے، یہ وہ بحر بے کراں ہے جس کی وسعت و گہرائی کی کوئی انتہا نہیں۔ جو اس سمندر میں غوطہ زن ہوتا ہے وہ علمی موتیوں اور روحانی خزانوں سے اپنی جھولی بھر کر سطح آب پر نمودار ہوتا ہے۔ عالَمِ ہستی میں یہ وہ واحد کتاب ہے جس سے علم و حکمت کے سوتے پھوٹ رہے ہیں، اس مضبوط حجت اور دائمی معجزہ میں تمام حکمتیں بھری ہوئی ہیں؛ پوشیدہ بھی، ظاہری بھی، کلی بھی اور جزئی بھی۔ اس میں اللہ تعالیٰ کے جمال و کمال کے لشکر گھوم رہے ہیں، اس کے علوم و اسرار کے سمندر موجیں مار رہے ہیں اور اس کے جلال و عظمت کے جھنڈے لہرا رہے ہیں؛ کسی پہچاننے والے نے اس کو پہچان لیا تو اسے اپنے رب کی بڑی بڑی نشانیاں نظر آنے لگیں اور نہ جاننے والے جہالت و گمراہی کے گڑھے میں جا گرے۔

قرآن حکیم کی شستہ بیانی، مضامین کے تنوع اور اس کے اعجاز سے غمگین لوگوں کو سکون و اطمینان اور دکھی دلوں کو شفا ملتی ہے۔ ارشادِ خداوندی ہے:

يٰۤاَيُّهَا النَّاسُ قَدْ جَآءَتْكُمْ مَّوْعِظَةٌ مِّنْ رَّبِّكُمْ وَشِفَآءٌ لِّمَا فِى الصُّدُوْرِ ۙ وَهُدًى وَّرَحْمَةٌ لِّلْمُؤْمِنِيْنَ ﴿۵۷﴾

ترجمہ: اے لوگو تمہارے پاس تمہارے رب کی طرف سے نصیحت آئی اور دلوں کی صحت اور ہدایت اور رحمت ایمان والوں کے لئے۔ (پ 11، یونس:57)

قرآن حکیم، یاد کرنے اور آخرت کی فکر پیدا کرنے کی خاطر نصیحت حاصل کرنے والوں کے لیے تو بیشک آسان ہے لیکن اس کے کلیات اور مثالوں کو صرف عُلَمائے کِرام ہی سمجھ پاتے ہیں۔ ارشاد باری تعالیٰ ہے:

وَ تِلْكَ الْاَمْثَالُ نَضْرِبُهَا لِلنَّاسِ ۚ وَمَا يَعْقِلُهَاۤ اِلَّا الْعٰلِمُوْنَ ﴿۴۳﴾
(پ20، العنکبوت:43)

ترجمہ: اور یہ مثالیں ہم لوگوں کے لیے بیان فرماتے ہیں اور انہیں نہیں سمجھتے مگر علم والے۔

ہر عالم بھی قرآن پاک کی تعبیرات نہیں سمجھ سکتا، نہ ہر عام عالم اس درجہ میں ہے کہ قرآن پاک کا لفظ ﴿ اِلَّا الْعٰلِمُوْنَ ﴾ اس پر صادق آئے، کیونکہ علما کے مختلف درجات ہیں؛ کوئی علم میں پختہ ہوتا ہے، جبکہ کسی کی پختگی اس درجہ کی نہیں ہوتی کہ از خود قرآن حکیم سے مسائل کا استنباط کر سکے۔ چنانچہ ارشاد باری تعالیٰ ہے:

یَرْفَعِ اللّٰهُ الَّذِیْنَ اٰمَنُوْا مِنْكُمْ ۙ وَ الَّذِیْنَ اُوْتُوا الْعِلْمَ دَرَجٰتٍ ؕ وَ اللّٰهُ بِمَا تَعْمَلُوْنَ خَبِیْرٌ ﴿۱۱﴾ (پ28، المجادلۃ:11)

ترجمہ: اللہ تمہارے ایمان والوں کے اور ان کے جن کو علم دیا گیا درجے بلند فرمائے گا اور اللہ کو تمہارے کاموں کی خبر ہے۔

قرآن پاک کی تعبیرات کو وہ علما سمجھتے ہیں جو علم میں پختہ ہوتے ہیں اور فہم قرآن کے لیے اس کے ضابطوں میں رہتے ہوئے کوشش کرتے ہیں، اگر کسی چیز کو نہ سمجھ پائیں تو اٹکل پچو سے کام نہیں لیتے بلکہ فرمانِ خداوندی پر ایمان رکھتے ہیں۔ یہی وجہ ہے کہ اللہ تعالیٰ نے ان کے قول کی تعریف فرمائی۔ ارشاد باری تعالیٰ ہے:

وَ مَا یَعْلَمُ تَاْوِیْلَهٗۤ اِلَّا اللّٰهُ ۘ وَ الرّٰسِخُوْنَ فِی الْعِلْمِ یَقُوْلُوْنَ اٰمَنَّا بِهٖ ۙ كُلٌّ مِّنْ عِنْدِ رَبِّنَا ۚ وَ مَا یَذَّكَّرُ اِلَّاۤ اُولُوا الْاَلْبَابِ ﴿۷﴾

(پ3، اٰلِ عمرٰن:7)

ترجمہ: اور اس کا ٹھیک پہلو اللہ ہی کو معلوم ہے اور پختہ علم والے کہتے ہیں ہم اس پر ایمان لائے سب ہمارے رب کے پاس سے ہے اور نصیحت نہیں مانتے مگر عقل والے۔

مقصدِ تصنیف

تعبیراتِ قرآنیہ کی اسی حساسیت کو پیش نظر رکھتے ہوئے طلبائے علم دین اور دیگر محبین قرآن کو اس میدان میں محتاط رہنے اور بالغ نظری سے قرآن کریم کا مطالعہ کروانے کے لیے "کنز المدارس بورڈ پاکستان" نے درس نظامی کے نصاب میں علم القرآن کے موضوع پر ایک اصولی کتاب شامل کرنے کا ارادہ کیا۔

عملی اِقدام

اس نیک ارادے کو عملی جامہ پہنانے کے لیے دعوتِ اسلامی کی مرکزی مجلس شوریٰ کے رکن مولانا حاجی ابو ماجد محمد شاہد عطاری مدنی دام ظلہ سے رابطہ کیا گیا اور عقائد کی جہت سے فہم قرآن کے ضابطوں پر مقصد تصنیف کو پیش نظر رکھتے ہوئے مختصر اور جامع کتاب تصنیف کروانے کی گزارش پیش کی گئی جس کو آپ نے قبول فرمایا۔

مصنف کا انتخاب

رکنِ شوریٰ نے اس کتاب کی تصنیف کے لیے اسلامک ریسرچ سینٹر المدینۃ العلمیۃ کے سینئر محرر مولانا عبد اللہ نعیم صدیقی عطاری مدنی اور بطور معاون مولانا محمد احمد امین عطاری مدنی کا انتخاب فرمایا۔

آغاز سے اختتام تک

یکم دسمبر 2022 سے اس کام کا باقاعدہ آغاز ہوا اور 30 ستمبر 2023 کو یہ کتاب اختتام پذیر ہوئی۔

اس کتاب میں درج ذیل باتوں کا خاص خیال رکھا گیا ہے:

- تصنیف سے پہلے اس موضوع پر سابقہ کام کا تفصیلی جائزہ لیا گیا تا کہ جامع اور خوبصورت اسلوب کے ساتھ ایک نئی کتاب کا اضافہ ہو۔

❁ کتاب کی تصنیف کے لیے بیسیوں عربی، اردو، فارسی کتابوں اور مختلف ویب سائٹس کو پیش نظر رکھا گیا ہے۔

❁ چونکہ یہ کتاب قرآنیات کے ایک بنیادی موضوع "عقائد و نظریات" کو پیش نظر رکھ کر لکھی گئی ہے لہٰذا عقائد و نظریات کے بیان میں ان امور کو اختیار کیا گیا ہے:

1- منتخب عقیدے کو خوبصورت تمہید کے ساتھ کہیں اجمالاً اور کہیں تفصیلاً بیان کیا گیا ہے۔

2- منتخب عقیدے کا تعارف اگر کسی قرآنی اصطلاح پر مشتمل ہے تو اس کی تعریف درج کی گئی ہے۔

3- منتخب عقیدے سے متعلق ضروری مباحث بیان ہوئے ہیں۔

4- منتخب عقیدے پر مشتمل آیات کو باقاعدہ درج کیا گیا ہے، نیز جن آیات سے مسلمہ عقیدے کے خلاف شبہ ہوتا ہے ایسی چند آیات کو درج کر کے ان کا درست مفہوم واضح کر دیا گیا ہے۔

5- منتخب عقیدے سے متعلق نفی و اثبات والی آیات کو پیش نظر رکھتے ہوئے ان کی تفہیم کے ضابطے ذکر کیے گئے ہیں۔

6- منتخب عقیدے سے متعلق ممکنہ شبہات اور ان کی توضیحات شامل کی گئی ہیں۔

7- تخاریج و تحقیقات کے حوالہ جات درج کرنے میں اکثر مصادر کو پیش نظر رکھا گیا ہے۔

8- مشہور مفسر مفتی احمد یار خان نعیمی رحمۃُ اللہِ علیہ کی مایہ ناز کتاب "علمُ القرآن" سے بھرپور استفادہ کیا گیا ہے۔

9- علمُ القرآن میں درج اصطلاحات و مسائل کے ساتھ ساتھ چند دیگر اصطلاحات و مسائل کو بھی شامل کیا گیا ہے، البتہ بعض کو علم القرآن پر اکتفا کرتے ہوئے قصداً ترک کر دیا گیا ہے۔

10- حتَّی المقدور عقیدے کا حکم واضح کرنے کی کوشش کی گئی ہے۔

❁ کتاب میں استدلال اور مثالوں کے ضمن میں کم و بیش 321 آیات ذکر ہوئی ہیں جن میں چند مکرر آیات بھی شامل ہیں۔

❁ کتاب درجہ ثالثہ اور رابعہ کے نصاب کے لیے تصنیف کی گئی ہے؛ چونکہ یہ لیول انٹرمیڈیٹ کے مساوی ہوتا ہے لہٰذا اس درجہ کے طلبا کی ذہنی صلاحیتوں اور مختلف طبیعتوں کو پیش نظر رکھا گیا ہے۔

❁ کتاب کو ایک مقدمہ اور دو حصوں پر تقسیم کیا گیا ہے؛ مقدمہ تفسیر کی ضرورت واہمیت اور از خود قرآن فہمی کا دعویٰ کرنے والوں کی تفہیم پر مشتمل ہے۔ پہلے حصے میں عقائد سے متعلق قرآنی اصطلاحات پر تفصیلی کلام کیا گیا ہے اور دوسرے حصے میں قرآن پاک سے ثابت بعض مسائل کو بیان کیا گیا ہے۔

❁ کتاب کو نصابی لحاظ سے زیادہ نفع بخش بنانے کے لیے مشقیں شامل کی گئی ہیں۔

❁ مشکل الفاظ کے معانی کے لیے کتاب کی فرہنگ ترتیب دی گئی ہے جو کتاب کے آخر میں موجود ہے۔

❁ قابل وضاحت مقامات پر مفید حواشی لکھے گئے ہیں۔

❁ تمام آیات کا ترجمہ اعلیٰ حضرت امام احمد رضا خان رحمۃ اللہ علیہ کے ترجمۂ قرآن ”کنز الایمان“ سے لیا گیا ہے۔

❁ شیخ طریقت، امیر اہل سُنَّت حضرت علامہ مولانا محمد الیاس عطار قادری رضوی ضیائی دامت برکاتہم العالیہ نے کتاب کا اردو نام ”فہم قرآن کے ضابطے“ تجویز فرمایا ہے، جبکہ عربی و درسی نام ”اَلْاِمْعَانُ فِیْ فَھْمِ الْقُرْآن“ اور افادیت عامہ کے لیے اس کتاب کا انگریزی نام ”The rules of understanding the glorious Qur'aan“ طے پایا ہے۔

❁ کتاب کی شرعی تفتیش دارالافتاء اہلِ سُنَّت کے سینئر متخصص مولانا محمد ماجد رضا عطاری مدنی نے فرمائی ہے، جبکہ تنظیمی تفتیش رکنِ شوریٰ مولانا حاجی ابو ماجد محمد شاہد عطاری مدنی دام ظلہ نے کی ہے۔

❁ کتاب کی تصنیف مولانا عبد اللہ نعیم صدیقی عطاری مدنی نے کی ہے جنہیں جمعِ مواد اور تخاریج و تحقیقات وغیرہ میں مولانا محمد احمد امین عطاری مدنی کی معاونت حاصل رہی۔

❁ کتاب کو ہر طرح کی اغلاط سے محفوظ رکھنے کے لیے مکمل کتاب کی ضمناً کئی بار اور باقاعدہ تین بار الگ الگ مدنی علمائے کِرام سے پروف ریڈنگ کروائی گئی ہے: پہلی پروف ریڈنگ مولانا احمد امین عطاری مدنی نے کی ہے۔ دوسری پروف ریڈنگ مولانا محمد بلال رضا عطاری مدنی نے کی ہے جبکہ تیسری پروف ریڈنگ مولانا عبد اللہ نعیم صدیقی عطاری مدنی نے کی ہے۔

❁ اگر کتاب میں کسی بھی قسم کی غلطی رہ جائے تو برائے کرم اسلامک ریسرچ سینٹر المدینۃ العلمیۃ کے E.mail ایڈریس (ilmia@dawateislami.net) پر ضرور مطلع فرمائیں۔

اللہ تعالیٰ اس کاوش کو شرفِ قبولیت عطا فرمائے اور مصنف و معاونین کو دارین میں سرخ روئی نصیب کرے۔ آمین بجاہ النبی الامین صلی اللہ علیہ واٰلہٖ وسلم

مقدمة الكتاب

اَلْحَمْدُ لِلّٰهِ الْوَاجِبِ الْوُجُوْدِ الْقَدِيْمِ الْمَعْبُوْدِ وَ الصَّلٰوةُ وَ السَّلَامُ عَلٰى حَبِيْبِهٖ مُحَمَّدٍ صَاحِبِ الْمَقَامِ الْمَحْمُوْدِ وَعَلٰى اٰلِهٖ وَ صَحْبِهٖ وَ اَوْلِيَاءِ اُمَّتِهٖ بَعْدَ دِ كُلِّ مَوْجُوْدٍ اِلَى الْيَوْمِ الْمَوْعُوْدِ

اَمَّا بَعْدُ فَاَعُوْذُ بِاللّٰهِ مِنَ الشَّيْطٰنِ الرَّجِيْمِ بِسْمِ اللّٰهِ الرَّحْمٰنِ الرَّحِيْمِ

اسرارِ قرآن کا مخزن

قرآن پاک کلامِ الٰہی ہونے کی وجہ سے كَلَامُ الْمُلُوْكِ مُلُوْكُ الْكَلَامِ[1] کا زبردست شاہ کار ہے جو ہر ایک کے دل پر جلوہ فگن اور ہر فکر کو جلا بخشنے والا ہے؛ اس کی حلاوتیں ہر وِجدان کے لیے موزوں ہیں اور اس کا فیضان ہر روح قریب تر پاتی ہے۔ البتہ جہاں تک اس کے مضامین کی گہرائی و گیرائی کو سمجھنے کا تعلق ہے تو یہ ہر شخص کے بس کی بات نہیں؛ عرب اپنی مادری زبان "عربی" ہونے کے باوجود ان مفاہیم و معانی تک نہیں پہنچ سکتے تھے جو رسالت مآب صلی اللہ علیہ والہٖ وسلم کی زبان حق ترجمان سے ان پر واضح ہوتے، بلکہ کسی فردِ بشر کی کیا بات! کلامِ الٰہی کو رسولِ مُرسَل معلمِ قرآن صلی اللہ علیہ والہٖ وسلم تک پہنچانے کا ذریعہ بننے والے برگزیدہ فرشتے سَیِّدُ الملائکہ حضرت جبریل امین علیہ السلام پر بھی اس کے وہ اسرار منکشف نہ تھے جن کا مَخزن رسولِ اعظم کا سینۂ انور تھا! چونکہ یہاں یہ نسبت حدِّ کمال کو پہنچی ہوئی تھی اسی لیے ذرہ برابر بھی الجھاؤ اور پیچیدگی کی گنجائش نہ تھی۔

عمارتِ اسلام کی پہلی اینٹ

قرآن فہمی درحقیقت عمارتِ اسلام کی خِشتِ اَوّل ہے، یہی وجہ ہے کہ اللہ تعالیٰ نے کائناتِ انسانی کی راہ نمائی کے لیے اپنا آخری پیغام بشکل قرآن حضور خاتم النبیین صلی اللہ علیہ والہٖ وسلم پر نازل فرمایا اور آپ کو اس کی تبلیغ و تشریح کی ذمہ داری عطا فرمائی۔ چنانچہ ارشاد

---

[1] یعنی بادشاہوں کا کلام، کلاموں کا بادشاہ ہوتا ہے۔

باری تعالیٰ ہے:

وَاَنْزَلْنَاۤ اِلَیْكَ الذِّكْرَ لِتُبَیِّنَ لِلنَّاسِ مَا نُزِّلَ اِلَیْهِمْ وَلَعَلَّهُمْ یَتَفَكَّرُوْنَ ۝۴۴

(پ14، النحل:44)

ترجمہ: اور اے محبوب ہم نے تمہاری طرف یہ یادگار اتاری کہ تم لوگوں سے بیان کر دو جو ان کی طرف اترا اور کہیں وہ دھیان کریں۔

حضور سَیِّدِ عالم صلی اللہ علیہ واٰلہٖ وسلم نے اپنے تمام فرائض بحسن و کمال سرانجام دیئے اور حسبِ موقع قرآن پاک کی تشریح و تعبیر بیان فرماتے رہے۔

سُنَّتِ الٰہیہ اور معلم قرآن

سُنَّتِ الٰہیہ سے یہ بات بالکل واضح ہو جاتی ہے کہ ہر دور میں قرآن پاک کو سمجھنے کے لیے معلم قرآن کی مکمل راہ نمائی کی ضرورت ہے کہ جب قرآن پاک کے اَوَّلین مخاطب ہونے کے باوجود صحابہ کِرام کو حضور کی بیان کردہ تشریح کی حاجت رہی تو بعد والوں کو بدرجہ اولیٰ تشریحِ قرآن کے لیے ایسے معلم اور مفسر قرآن کی ضرورت ہو گی جو اسی تعلیم کی روشنی میں قرآن کی تفسیر کرے جو رسول اللہ صلی اللہ علیہ واٰلہٖ وسلم کے تربیت یافتہ صحابہ کرام اور ان کے بعد آنے والے اکابرین امت سے جاری ہے۔

تَدَبُّرِ قرآن کی نعمت

رسولُ اللہ صلی اللہ علیہ واٰلہٖ وسلم سے مکمل قرآن کی تفسیر و تشریح منقول نہیں۔ اس میں ایک حکمت یہ ہے کہ اللہ کے بندے اس کی کتاب میں خوب غور و فکر کریں اور اپنے رب کے کلام کی چاشنی سے لطف اندوز ہو کر اس کی گہرائی کا اندازہ کریں؛ اس طرح ان کی فہم و فراست میں اضافہ ہو گا اور اللہ پاک سے محبت میں بھی پختگی آئے گی۔ یہی وجہ ہے کہ اللہ تعالیٰ

نے اپنے محبوب صلی اللہ علیہ واٰلہٖ وسلم کو ہر ہر آیت کے جمیع مطالب و مفاہیم کو مکمل طور پر واضح کرنے کا حکم نہیں فرمایا، بلکہ امت کو غور و فکر کرنے کا حکم دیا اور نبی مکرم صلی اللہ علیہ واٰلہٖ وسلم نے مفسرین صحابہ کی طرف سے بیان کردہ تفاسیر کو درست قرار دیا، جس سے یہ بات بالکل واضح ہو جاتی ہے کہ قرآن میں تدبر کر کے شرائط کا لحاظ رکھتے ہوئے تفسیر کرنا بالکل درست ہے۔[1]

ہدایت و گمراہی قرآن سے

اس کا یہ مطلب ہرگز نہیں کہ ہر کس و ناکس عربی سیکھ کر یا اپنی مادری زبان میں قرآن کا ترجمہ پڑھ کر اس کی من مانی تشریح شروع کر دے جیسا کہ فی زمانہ بعض کوتاہ نظر لوگوں نے سمجھ لیا ہے؛ وہ اس کو اپنا حق سمجھ کر قرآن کو بازیچۂ اطفال بنائے ہوئے ہیں، جیسی دل چاہتا ہے ویسی تشریح کرتے ہیں، حاشاللہ! یہ گمراہی ہے اور فاسقوں کا طریقہ ہے۔

چنانچہ ارشاد باری تعالیٰ ہے:

يُضِلُّ بِهٖ كَثِيْرًا ۙ وَّيَهْدِيْ بِهٖ كَثِيْرًا ؕ وَمَا يُضِلُّ بِهٖٓ اِلَّا الْفٰسِقِيْنَ ۝۲۶ (پ1، البقرة:26)

ترجمہ: اللہ بہتیروں کو اس سے گمراہ کرتا ہے اور بہتیروں کو ہدایت فرماتا ہے اور اس سے انہیں گمراہ کرتا ہے جو بے حکم ہیں۔

کیا قرآن آسان ہے؟

اسلافِ امت کے دامن سے دور قرآن کی تشریح کو اپنا حق بتانے والے کم سمجھ لوگ قرآن ہی کی ایک آیت کو بنیاد بنا کر یہ کہتے ہیں کہ ”قرآن ایک آسان کتاب ہے، اس کو

(1) البرہان فی علوم القرآن، 1/37۔

سمجھنے کے لیے کسی کی ضرورت نہیں ہے۔" وہ اکثر یہ آیت پیش کرتے ہیں:

وَ لَقَدْ یَسَّرْنَا الْقُرْاٰنَ لِلذِّكْرِ فَهَلْ مِنْ مُّدَّكِرٍ ﴿۱۷﴾ (پ27، القمر:17) ترجمہ: اور بے شک ہم نے قرآن یاد کرنے کے لیے آسان فرمادیا تو ہے کوئی یاد کرنے والا۔

حالانکہ اس آیت مبارکہ میں قرآن پاک کے آسان ہونے کا مطلب یہ ہے کہ اللہ تعالیٰ نے اپنا پاک کلام اس کے اَوَّلِین مُخاطبین کی مادری زبان یعنی عربی میں نازل فرماکر آسان کر دیا ہے وہ اسے بآسانی پڑھ سکتے ہیں، اس کو یاد کر سکتے ہیں اور اس میں بیان کی گئی نصیحت، وعدہ و وعید کو سمجھ سکتے ہیں۔ بلکہ اللہ تعالیٰ کا احسان تو یہ ہے کہ اس نے اپنے کلام کے تلفظ کو اتنا آسان کر دیا ہے کہ عجمی شخص بھی معمولی کوشش کے بعد آرام سے قرآن پڑھ سکتا ہے اور اس کو یاد کر سکتا ہے، اتنا ہی نہیں، اس کے درست ترجمہ کو پڑھ کر اس کے مواعظ و نصیحت اور وعدہ و وعید کو بھی سمجھ سکتا ہے![1] یہ صرف دعویٰ نہیں بلکہ ایک ایسی حقیقت ہے جس کی دنیا میں لاکھوں مثالیں موجود ہیں۔

مُقَدَّس باغی

خبر دار! یہ سمجھنا کہ "جس طرح قرآن نصیحت پذیری اور حفظ و تلفظ کے لیے آسان ہے اسی طرح نکتہ آفرینی، اِستنباطِ مسائل اور اِستخراجِ اَدِلَّہ کے لیے بھی دنیا کی عام کتابوں کی طرح آسان ہے کہ نہ اس کے لیے درست تفسیر کی حاجت ہے اور نہ ہی کسی مفسر کی ضرورت ہے۔" ہرگز درست نہیں اور اس سے آگے بڑھ کر یہ انداز اختیار کرنا کہ "جو کچھ

[1] تفسیر روح البیان، پ 27، القمر، تحت الآیۃ:17، 9/274-تفسیر خازن، پ 27، القمر، تحت الآیۃ:17، 4/204۔

محض ترجمہ سے اپنی سمجھ میں آئے اس کو قرآن کی طرف منسوب کر دیا جائے، پھر بعد میں کچھ اور سمجھ آئے تو اسے ہدایت سمجھ لیا جائے۔" ظاہر ہے یہ بھی ہرگز روا نہیں۔ یہ رَوِش حصولِ ہدایت کا پتا نہیں دیتی بلکہ طبعی بغاوت کی خبر دیتی ہے کہ بندہ "مُقدَّس باغی" بننا چاہتا ہے تاکہ بغاوت بھی چھپی رہے اور وہ "عاملِ قرآن" بھی کہلائے۔ ایسے لوگوں کے بارے میں قرآن نے ارشاد فرمایا:

اَرَءَیْتَ مَنِ اتَّخَذَ اِلٰهَهٗ هَوٰىهُ ؕ اَفَاَنْتَ تَكُوْنُ عَلَیْهِ وَكِیْلًا ﴿۴۳﴾

(پ19، الفرقان:43)

ترجمہ: کیا تم نے اسے دیکھا جس نے اپنے جی کی خواہش کو اپنا خدا بنالیا تو کیا تم اس کی نگہبانی کا ذمّہ لوگے۔

تفسیرِ قرآن کو آسان سمجھ کر لسانِ قرآن سے نابلد اپنی مادری زبانوں میں موجود قرآن کے ترجموں پر اکتفا کرنے والے کم فہم طبقے کو یہ شبہ بھی اسی لیے ہوا کہ انہوں نے "آیتِ یسر" کو اس فکر سے ہٹ کر سمجھنے کی کوشش کی جس پر صدیوں سے امت گامزن ہے، یوں وہ آیت کے بنیادی مفہوم اور قولِ ہدایت کو اپنے لیے گمراہی کا ذریعہ بنا بیٹھے اور جو بات حقیقت کے ہی خلاف ہے اس کو قرآن سے ثابت کرنے پر جُت گئے۔

قرآن ہدایت کس طرح ہے؟

قرآن کتابِ ہدایت ہے اور ہدایت اسی وقت نصیب ہوگی جب اس سے ہدایت لینے کے اسی طریقے کو اختیار کیا جائے گا جو امت میں رائج ہے یعنی قرآن کو پہلے خود قرآن سے سمجھا جائے گا جس کو "تفسیر قرآن بالقرآن" کہتے ہیں یا پھر قرآن کو حدیث کے ذریعے سمجھا جائے گا جس کو "تفسیر قرآن بالحدیث" سے تعبیر کیا جاتا ہے یا پھر قرآن کی تشریح صحابۂ کِرام کے اقوال و آثار سے لی جائے گی جس کو "تفسیرِ قرآن باآثار الصحابہ" کہا جاتا ہے، اور اگر

کسی مسئلے کا حل ان تینوں میں نہ ملے تو پھر ”تفسیر بالدرایہ“ کی طرف جایا جائے گا، جو از خود ایک نازک ترین مرحلہ ہے۔ اس کے لیے سب سے بنیادی چیز یہی ہے کہ قرآن پاک سے دِرایتاً سمجھی جانے والی بات شریعتِ اسلامیہ کے خلاف نہ ہو، اس کے لیے تعلیماتِ اسلام پر گہری نظر ضروری ہے، محض سطحی معلومات رکھنے والے شخص کے بس کی بات نہیں کہ وہ ”تفسیر بالدرایۃ“ کے لیے پھڑ پھڑانے کی کوشش بھی کرے![1] چنانچہ رسول اللہ صلی اللہ علیہ واٰلہٖ وسلم نے ارشاد فرمایا: مَنْ قَالَ فِي الْقُرْآنِ بِغَيْرِ عِلْمٍ فَلْيَتَبَوَّأْ مَقْعَدَهُ مِنَ النَّارِ یعنی جس نے بغیر علم کے قرآن میں رائے زنی کی تو وہ اپنا ٹھکانا جہنم میں بنالے۔[2]

فہمِ قرآن کی مَبادیات

درست تفسیرِ قرآن اور قرآن میں غور و فکر کے لیے بہت سے علوم و فنون کا جاننا ضروری ہے، یہاں پر صرف چار بنیادی باتیں بیان کی جارہی ہیں جو فہمِ قرآن کے لیے سنگ میل کی حیثیت رکھتی ہیں:

(1) عربیت: فہمِ قرآن کے لیے سب سے بنیادی شرط ”عَرَبِیَّت“ ہے لیکن اس سے مراد یہ نہیں کہ کوئی بھی عجمی شخص عربی سے اپنی مادری زبان میں ترجمہ کرنا سیکھ لے اور فہمِ قرآن کا دعویٰ کرنے لگ جائے! بلکہ عربیت سے مراد عربی کا خاصا ذوق ہے جو عربی ادب کی دو چار کتابیں پڑھ لینے سے پیدا نہیں ہوتا بلکہ اس کے لیے مدت دراز چاہیے؛ ذوق سے مراد یہ ہے کہ عربی پڑھتے یا سنتے وقت ویسی ہی لذت اور خوشی حاصل ہو جیسی اپنی مادری زبان کا کوئی اچھا شعر یا معنیٰ خیز جملہ سن کر حاصل ہوتی ہے۔ اگر کسی میں یہ ذوق پیدا نہ ہو سکے تو اسے

---

[1] تفسیر اور مفسر سے متعلق بنیادی معلومات حاصل کرنے کے لیے مکتبۃ المدینہ کی مطبوعہ کتاب ”علم تفسیر آسان لفظوں میں“ کا صفحہ نمبر 101 تا 117 مطالعہ کیجیے۔ (مصنف)

[2] ترمذی، 4/439، حدیث: 2959۔

چاہیے کہ ائمۂ اسلام اور قابلِ بھروسا مفسرین پر ہی اعتماد کرے اور ہرگز اپنی رائے یا خیال سے تفسیر کی کوشش نہ کرے۔

(2) ذوق: فہمِ قرآن کے لیے ذوقِ قرآن یعنی قرآن پاک سے قلبی لگاؤ ہونا بھی ضروری ہے، اور صرف قرآن فہمی کے لیے ہی نہیں بلکہ انسان کسی بھی فن میں مجتہدانہ بصیرت حاصل کرنا چاہتا ہے تو ذہانت و فطانت کے ساتھ ساتھ اس کے لیے انسیت ضروری ہے کہ وہ اس فن کے ساتھ فطری لگاؤ رکھتا ہو۔

(3) تقویٰ: فہمِ قرآن کا شوق رکھنے والے کے لیے ضروری ہے کہ وہ روحانی اعتبار سے اس قابل ہو کہ کلامِ الٰہی سن کر اس کا اثر قبول کر سکے؛ ظاہر ہے اگر مریض دوا کا اثر قبول کرنے کے قابل ہی نہ ہو تو ماہر طبیب بھی کچھ نہیں کر سکتا۔ چنانچہ ارشاد باری تعالیٰ ہے:

سَاَصْرِفُ عَنْ اٰیٰتِیَ الَّذِیْنَ یَتَكَبَّرُوْنَ فِی الْاَرْضِ بِغَیْرِ الْحَقِّ ؕ وَ اِنْ یَّرَوْا كُلَّ اٰیَةٍ لَّا یُؤْمِنُوْا بِهَا ۚ وَ اِنْ یَّرَوْا سَبِیْلَ الرُّشْدِ لَا یَتَّخِذُوْهُ سَبِیْلًا ۚ وَ اِنْ یَّرَوْا سَبِیْلَ الْغَیِّ یَتَّخِذُوْهُ سَبِیْلًا ؕ ذٰلِكَ بِاَنَّهُمْ كَذَّبُوْا بِاٰیٰتِنَا وَ كَانُوْا عَنْهَا غٰفِلِیْنَ۝۱۴۶ (پ9، الاعراف:146)

ترجمہ: اور میں اپنی آیتوں سے انہیں پھیر دوں گا جو زمین میں ناحق اپنی بڑائی چاہتے ہیں اور اگر سب نشانیاں دیکھیں ان پر ایمان نہ لائیں اور اگر ہدایت کی راہ دیکھیں اس میں چلنا پسند نہ کریں اور گمراہی کا راستہ نظر پڑے تو اس میں چلنے کو موجود ہو جائیں یہ اس لئے کہ انہوں نے ہماری آیتیں جھٹلائیں اور ان سے بے خبر بنے۔

(4) احاطۂ قرآن: فہمِ قرآن کے لیے یہ بھی ضروری ہے کہ محض ایک آیت کے کسی خاص

کلمے کو دیکھ کر کوئی نتیجہ اخذ نہ کیا جائے بلکہ قرآن پاک کا بغور مطالعہ کیا جائے اور مختلف مقامات پر اس کلمہ کو دیکھا جائے کہ وہ کن کن معانی میں مذکور ہے؟ اور زیرِ نظر آیت میں جو معنیٰ لیا جارہا ہے وہاں وہ معنیٰ و مفہوم درست بن رہا ہے یا نہیں؟ نیز یہ معنیٰ لینے سے قرآن پاک کی کسی دوسری آیت کی مخالفت تو لازم نہیں آرہی؟ تاکہ قرآن کے اس کلمہ میں بیان کردہ مفہوم کو خوب اچھی طرح سمجھ کر درست نتیجہ حاصل ہو۔ فہم قرآن کے اس انداز کو "تفسیر قرآن بالقرآن" بھی کہا جاسکتا ہے۔

زیرِ نظر کتاب "فہمِ قرآن کے ضابطے" اسی نکتے کو بنیاد بنا کر تحریر کی گئی ہے تاکہ کوئی کم بین شخص کسی مقام پر محض ایک آیت دیکھ کر کوئی نتیجہ حاصل نہ کرے اور اس کا اخذ کردہ مسئلہ قرآن ہی کی دیگر آیات کے خلاف نہ ہو۔ ذیل میں قرآن پاک کے صرف ایک کلمہ کے معانی اور اس سے متعلق ضروری کلام بطور مثال پیش کیا جارہا ہے، ملاحظہ کیجیے:

اللہ تعالیٰ نے قرآن کریم میں جگہ جگہ خدا کے علاوہ کسی کو "ولی" ماننے سے منع کیا ہے بلکہ فرمایا ہے کہ جو کوئی غیر خدا کو ولی بنائے وہ گمراہ، کافر اور مشرک ہے۔ چنانچہ ارشاد باری تعالیٰ ہے:

وَ مَا لَكُمْ مِّنْ دُوْنِ اللّٰهِ مِنْ وَّلِيٍّ وَّ لَا نَصِيْرٍ ﴿۲۲﴾ (پ20، العنکبوت:22)	ترجمہ: اور تمہارے لیے اللہ کے سوا نہ کوئی کام بنانے والا اور نہ مددگار۔
مَثَلُ الَّذِيْنَ اتَّخَذُوْا مِنْ دُوْنِ اللّٰهِ اَوْلِيَآءَ كَمَثَلِ الْعَنْكَبُوْتِ ۚ اِتَّخَذَتْ بَيْتًا ؕ وَ اِنَّ اَوْهَنَ الْبُيُوْتِ لَبَيْتُ الْعَنْكَبُوْتِ ۘ لَوْ كَانُوْا يَعْلَمُوْنَ ﴿۴۱﴾ (پ20، العنکبوت:41)	ترجمہ: ان کی مثال جنہوں نے اللہ کے سوا اور مالک بنالئے ہیں مکڑی کی طرح ہے اس نے جالے کا گھر بنایا اور بے شک سب گھروں میں کمزور گھر مکڑی کا گھر کیا اچھا ہوتا اگر جانتے۔

اَفَحَسِبَ الَّذِیْنَ كَفَرُوْۤا اَنْ یَّتَّخِذُوْا عِبَادِیْ مِنْ دُوْنِیْۤ اَوْلِیَآءَ ؕ اِنَّاۤ اَعْتَدْنَا جَهَنَّمَ لِلْكٰفِرِیْنَ نُزُلًا ﴿۱۰۲﴾ (پ16، الکھف:102)

ترجمہ: تو کیا کافر یہ سمجھے ہیں کہ میرے بندوں کو میرے سوا حمایتی بنالیں گے بے شک ہم نے کافروں کی مہمانی کو جہنم تیار کر رکھی ہے۔

ایسی اور بھی آیات ہیں جن میں اللہ تعالیٰ کے علاوہ کسی کو ولی بنانے سے منع فرمایا گیا ہے۔ جبکہ دوسری طرف قرآن پاک میں ہی ولی بنانے کا ذکر بلکہ ترغیب موجود ہے۔ چنانچہ درج ذیل آیات ملاحظہ کیجیے:

وَاجْعَلْ لَّنَا مِنْ لَّدُنْكَ وَلِیًّا ۚۙ وَّاجْعَلْ لَّنَا مِنْ لَّدُنْكَ نَصِیْرًا ﴿۷۵﴾ (پ5، النساء:75)

ترجمہ: اور ہمیں اپنے پاس سے کوئی حمایتی دے دے اور ہمیں اپنے پاس سے کوئی مددگار دے دے۔

فَاِنَّ اللّٰهَ هُوَ مَوْلٰىهُ وَ جِبْرِیْلُ وَ صَالِحُ الْمُؤْمِنِیْنَ ۚ وَ الْمَلٰٓىٕكَةُ بَعْدَ ذٰلِكَ ظَهِیْرٌ ﴿۴﴾ (پ28، التحریم:4)

ترجمہ: تو بے شک اللہ ان کا مددگار ہے اور جبریل اور نیک ایمان والے اور اس کے بعد فرشتے مدد پر ہیں۔

اِنَّمَا وَلِیُّكُمُ اللّٰهُ وَ رَسُوْلُهٗ وَ الَّذِیْنَ اٰمَنُوا الَّذِیْنَ یُقِیْمُوْنَ الصَّلٰوةَ وَ یُؤْتُوْنَ الزَّكٰوةَ وَ هُمْ رٰكِعُوْنَ ﴿۵۵﴾ (پ6، المائدۃ:55)

ترجمہ: تمہارے دوست نہیں مگر اللہ اور اس کا رسول اور ایمان والے کہ نماز قائم کرتے ہیں اور زکوٰۃ دیتے ہیں اور اللہ کے حضور جھکے ہوئے ہیں۔

وَ الْمُؤْمِنُوْنَ وَ الْمُؤْمِنٰتُ بَعْضُهُمْ اَوْلِیَآءُ بَعْضٍ ۘ (پ10، التوبۃ:71)

ترجمہ: اور مسلمان مرد اور مسلمان عورتیں ایک دوسرے کے رفیق ہیں۔

مذکورہ دونوں قسم کی آیات کا درست مفہوم سمجھنے کے لیے ضروری ہے کہ پہلے لفظ "ولی" کے معانی پر غور کیا جائے پھر تمام آیات کے تناظر میں ممکنہ معانی کو منتخب کر لیا جائے۔ "ولی" کے تین معانی ہیں: (1) ولی بمعنیٰ دوست (2) ولی بمعنیٰ مدد گار (3) ولی بمعنیٰ معبود۔ بالفرض اگر ہر مقام پر لفظ ولی کا ایک ہی معنیٰ لیا جائے تو مفہومِ قرآن واضح نہیں ہو گا؛ کیونکہ پہلی قسم کی آیات میں "ولی" کا معنیٰ "دوست" لیا جائے تو وہ دوسری قسم کی آیات کے خلاف ہو جائیں گی اور اگر دوسری قسم کی آیات میں "ولی" کا معنیٰ "معبود" کیا جائے تو معاذ اللہ قرآن کا دعوتِ شرک دینا لازم آئے گا جو محال ہے۔

جب اس مسئلہ کی تحقیق کی گئی تو معلوم ہوا کہ کسی کو ولی ماننا چار طرح کا ہے جن میں سے تین اقسام کا ولی ماننا کفر و شرک ہے اور چوتھی قسم کا ولی ماننا عین ایمان ہے۔

1- اللہ تعالیٰ کو کمزور جان کر کسی اور کو مدد گار ماننا یعنی رب ہماری مدد نہیں کر سکتا لہٰذا فلاں مدد گار ہے:

وَلَمْ يَكُنْ لَّهُ وَلِيٌّ مِّنَ الذُّلِّ وَكَبِّرْهُ تَكْبِيرًا (پ15، بنی اسرائیل:111)	ترجمہ: اور کمزوری سے کوئی اس کا حمایتی نہیں اور اس کی بڑائی بولنے کو تکبیر کہو۔

2- اللہ تعالیٰ کے مقابل کسی کو مدد گار جاننا یعنی رب تعالیٰ عذاب دینا چاہے اور ولی بچالے:

اُولٰٓئِكَ لَمْ يَكُوْنُوْا مُعْجِزِيْنَ فِي الْاَرْضِ وَمَا كَانَ لَهُمْ مِّنْ دُوْنِ اللّٰهِ مِنْ اَوْلِيَآءَ (پ12، ہود:20)	ترجمہ: وہ تھکانے والے نہیں زمین میں اور نہ اللہ سے جدا ان کے کوئی حمایتی۔

وَ مَا كَانَ لَهُمْ مِّنْ اَوْلِيَآءَ يَنْصُرُوْنَهُمْ مِّنْ دُوْنِ اللّٰهِ ؕ (پ25، الشوریٰ:46)	ترجمہ: اور ان کے کوئی دوست نہ ہوئے کہ اللہ کے مقابل ان کی مدد کرتے۔
قُلْ مَنْ ذَا الَّذِیْ یَعْصِمُكُمْ مِّنَ اللّٰهِ اِنْ اَرَادَ بِكُمْ سُوْٓءًا اَوْ اَرَادَ بِكُمْ رَحْمَةً ؕ وَ لَا یَجِدُوْنَ لَهُمْ مِّنْ دُوْنِ اللّٰهِ وَلِیًّا وَّ لَا نَصِیْرًا ﴿۱۷﴾ (پ21، الاحزاب:17)	ترجمہ: تم فرماؤ وہ کون ہے جو اللہ کا حکم تم پر سے ٹال دے اگر وہ تمہارا برا چاہے یا تم پر مہر (رحم) فرمانا چاہے اور وہ اللہ کے سوا کوئی حامی نہ پائیں گے نہ مددگار۔
وَ مَنْ یَّلْعَنِ اللّٰهُ فَلَنْ تَجِدَ لَهٗ نَصِیْرًا ﴿۵۲﴾ (پ5، النساء:52)	ترجمہ: اور جسے خدا لعنت کرے تو ہرگز اس کا کوئی یار نہ پائے گا۔
وَ مَنْ یُّضْلِلِ اللّٰهُ فَمَا لَهٗ مِنْ وَّلِیٍّ مِّنْۢ بَعْدِهٖ ؕ (پ25، الشوریٰ:44)	ترجمہ: اور جسے اللہ گمراہ کرے اس کا کوئی رفیق نہیں اللہ کے مقابل۔

ان کے علاوہ اور بھی ایسی آیات ہیں جن میں ولی کے یہی معنیٰ ہیں۔

3- کسی کو مددگار سمجھ کر پوجنا یعنی ولی بمعنیٰ معبود:

وَ الَّذِیْنَ اتَّخَذُوْا مِنْ دُوْنِهٖۤ اَوْلِیَآءَ ۘ مَا نَعْبُدُهُمْ اِلَّا لِیُقَرِّبُوْنَاۤ اِلَی اللّٰهِ زُلْفٰی ؕ (پ23، الزمر:3)	ترجمہ: اور جنہوں نے اس کے سوا اور والی بنالیے کہتے ہیں ہم تو انہیں صرف اتنی بات کے لیے پوجتے ہیں کہ یہ ہمیں اللہ کے پاس نزدیک کردیں۔

اس آیت میں ولی بمعنیٰ معبود ہے اس لیے یہاں عبادت کا ذکر ہے۔

ان تین اقسام کا ولی ماننا کفروشرک ہے، کوئی شخص کسی کو ایسا ولی مانے تو وہ مشرک ومرتد ہے۔

4- کسی کو اللہ کا بندہ سمجھ کر اللہ کے حکم سے مددگار ماننا اور اس کی مدد کو رب تعالیٰ کی مدد کا

مظہر سمجھنا۔ یہ قسم بالکل حق ہے جس کی آیات ابتدائی کلام کے تحت گزر چکیں۔

سبحان اللہ! فہم قرآن کے اس ضابطے کو مدِ نظر رکھ کر قرآن کی تفسیر پر کوئی اعتراض باقی نہ رہا۔ البتہ اس کے باوجود بھی جب کچھ ناسمجھ افراد اس تفسیر سے آنکھیں بند کر لیتے ہیں تو یہ قید لگاتے ہیں کہ "مافوق الاسباب کسی کو مددگار ماننا شرک ہے" یہ قید نہایت غلط ہے۔ ایک تو اس لیے کہ "مافوق الاسباب" کی قید ان کی اپنی لگائی ہوئی ہے، قرآن میں نہیں ہے۔ دوسرا اس لیے کہ یہ تفسیر قرآن کے خلاف ہے۔ تیسرا اس لیے کہ اللہ کے بندے مافوق الاسباب مدد کرتے ہیں جیسا کہ حضرت یوسف علی نبینا وعلیہ الصلوۃ والسلام کی قمیص کی برکت سے حضرت یعقوب علیہ السلام کی بینائی لوٹ آئی۔ چنانچہ قرآن پاک میں ہے:

اِذْهَبُوْا بِقَمِیْصِیْ هٰذَا فَاَلْقُوْهُ عَلٰی وَجْهِ اَبِیْ یَاْتِ بَصِیْرًا (پ13، یوسف:93)

ترجمہ: میرا یہ کُرتا لے جاؤ اسے میرے باپ کے منہ پر ڈالو ان کی آنکھیں کُھل جائیں گی۔

فَلَمَّاۤ اَنْ جَآءَ الْبَشِیْرُ اَلْقٰىهُ عَلٰی وَجْهِهٖ فَارْتَدَّ بَصِیْرًا (پ13، یوسف:96)

ترجمہ: پھر جب خوشی سنانے والا آیا اس نے وہ کُرتا یعقوب کے منہ پر ڈالا اسی وقت اس کی آنکھیں پھر آئیں (روشن ہو گئیں)۔

اس آیت سے معلوم ہوا کہ اللہ تعالیٰ کے نیک بندے مافوق الاسباب یعنی بغیر کسی عادی سبب کے بھی مخلوق خدا کی مدد فرماتے ہیں۔

بہر حال تفصیل طلب آیات میں بغیر تفسیر کے ترجمہ بے فائدہ بلکہ خطرناک ہے اور تفسیر محض اپنی رائے سے نہیں ہو سکتی، قرآن پاک کی اسی حساسیت و اہمیت کو دیکھتے ہوئے زیر نظر کتاب "فہمِ قرآن کے ضابطے" تصنیف کی گئی ہے تاکہ فہمِ قرآن کے شائقین باضابطہ قرآن کریم سمجھنے کی طرف قدم بڑھا سکیں۔

پہلا حصہ

اصطلاحاتِ قرآنیہ

کوئی بھی شخص اپنا پیغام دوسرے تک آسانی سے پہنچانے اور سامنے والے کی بات سمجھنے کے لیے الفاظ کا محتاج ہے لیکن شاید ہی کوئی زبان ایسی ہو جو انسانی دماغ میں آنے والے خیالات کو محض الفاظ کے لغوی معنٰی کے تحت ادا کر سکے؛ اسی لیے ہر زبان والا اپنا مقصد و مراد واضح کرنے کے لیے جہاں تشبیہات اور مثالوں کا سہارا لیتا ہے وہیں اصطلاحات کی مدد سے وسیع مفہوم کو ایک لفظ میں سمیٹ کر لمبی چوڑی گفتگو سے بچ جاتا ہے، اگر وہ ایسا نہ کرے تو اس کا کلام غیر ضروری طوالت کا شکار ہو کر عمدگی سے گر جائے گا اور سننے یا پڑھنے والا شدید کوفت کا شکار ہونے لگے گا۔

اصطلاحات عام بول چال کا بھی حصہ ہوتی ہیں، لیکن مخصوص طبقات یا کسی بھی صنعت و حرفت سے تعلق رکھنے والے افراد یا اہلِ فن کے درمیان کچھ خاص اصطلاحات اس طرح رائج ہوتی ہیں جیسے پھول میں خوشبو ہوتی ہے؛ اگر کوئی شخص اہل فن سے فائدہ حاصل کرنا چاہتا ہے یا ان کے کلام و مراد کو حقیقی طور پر سمجھنا چاہتا ہے تو اسے ان کی اصطلاحات کو سمجھنا ضروری ہوگا ورنہ وہ کتنا ہی خوبصورت کلام کیوں نہ کر لیں ان کے گلدستہ کلام میں سجے سنورے پھولوں کی خوشبو یہ کبھی محسوس نہیں کر سکے گا۔

یہ معاملہ دنیاوی پیشوں سے وابستہ افراد کی طبقاتی اصطلاحات کا ہے لیکن جب بات علمی اصطلاحات بلکہ قرآنی اصطلاحات کی ہو تو اس کی اہمیت اور حساسیت میں بہت زیادہ اضافہ ہو جاتا ہے کیونکہ اب معاملہ چند افراد کی سطحی و طبقاتی اصطلاحات سے ناواقفیت یا معمولی فائدے سے محرومی کا نہیں بلکہ اُمَّتِ محمدیہ کے قیامت تک آنے والے افراد کے ایمان اور مذہبی رسومات کا ہے۔ اگر قرآن کی کسی بھی اصطلاح کا درست مفہوم نہ سمجھا گیا یا خواہشِ نفس کی وجہ سے عامیانہ اور گھٹیا مفاہیم کو اس میں داخل کر لیا گیا اور صدیوں سے

عُلَمائے امت کی بیان کردہ تشریحات سے ہٹ کر کسی اصطلاح کا کوئی اور مفہوم ٹھہرایا گیا تو پوری امت کا ایمان اور معاملات شک کے دائرے میں آجائیں گے۔

قرآنی اصطلاحات کی اہمیت کے پیشِ نظر اس حصے میں عقائد و اعمال سے متعلق قرآنی اصطلاحات کی ترتیب وار وضاحت کی جائے گی:

اصطلاح کی تعریف

اِتِّفَاقُ قَوْمٍ عَلٰی تَسْمِیَةِ الشَّیْءِ بِاسْمِ مَا یُنْقَلُ عَنْ مَوْضِعِهِ الْاَوَّلِ وَاِخْرَاجِ اللَّفْظِ مِنْ مَعْنًی لُغَوِیٍّ اِلٰی آخَرَ لِمُنَاسَبَةٍ بَیْنَهُمَا [1]

لفظ کے لغوی معنٰی اور ایک خاص مفہوم کے درمیان مناسبت پائی جانے کی وجہ سے اس لفظ کو لغوی معنٰی سے ہٹا کر اس خاص مفہوم کا نام رکھ دینے پر کسی قوم کا متفق ہو جانا۔

مشق

1- تعلیمِ قرآن کے لیے سُنَّتِ الٰہیہ کیا ہے؟
2- فہمِ قرآن کی مَبادیات کا خلاصہ بیان کیجیے۔
3- ”آیتِ یسر“ میں قرآن کے آسان ہونے کا کیا مطلب ہے؟
4- قرآن پاک سے ہدایت وراہ نمائی لینے کے لیے امت میں کیا طریقہ رائج ہے؟
5- اصطلاح کی تعریف اور اہمیت بیان کیجیے نیز اصطلاحاتِ قرآنیہ کی حساسیت پر روشنی ڈالیے۔
6- حضور علیہ السلام سے قرآن پاک کی مکمل تفسیر منقول نہ ہونے میں کیا حکمت ہے؟

[1] التعریفات، ص24۔

پہلا باب

صفات باری تعالیٰ

جمال و جلال کی لطافتوں سے معمور خالقِ کائنات کا مبارک نام "اللہ" بولا جائے تو ذہن میں ایک ایسی ہستی کا تصور قائم ہوتا ہے جو اُن تمام صفاتِ کمال و حسن سے متصف ہے جو صرف ایک اور حقیقی معبود ہی کی شان ہو سکتی ہیں۔ جس طرح اللہ تعالیٰ اپنی ذات میں یکتا و یگانہ ہے اسی طرح اپنی صفات میں بھی کامل، اتم اور لاشریک ہے۔ اس کی ذات انسانی فکر کی کمزوری کے سبب پیدا ہونے والی تمام آلائشوں سے پاک ہے؛ وہ معبود، کائنات کے سلبی مظاہر کی دہشت سے متأثر ہونے والے سطحی افکار یا آسمان کی ژالہ باری، سیلابِ دریا، تلاطُمِ بحر، رَعد و بَرق کی ہیبت، آتش فشاں کا اِنفجار اور زَلازلِ زمین کی ہولناکیوں سے مرعوب و مبہوت ہو کر فیضان و رحمت کے روح افزا مَظاہر کو فراموش کرنے والے خیالات کی تراشیدہ صفاتِ قہر کا پابند نہیں، بلکہ وہ معبود، صفاتِ جمال و جلال کا جامع ہے، جو مخلوق کے لیے خوف و دہشت کے ساتھ ساتھ امید و رحمت کی مساویانہ تقسیم عطا فرماتا ہے البتہ اس کی رحمت و جمال کا سایہ قہر و جلال پر حاوی ہے۔

باطل معبودوں کی تراش خراش

کسی بھی معبود کا غیر صفاتی تصور صرف اور صرف نفی و سلب پر مشتمل ہو سکتا ہے جس کا دلوں میں راسخ ہونا نہایت مشکل ہے اور پھر عابد کی اپنے معبود کے ساتھ جذباتی وابستگی کو پروان چڑھانے میں مُمِد و مُعاون بھی نہیں، یہی وجہ ہے کہ معبودانِ باطلہ کی عبادت کرنے والوں نے خود ساختہ معبودوں میں اپنی من پسند صفات ٹھہرائیں، کسی نے ہر ہر صفت کا الگ الگ معبود مقرر کر لیا اور بعض نے صفات کو دیکھتے ہوئے اپنے معبود کی شبیہ بنا کر اسے پوجنا شروع کر دیا، اگر کسی کو معبودوں کی کثرت سمجھ نہ آئی تو اپنی مرضی کا ایک معبود مقرر کر لیا اور اس کی تقدیس و حرمت میں اضافہ کے لیے کئی صفات متعین کرتے چلے گئے، نتیجتاً

تنزیہ[1] کا وہ راستہ اختیار کیا کہ معبود کو ہی معطل کر بیٹھے!

معبودِ حقیقی اللہ تعالیٰ نے قرآن مجید میں اپنا تعارف خود کروایا ہے جو کمالِ تنزیہ کا پتا بھی دیتا ہے اور تعطیل کی خرابی سے بھی آگاہ کرتا ہے۔ یہ تعارفِ خدا تمام صفات و افعال کے اثبات کے ساتھ ساتھ مشابہت کی قطعی نفی بھی کرتا ہے اور بندگان خدا کی تسکین و اطمینان کے لیے ذاتی وعطائی کی مباحث کو بھی کھولتا ہے۔

یہاں معبود برحق کی تمام صفات کو موضوع بنانے کے بجائے صرف تین صفاتِ ذاتیہ پر الگ الگ فصل میں کلام کیا جائے گا اور ہر صفتِ باری کے ضمن میں اس صفت کی، مخلوق کے لیے فیض رسانی پر بھی بنیادی گفتگو ہوگی، نیز اس تناظر میں پیدا ہونے والے شبہات ان کی وضاحت کے ساتھ پیش کیے جائیں گے۔

(1) تَبۡعِیۡدُ الرَّبِّ عَنۡ اَوۡصَافِ الۡبَشَرِ یعنی انسانی اوصاف سے خدا کی پاکی بیان کرنا۔ (التعریفات، ص50)

پہلی فصل: صفت حیات

اللہ تعالیٰ صفتِ حیات کے ساتھ متصف ہے یعنی وہ ایسا زندہ ہے کہ اس کو اپنی حیات کے لیے دوسرے کی محتاجی نہیں بلکہ ساری مخلوق اپنی حیات کے لیے اس کی محتاج ہے۔

ارشادِ باری تعالیٰ ہے:

اَللّٰهُ لَآ اِلٰهَ اِلَّا هُوَ ۚ اَلْحَیُّ الْقَیُّوْمُ ۚ (پ3،البقرة:255)

ترجمہ: اللہ ہے جس کے سوا کوئی معبود نہیں اور وہ آپ زندہ اور اوروں کا قائم رکھنے والا۔

حیات کی تعریف

هِیَ صِفَةٌ تُصَحِّحُ لِمَنْ قَامَتْ بِهٖ اَنْ یَّتَّصِفَ بِصِفَاتِ الْاِدْرَاكِ [1]

ترجمہ: حیات وہ صفت ہے کہ جس کے ساتھ قائم ہو اس کے لیے صفاتِ ادراک سے موصوف ہونا درست ہو۔

حیات کی دو قسمیں

1 - حیات قدیمہ: وہ ازلی صفت جو اپنے موصوف کے لیے تمام صفات واجبہ جیسے علم، قدرت اور ارادہ وغیرہ کا تقاضا کرے۔ یہ حیات صرف اللہ تعالیٰ کی شایان شان ہے مخلوق میں سے کسی کو ایسی حیات حاصل نہیں ہو سکتی۔ [2]

2-حیات حادثہ: وہ صفت جس کا موصوف احساس، حرکت اور ارادے کے قابل ہو جائے۔ یہی حیات مخلوق کے لیے ثابت ہے۔ [3]

---

(1) تحفة المرید، ص175۔ (2) تحفة المرید، ص175 ملتقطاً۔ (3) تحفة المرید، ص175۔

کیا حیات روح کی محتاج ہے؟

حیاتِ قدیمہ اَزَلِیہ اَبدِیہ جو صرف خالقِ حقیقی کی شان ہے اپنے وجود کے لیے کسی سبب کی محتاج نہیں، جبکہ حیاتِ مخلوقہ عادیہ، سبب یعنی روح کی محتاج ہوتی ہے، [1] البتہ یہ ممکن ہے کہ خالقِ حقیقی اللہ تعالیٰ کسی مخلوق میں بغیر روح کے ہی حیات پیدا فرمادے اور وہ مخلوق کسی ایسی صفت کی حامل بن جائے جو حیاتِ عادیہ میں ہوتی ہے، [2] جیسے پتھروں کا حضور کو سلام عرض کرنا، [3] میت کا مسکرانا [4] بلکہ بعض احادیث کے مطابق کلام تک فرمانا [5] وغیرہ۔ یہ حیات حقیقی کی مثالیں ہیں کہ جس میں کسی سبب کے بغیر حیات عطا کی جاتی ہے۔

موت کے بعد حیات کا تصور

اللہ تعالیٰ میت میں ایک قسم کی حیات پیدا فرمادیتا ہے جس کی وجہ سے وہ جسم وروح پر وارد ہونے والے ثواب وعذاب کی راحت وکلفت محسوس کرتی ہے۔ [6] دنیا اور آخرت کے درمیان اسی حیات کو "حیاتِ برزخی" اور اس جہانِ حیات کو "عالَمِ برزخ" کہتے ہیں۔ [7] مرنے کے بعد اور قیامت سے پہلے تمام اِنس وجن کو حسبِ مراتب اس میں رہنا ہے۔ [8]

ارشاد باری تعالیٰ ہے:

وَمِنْ وَّرَآىٕهِمْ بَرْزَخٌ اِلٰى یَوْمِ یُبْعَثُوْنَ(۱۰۰)
(پ18، المؤمنون:100)

ترجمہ: اور ان کے آگے ایک آڑ ہے اس دن تک جس میں اٹھائے جائیں گے۔

---

(1) تحفۃ المرید، ص176۔
(2) شرح الزرقانی علی المواہب، 7/368 ماخوذاً- مقالاتِ کاظمی، 2/36 ماخوذاً۔
(3) ترمذی، 5/358-359، حدیث: 3644-3646۔ (4) شرح مسلم للنووی، 1/66۔
(5) بخاری، 1/444، حدیث: 1314۔ (6) منح الروض الازہر، ص183۔
(7) تفسیر قرطبی، پ18، المؤمنون، تحت الآیۃ: 100، الجزء الثانی عشر، 6/113۔
(8) فتوحات مکیہ، 1/463- بہارِ شریعت، 1/98، حصہ 1۔

حیاتِ انبیا کا عقیدہ

حضور سیدِ عالم صلی اللہ علیہ واٰلہٖ وسلم اپنی قبر انور میں حیاتِ حقیقی جسمانی دنیاوی برزخی کے ساتھ موجود ہیں بلکہ تمام انبیائے کرام علیہمُ السّلام کو اپنی اپنی قبروں میں یہ زندگی حاصل ہے وہ اللہ تعالیٰ کا دیا ہوا رزق کھاتے ہیں، نمازیں پڑھتے ہیں، سنتے ہیں، دیکھتے ہیں، جانتے ہیں، کلام فرماتے ہیں، سلام کرنے والوں کے سلام کا جواب دیتے ہیں، فیوض و برکات چاہنے والوں کو فیض پہنچاتے ہیں، جہاں چاہیں جاتے ہیں اور جس طرح چاہیں تصرف فرماتے ہیں؛ ان کی یہ حیات جسمِ مثالی کے ساتھ عالمِ بالا میں نہیں بلکہ جسمِ عُنصُری حقیقی کے ساتھ زمین پر اپنے مزارِ پُر انوار میں ہے۔ (1)

شبہات اور ان کی توضیحات

قرآن و حدیث کے درست مفاہیم و محامل اور امت محمدیہ کے نظریاتی تسلسل سے لاعلمی کی بنا پر ہو سکتا ہے کسی کے ذہن میں حیاتِ انبیا سے متعلق مختلف شبہات پیدا ہوں لہٰذا ایسے تین بنیادی شبہات اور ان کی توضیحات ملاحظہ فرمائیے:

1-شبہ: مطالعۂ قرآن سے یہ بات واضح ہوتی ہے کہ ہر جان کو موت آنی ہے اور سب کی روح قبض ہو گی جیسا کہ اس آیت میں فرمایا گیا:

كُلُّ نَفْسٍ ذَآىِٕقَةُ الْمَوْتِ ؕ ترجمہ: ہر جان کو موت کا مزہ چکھنا ہے۔

(پ17، الانبیاء:35)

بلکہ خود نبی کریم صلی اللہ علیہ واٰلہٖ وسلم کے بارے میں فرمایا گیا:

---

(1) الحاوی للفتاوی، 2/ 179 تا 181 ملتقطاً- فتاویٰ رضویہ، 9/ 612 ماخوذاً- تفسیرِ مظہری، پ2، البقرۃ، تحت الآیۃ: 154، 1/ 170 مفہوماً- مرقاۃ المفاتیح، 3/ 460، تحت الحدیث: 1366 ماخوذاً- مفاہیم یجب ان تصحح، ص165۔

اِنَّكَ مَيِّتٌ وَّ اِنَّهُمْ مَّيِّتُوْنَ ﴿۳۰﴾ ترجمہ: بے شک تمہیں انتقال فرمانا ہے اور ان کو بھی مرنا ہے۔ (پ23، الزمر:30)

قرآن میں ہر جان بلکہ خود رسول اللہ صلی اللہ علیہ والہٖ وسلم کے لیے موت کو یقینی بتایا گیا ہے لہٰذا حیات النبی کا نظریہ ان آیات کے خلاف ہے۔

توضیح: یہ شبہ موت اور حیات کی حقیقت سے واقف نہ ہونے کی وجہ سے پیدا ہوتا ہے کیونکہ اس شبہ کا شکار افراد موت کو عدم محض یعنی انسان کا سرے سے فنا ہو جانا، سمجھتے ہیں اور حیات صرف روح کے جسم میں موجود ہونے کو گردانتے ہیں، حالانکہ یہ موت و حیات کا ایک نامکمل تصور ہے۔ اگر اسی تصور کو مکمل سمجھا جائے تو قرآن پاک کی دیگر آیات کا مفہوم ختم ہو کر رہ جائے گا، مثلاً شُہَدا کی حیات کا تصور وغیرہ۔ ذیل میں چند نکات کے تحت موت وحیات کے اصل تصور کا بیان کیا جا رہا ہے:

1- موت مرنے مٹنے کا نام نہیں بلکہ قلب مکانی یعنی ایک جگہ سے دوسری جگہ منتقل ہو جانے کا نام ہے، چنانچہ موت کی تعریف یوں کی گئی ہے:

اَلْمَوْتُ لَيْسَ بِفَنَاءٍ بَلْ هُوَ انْتِقَالٌ مِنْ مَكَانٍ اِلٰى مَكَانٍ آخَرَ

یعنی موت محض فنا کا نام نہیں بلکہ ایک مکان سے دوسرے مکان کی طرف چلے جانے کا نام ہے۔

موت کی ایک تعریف یوں بھی کی گئی ہے: اَلْمَوْتُ مُفَارَقَةُ الرُّوْحِ الْجَسَدَ یعنی موت روح کے جسم سے جدا ہو جانے کا نام ہے۔[1]

2- ہر شے کی موت علیحدہ علیحدہ حقیقت رکھتی ہے اور انسان کے حق میں تو موت بہت

(1) فتاویٰ حدیثیہ، ص165۔

مختلف ہے، پھر انسانوں میں بھی عام انسان اور مؤمن کی موت میں بہت فرق ہے۔ جیسے کامل مؤمن کے بارے میں فرمایا گیا: مومن کی موت خوشبو دار ہے۔[1] موت پُل ہے جو ایک دوست کو دوسرے دوست تک پہنچاتا ہے۔[2]

3- موت و حیات دونوں جسم والی چیزیں ہیں؛ موت کی شکل مینڈھے اور حیات کی گھوڑی جیسی ہے۔[3]

4- حیات کی دو قسمیں ہیں: (1) حیاتِ حقیقی: یعنی حکم الٰہی کی وجہ سے خلاف عادت حیات پائی جائے۔ مثالیں گزر چکیں۔ (2) حیاتِ عادی: یعنی روح کا بدن میں موجود ہونا۔

5- موت کی بھی دو قسمیں ہیں: (1) موت حقیقی: یعنی وہ موت کہ جس پر طاری ہو جائے پھر اس کی بقا نہ ہو سکے، جیسے مختلف کیڑے مکوڑوں پر طاری ہونے والی موت۔ (2) موت عادی: یعنی محض روح کا بدن سے جدا ہونا، نہ کہ روح کا فنا ہونا کہ موت کے بعد ارواح کا باقی رہنا قرآن و حدیث سے ثابت ہے۔

6- موتِ عادی حیاتِ حقیقی کے خلاف نہیں، یعنی یہ ہو سکتا ہے کہ موت عادی ہو لیکن حیات حقیقی بھی موجود رہے اور یہی اسلامی نظریہ ہے کہ مرنے کے بعد میت میں یک گونہ حیات باقی رہتی ہے جیسا کہ کثیر احادیث سے ثابت ہے۔

اس تفصیل کے بعد آیات میں مذکور موت کا مطلب واضح ہو جانا چاہیے کہ موت کا طاری ہونا عدمِ محض نہیں ہوتا اور انسان کے حق میں تو بالکل نہیں ہوتا بلکہ موت کے بعد بھی ہر انسان کے مرتبے کے لحاظ سے حیات ہوتی ہے اور یہی حیات النبی کی اصل ہے کہ

---

(1) فردوس الاخبار، 2/ 363، حدیث: 6986- شرح اصول اعتقاد اہل السنۃ، 2/ 979۔

(2) التذکرۃ للقرطبی، ص10۔ (3) تفسیر کبیر، پ29، الملک، تحت الآیۃ: 2، 10/ 579۔

وعدۂ الٰہی کے مطابق لمحہ بھر کو موتِ عادی طاری ہوئی جس کا حیاتِ حقیقی کے ساتھ جمع ہونا ممکن ہے اور پھر اسی لمحہ وعدہ پورا ہوتے ہی حیات عادی جسمانی بھی لوٹادی گئی۔

2-شبہ: اگر انبیائے کرام علیہمُ السّلام موت کے بعد اسی لمحہ حیات کے ساتھ متصف تھے تو ان کی تدفین اور وہ سارے معاملات کیوں کیے گئے جو ایک میت کے ساتھ ہوتے ہیں؟

توضیح: وصال کے بعد انبیائے کرام علیہمُ السّلام کی حیات اگرچہ جسمانی و دنیاوی ہے مگر عالم برزخ میں ہے جو ہمارے لیے آڑ اور رکاوٹ ہے، البتہ یہ اس کے لیے آڑ یا رکاوٹ نہیں جو خود اس عالم میں موجود ہے، لہٰذا وہ سارے معاملات جو موت سے ہمکنار ہونے والے کے ساتھ کیے جاتے ہیں انبیائے کرام کے ساتھ بھی ان کی شان کے مطابق انجام پاتے ہیں۔ یہی وجہ ہے کہ شہدا جنہیں قرآن کریم میں زندہ اور حیات سے متصف قرار دیا گیا ہے ان کی بھی تدفین ہوتی ہے۔ چنانچہ فرمایا گیا:

وَ لَا تَحْسَبَنَّ الَّذِیْنَ قُتِلُوْا فِیْ سَبِیْلِ اللّٰهِ اَمْوَاتًاؕ-بَلْ اَحْیَآءٌ عِنْدَ رَبِّهِمْ یُرْزَقُوْنَۙ(۱۶۹)
(پ4، اٰلِ عمرٰن:169)

ترجمہ: اور جو اللہ کی راہ میں مارے گئے ہرگز انہیں مردہ نہ خیال کرنا بلکہ وہ اپنے رب کے پاس زندہ ہیں روزی پاتے ہیں۔

3-شبہ: نبی کریم صلی اللہ علیہ واٰلہٖ وسلم کو قبر میں زندہ ماننے سے شرک لازم آئے گا کیونکہ اس سے اللہ تعالیٰ کی صفت ”حی“ میں شراکت لازم آتی ہے کہ اللہ تعالیٰ بھی زندہ اور نبی کریم بھی زندہ۔

توضیح: اس سے شرک لازم نہیں آتا کیونکہ اللہ تعالیٰ کی حیات اور نبی کریم صلی اللہ علیہ واٰلہٖ وسلم کی حیات میں بہت فرق ہے، مثلاً اللہ تعالیٰ کی حیات ازلی ابدی ہے اور نبی کریم کی حیات ازلی نہیں، ابدی ہے اور یہ ابدی حیات جنت میں ہر مسلمان کو حاصل ہوگی۔ نیز نبی کریم کی حیات انقطاع کے ساتھ ہے کہ آپ کی بارگاہ میں موت نے حاضری دی ہے جبکہ اللہ تعالیٰ اس سے پاک ہے۔

خالق اور مخلوق کی حیات میں فرق

خالق اور مخلوق کی حیات میں فرق حیات کی دونوں قسموں سے ہی واضح ہے کہ خالق حقیقی اللہ تعالیٰ کی صفت "حی" قدیم، ازلی اور ابدی ہے، جبکہ مخلوق کی حیات حادث اور عدم سے وجود میں آنے والی ہے۔ اس کے علاوہ مزید فرق بیان کیے جارہے ہیں۔ ملاحظہ کیجیے:

خالق کی صفتِ حیات	مخلوق کی صفتِ حیات
مخلوق نہیں ہے، یعنی عدم سے وجود میں نہیں آئی	مخلوق ہے، پہلے نہیں تھی، بعد میں وجود میں آئی
ازلی ابدی ہے کہ اس کو فنا و زوال لاحق نہیں ہوسکتا	لازم الزوال ہے، کبھی نہ کبھی ضرور ختم ہو گی
اس میں حیات کی ضد موت نہیں پائی جاسکتی	حیات کی ضد موت پائی جاسکتی ہے بلکہ پائی جاتی ہے
نقص و کمزوری عارض نہیں ہوسکتی	نقص و کمزوری عارض ہوسکتی ہے
اس میں اونگھ اور نیند کا دخل نہیں	اس میں عموماً اونگھ اور نیند کا دخل ہوتا ہے
بغیر روح اور اسباب کے ہے	عموماً روح اور اسباب کی محتاج ہے
ذاتی ہے	عطائی ہے۔

حیات النبی کے منکر کا حکم

جو شخص پیارے آقا صلی اللہ علیہ واٰلہٖ وسلم یا انبیائے کِرام علیہم السّلام میں سے کسی کی بھی حیات کا انکار کرے وہ گمراہ بد دین ہے۔ (1)

(1) فتاویٰ رضویہ، 6/525- فتاویٰ رضویہ، 29/110۔

مشق

1- موت وحیات کے تصور پر روشنی ڈالیے۔

2- حیات برزخی اور حیات دنیوی کا فرق بیان کیجیے۔

3- حیات النبی کے منکر کا حکم بتائیے۔

4- خالق ومخلوق کی حیات کو کم از کم تین نکات میں بیان کیجیے۔

5- باب کی تمہید کا خلاصہ وتسہیل کیجیے اور مشکل الفاظ کے معانی لغت سے دیکھ کر لکھیے۔

7- حیاتِ انبیا سے متعلق اسلامی عقیدہ بیان کیجیے اور ممکنہ شبہ اور اس کی توضیح لکھیے۔

8- حیات کی تعریف واقسام لکھیے اور بتائیے اللہ تعالیٰ کی صفتِ حیات کا کیا مفہوم ہے؟

9- موت کے بعد حیات کا تصور واضح کیجیے اور بتائیے بغیر روح کے حیات کیسے ممکن ہے؟

دوسری فصل: صفت علم

اللہ تعالیٰ صفت علم کے ساتھ متصف ہے یعنی وہ تمام موجودات، معدومات، ممکنات اور محالات کو مکمل تفصیل کے ساتھ جاننے والا ہے جس میں کسی بھی قسم کی زیادتی کا امکان نہیں؛ اس کا علم واحد ہے اور معلومات کی کوئی انتہا نہیں۔ (1)

ارشاد باری تعالیٰ ہے:

وَهُوَ بِكُلِّ شَيْءٍ عَلِيمٌ ﴿۲۹﴾ (پ 1، البقرۃ: 29) ترجمہ: اور وہ سب کچھ جانتا ہے۔

علم کی تعریف

علم وہ نور ہے کہ جو شے اس کے دائرے میں آ گئی منکشف ہو گئی اور جس سے متعلِّق ہو گیا اس کی صورت ہمارے ذہن میں مُرتَسِم ہو گئی۔ (2)

علم کی مختلف اعتبارات سے متعدد تعریفات بیان کی گئی ہیں جو مخلوق کے علم سے متعلق ہیں، علم الٰہی سے ان کا کوئی علاقہ نہیں۔ جو تعریف یہاں بیان کی گئی وہ علم کی عمدہ اور بہترین تعریف ہے۔ ذیل میں اللہ تعالیٰ کی صفت علم کی الگ سے تعریف کی جا رہی ہے ملاحظہ کیجیے:

اللہ تعالیٰ کی صفتِ علم

وَالْعِلْمُ صِفَةٌ اَزَلِيَّةٌ قَائِمَةٌ بِذَاتِهٖ تَعَالٰى تُحِيْطُ بِالشَّيْئِ عَلٰى مَا هُوَ عَلَيْهِ۔ (3)

علم ذاتِ الٰہی کے ساتھ قائم ایک ازلی صفت ہے جو شے کو اس کی حقیقت کے ساتھ محیط ہے۔

---

(1) فتاویٰ رضویہ، 27/529۔

(2) ملفوظاتِ اعلیٰ حضرت، ص 245۔

(3) المعتقد المنتقد، ص 114۔

علم الٰہی کی کیفیت

اللہ تعالیٰ کا علم بسیط اور لامتناہی ہے جو تمام موجودات اور ممکنات کے ساتھ ساتھ معدومات بلکہ محالات کا بھی احاطہ کیے ہوئے ہے اور متعلقات کے متعدد ہونے سے اس کا علم متعدد نہیں ہوتا یعنی جو چیزیں فی الحال موجود نہیں، بعد میں پائی جائیں گی یا ان کا بعد میں وجود میں آنا ممکن ہے لیکن پھر بھی وجود میں نہیں آئیں گی اللہ تعالیٰ ان تمام کا جاننے والا ہے، حتّٰی کہ اللہ تعالیٰ ان کو بھی جانتا ہے جن کا پایا جانا کسی بھی طرح ممکن ہی نہیں ہے بلکہ ان کا وجود ہی محال ہے۔ معلومات کے زیادہ ہونے سے اللہ کے علم میں زیادتی نہیں ہوتی بلکہ اس کا علم اَوَّلاً ہی بسیط اور غیر محدود ہے۔[1]

اللہ تعالیٰ کے علم کی کیفیت کیا ہے؟ یہ ہماری عقل و فہم سے دور کی بات ہے، البتہ ایک مسلمان کے لیے اس بات کو دل سے تسلیم کرنا ضروری ہے کہ اللہ تعالیٰ کو جمیع کائنات کے ذرہ ذرہ کا علم ہے کیونکہ یہ بات قرآن مجید اور احادیث نبویہ سے ثابت ہے جس پر عقلی دلائل ذکر کرنے کی کوئی ضرورت نہیں کہ ان دلائل میں شکوک وشبہات آتے رہتے ہیں؛ اور جہاں تک بات اشیاء سے متعلق اللہ تعالیٰ کے علم کی کیفیت کی ہے تو ہم اس کو اللہ تعالیٰ کے سپرد کرتے ہیں، لہٰذا علم، اللہ تعالیٰ کی صفت ہونے کی حیثیت سے صفاتِ محکمات میں سے ہے اور اپنی کیفیت کی حیثیت سے صفات متشابہات[2] میں سے ہے۔[3]

---

(1) فتاویٰ رضویہ، 27/529 ماخوذاً- الدولۃ المکیۃ، ص97-شرح العقائد العضدیہ للدوانی، 1/147۔

(2) محکمات اور متشابہات سے متعلق تفصیلی معلومات کے لیے ملاحظہ کیجیے مکتبۃ المدینہ کی مطبوعہ کتاب "علم تفسیر آسان لفظوں میں"۔(مصنف)

(3) حاشیہ عبید اللہ علی الحواشی الزاہدیۃ المتعلقۃ بالقطبیۃ، ص19۔

علم کی اقسام

علم کی مختلف اعتبارات سے تقسیم کی جاسکتی ہے، یہاں پر کتاب کے موضوع کے پیش نظر علم کی دو اعتبارات سے تقسیم کی جارہی ہے ملاحظہ کیجیے:

(1) عالم کے اعتبار سے علم کی اقسام (2) معلوم کے اعتبار سے علم کی اقسام

(1) عالم کے اعتبار سے علم کی اقسام

اس اعتبار سے علم کی دو قسمیں ہیں: 1- علمِ ذاتی 2- علمِ عطائی

1- علمِ ذاتی: وہ علم جو عالم کو بغیر کسی ذریعے اور سبب کے معلوم ہو، اس کو بتانے والا کوئی نہ ہو۔ یہ علم صرف اللہ تعالیٰ کی شایانِ شان ہے۔

2- علمِ عطائی: وہ علم جو عالم کو کسی ذریعے اور سبب سے حاصل ہو، یہ علم اللہ تعالیٰ مخلوق کو اپنے فضل سے عطا فرماتا ہے۔ علمِ عطائی کو ''علمِ حصولی'' بھی کہتے ہیں۔

(2) معلوم کے اعتبار سے علم کی اقسام

اس اعتبار سے علم کی دو قسمیں ہیں: 1- علم غیب 2- علم شہادت

1- علمِ غیب: وہ علم جس کو انسان نہ تو آنکھ ناک کان وغیرہ حواس خمسہ سے حاصل کرسکے اور نہ وہ بلا دلیل بداہتاً عقل میں آسکے۔

2- علمِ شہادت: وہ جس کو انسان آنکھ، ناک اور کان وغیرہ حواس خمسہ سے حاصل کرسکے اور بغیر دلیل بداہتاً عقل میں بھی آسکے۔ اس کو علم غیب کے مقابل شمار کیا گیا ہے۔

علم کے دونوں اعتبارات کی وضاحت

علم کے دونوں اعتبارات باہم جمع ہوتے ہیں، یعنی علم غیب علم ذاتی بھی ہوتا ہے جیسے قیامت کا علم اللہ تعالیٰ کے لیے۔ اور علم غیب علم عطائی بھی ہوتا ہے جیسے قیامت کا علم

رسولُ اللہ کے لیے۔ یوں ہی علمِ شہادت علمِ ذاتی بھی ہوتا ہے اور علمِ شہادت علمِ عطائی بھی جیسے ذاتِ انسان کو جاننا اللہ تعالیٰ کے لیے علمِ ذاتی ہے اور کسی دوسرے کا جاننا علمِ عطائی۔

ذاتی اور عطائی کی تقسیم خالق اور مخلوق کے فرق کو پیشِ نظر رکھ کر بیان کی جاتی ہے کہ مخلوق چاہے کیسی ہی عظیم المرتبت ہستی کیوں نہ ہو، علم یا کوئی بھی خوبی یا کمال اس کا ذاتی نہیں ہو سکتا بلکہ اللہ تعالیٰ کا عطا کردہ ہی ہو گا۔

فہمِ قرآن کے ضابطے

قرآن کریم میں کہیں مخلوق کے لیے بہت سارے کمالات اور خوبیوں کو ثابت کیا جاتا ہے اور کہیں مخلوق سے ان کی نفی کرنے والی آیات بھی مذکور ہوتی ہیں یا کسی خوبی مثلاً علم کو کہیں اللہ تعالیٰ کے ساتھ مخصوص کیا جاتا ہے اور دیگر آیات میں علم مخلوق کے لیے بھی مانا جاتا ہے؛ اگر ذاتی و عطائی کا فرق ملحوظ نہ ہو تو قرآنی بیانیے کو سمجھنا دشوار ہو جائے گا، لہٰذا یہاں پر آیات علم سے متعلق مفید ضابطے بیان کیے جا رہے ہیں جن کی مدد سے ایسی تمام آیات کا اصل مدعا سمجھنا آسان ہو گا:

ضابطہ نمبر 1: جن آیات میں علم کی نسبت اللہ تعالیٰ کی طرف کی جائے وہاں علم ذاتی سرمدی مراد ہوتا ہے۔

ضابطہ نمبر 2: جن آیات میں بندوں سے علم کی نفی ہو وہاں علم ذاتی سرمدی کی نفی ہوتی ہے اور اس نفی سے علم عطائی کی نفی لازم نہیں آتی۔ آیات ملاحظہ کیجیے:

قُلْ لَّا یَعْلَمُ مَنْ فِی السَّمٰوٰتِ وَ الْاَرْضِ الْغَیْبَ اِلَّا اللّٰهُؕ (پ20، النمل:65)

ترجمہ: تم فرماؤ خود غیب نہیں جانتے جو کوئی آسمانوں اور زمین میں ہیں مگر اللہ۔

وَ عِنْدَهٗ مَفَاتِحُ الْغَیْبِ لَا یَعْلَمُهَاۤ اِلَّا هُوَؕ (پ7، الانعام:59)

ترجمہ: اور اسی کے پاس ہیں کنجیاں غیب کی انہیں وہی جانتا ہے۔

اِنَّ اللّٰهَ عِنْدَهٗ عِلْمُ السَّاعَةِ ۚ وَ یُنَزِّلُ الْغَیْثَ ۚ وَ یَعْلَمُ مَا فِی الْاَرْحَامِ ؕ وَ مَا تَدْرِیْ نَفْسٌ مَّا ذَا تَكْسِبُ غَدًا ؕ وَ مَا تَدْرِیْ نَفْسٌۢ بِاَیِّ اَرْضٍ تَمُوْتُ ؕ (پ21، لقمٰن:34)	ترجمہ: بے شک اللہ کے پاس ہے قیامت کا علم اور اتارتا ہے مینہ اور جانتا ہے جو کچھ ماؤں کے پیٹ میں ہے اور کوئی جان نہیں جانتی کہ کل کیا کمائے گی اور کوئی جان نہیں جانتی کہ کس زمین میں مرے گی۔
وَ لَوْ كُنْتُ اَعْلَمُ الْغَیْبَ لَا سْتَكْثَرْتُ مِنَ الْخَیْرِ ۛۚ (پ9، الاعراف:188)	ترجمہ: اور اگر میں غیب جان لیا کرتا تو یوں ہوتا کہ میں نے بہت بھلائی جمع کرلی۔

مذکورہ آیات اور ایسی دیگر آیات میں کہ جہاں علم کی نسبت اللہ تعالیٰ کی طرف کی گئی ہے یا بندوں سے علم کی یا علم کے ساتھ غیب کی قید لگا کر علمِ غیب کی نفی کی گئی ہے اس سے علمِ ذاتی، دائمی، قدیمی اور تمام علومِ غیبیہ مستقلہ مراد ہیں۔

ضابطہ نمبر 3: جن آیات میں علمِ غیب کی نسبت بندوں کی طرف کی جائے یا کسی نبی کا قول نقل کیا جائے کہ فلاں پیغمبر نے فرمایا: "میں غیب جانتا ہوں" تو وہاں مجازی، حادث، عطائی، غیر مستقل اور عارضی علم مراد ہوتا ہے۔ اس طرح کی چند آیات ملاحظہ کیجیے:

عٰلِمُ الْغَیْبِ فَلَا یُظْهِرُ عَلٰی غَیْبِهٖۤ اَحَدًا ۙ﴿۲۶﴾ اِلَّا مَنِ ارْتَضٰی مِنْ رَّسُوْلٍ (پ29، الجن:26-27)	ترجمہ: غیب کا جاننے والا تو اپنے غیب پر کسی کو مسلط نہیں کرتا سوائے اپنے پسندیدہ رسولوں کے۔
وَ عَلَّمَكَ مَا لَمْ تَكُنْ تَعْلَمُ ؕ وَ كَانَ فَضْلُ اللّٰهِ عَلَیْكَ عَظِیْمًا ﴿۱۱۳﴾ (پ5، النساء:113)	ترجمہ: اور تمہیں سکھا دیا جو کچھ تم نہ جانتے تھے اور اللہ کا تم پر بڑا فضل ہے۔

وَ اَعْلَمُ مِنَ اللّٰهِ مَا لَا تَعْلَمُوْنَ ﴿۶۲﴾
(پ8، الاعراف:62)

ترجمہ: اور میں اللہ کی طرف سے وہ علم رکھتا ہوں جو تم نہیں رکھتے۔

وَ اُنَبِّئُكُمْ بِمَا تَاْكُلُوْنَ وَ مَا تَدَّخِرُوْنَ ۙ فِيْ بُيُوْتِكُمْ ؕ (پ3، اٰلِ عمرٰن:49)

ترجمہ: اور تمہیں بتاتا ہوں جو تم کھاتے اور جو اپنے گھروں میں جمع کر رکھتے ہو۔

قَالَ لَا يَاْتِيْكُمَا طَعَامٌ تُرْزَقٰنِهٖۤ اِلَّا نَبَّاْتُكُمَا بِتَاْوِيْلِهٖ قَبْلَ اَنْ يَّاْتِيَكُمَا ؕ ذٰلِكُمَا مِمَّا عَلَّمَنِيْ رَبِّيْ ؕ (پ13، یوسف:37)

ترجمہ: یوسف نے کہا جو کھانا تمہیں ملا کرتا ہے وہ تمہارے پاس نہ آنے پائے گا کہ میں اس کی تعبیر اس کے آنے سے پہلے تمہیں بتا دوں گا یہ ان علموں میں سے ہے جو مجھے میرے رب نے سکھایا ہے۔

وَ مَا هُوَ عَلَى الْغَيْبِ بِضَنِيْنٍ ﴿۲۴﴾
(پ30، التکویر:24)

ترجمہ: اور یہ نبی غیب بتانے میں بخیل نہیں۔

وَ مَا كَانَ اللّٰهُ لِيُطْلِعَكُمْ عَلَى الْغَيْبِ وَ لٰكِنَّ اللّٰهَ يَجْتَبِيْ مِنْ رُّسُلِهٖ مَنْ يَّشَآءُ ۪
(پ4، اٰلِ عمرٰن:179)

ترجمہ: اور اللہ کی شان یہ نہیں کہ اے عام لوگو تمہیں غیب کا علم دے دے ہاں اللہ چُن لیتا ہے اپنے رسولوں سے جسے چاہے۔

ایسی تمام آیات میں علم سے مراد عطائی، غیر مستقل، حادث اور عارضی علم ہے کیونکہ یہ علم بندے کی صفت ہے اور جب بندہ خود ہی غیر مستقل اور حادث ہے تو اس کی صفات بھی غیر مستقل اور حادث ہی ہوں گی۔

5

ضابطہ نمبر 4: علمِ نبوی کی نفی کے لیے کسی بھی آیتِ مبارکہ کے ضمن میں کوئی واقعہ، خبر یا مختلف لوگوں کے حالات وغیرہ بطور دلیل سامنے آئیں تو سب سے پہلے یہ دیکھا جائے گا کہ اس واقعہ کی تاریخ کیا ہے؟ وہ آیت کب نازل ہوئی تھی؟ اگر تاریخ معلوم نہ ہو تو اس کو بنیاد بنا کر وسعتِ علم نبوی پر اعتراض کرنا درست نہیں کیونکہ تاریخ کا معلوم نہ ہونا اس بات کی دلیل ہے کہ وہ بات، مکمل قرآن نازل ہونے سے پہلے کی ہے اور جیسے جیسے قرآن نازل ہوتا رہا علم نبوی میں زیادتی ہوتی گئی۔

اگر تاریخ معلوم ہو تو پھر یہ دیکھا جائے گا کہ وہ تاریخ مکمل قرآن نازل ہونے سے پہلے کی ہے یا بعد کی؟ اگر پہلے کی تاریخ ہے تب بھی مذکورہ اصول کی بنیاد پر نفی علم کا استدلال درست نہیں کہ ابھی نزول قرآن باقی ہے۔ البتہ اگر نزول کے بعد کی تاریخ ہے تو ضروری ہے کہ وہ نص صریح قطعی الثبوت قطعی الدلالۃ[1] ہو، ورنہ استدلال ہرگز درست نہیں ہو گا کہ وسعتِ علم نبوی پر دلالت کرنے والی آیات اسی درجہ کی ہیں اور ان کے مقابلے میں کم درجہ کی دلیل کافی نہیں ہو سکتی۔ یہ بھی یاد رہے کہ وسعتِ علم پر دلالت

---

(1) دلائل سمعیہ کی چار اقسام ہیں: (1) قطعی الثبوت والدلالۃ: وہ دلیل جو ثبوت اور دلالت دونوں میں قطعی ہو یعنی یقینی طور پر ثابت ہو اور معنیٔ مطلوب پر اس کی دلالت اور اس سے مقصود کا اثبات بھی قطعی و یقینی ہو، جیسے قرآنِ کریم کی مفسَّر محکم نصوص اور وہ حدیثِ متواتر جس کا معنیٰ قطعی ہے۔ اس دلیل سے فرض و حرام ثابت ہوتا ہے۔ (2) قطعی الثبوت ظنی الدلالۃ: وہ دلیل جو ثبوت میں قطعی اور دلالت میں ظنی ہو۔ جیسے وہ آیات جن کے معنیٰ میں تاویل کی گئی ہے۔ اس دلیل سے واجب و مکروہِ تحریمی کا ثبوت ہوتا ہے۔ (3) ظنی الثبوت قطعی الدلالۃ: وہ دلیل جو ثبوت میں ظنی اور دلالت میں قطعی ہو، جیسے وہ احادیثِ آحاد جن کا معنیٰ قطعی ہے۔ اس دلیل سے بھی واجب و مکروہِ تحریمی کا ثبوت ہوتا ہے۔ (4) ظنی الثبوت والدلالۃ: وہ دلیل جو ثبوت و اثبات دونوں میں ظنی ہو، جیسے وہ اخبار آحاد جن کا معنیٰ ظنی ہے۔ اس دلیل سے سنت و استحباب کا ثبوت ہوتا ہے۔ (ردالمحتار، 1/215- فتاویٰ رضویہ، 1/252)

کرنے والی آیات کے مقابلے میں نفی کے لیے قطعی دلیل ملنا ناممکن ہے۔[1]

شبہات اور ان کی توضیحات

قرآن و حدیث کے درست مفاہیم اور آیات کے صحیح محامل نیز امت محمدیہ کے نظریاتی تسلسل سے لاعلمی کی بنا پر کسی کے ذہن میں انبیائے کرام علیہمُ السّلام کے لیے علم غیب ثابت کرنے سے متعلق مختلف شبہات پیدا ہو سکتے ہیں، لہٰذا ایسے شبہات اور ان کی توضیحات ملاحظہ کیجیے:

1 - شبہ: قرآن کریم میں کسی بھی جگہ پر نبی کریم صلی اللہ علیہ واٰلہٖ وسلم کے لیے "عالم الغیب" یا "علم" اور "غیب" کی کوئی ترکیب ذکر نہیں کی گئی بلکہ غیب کی خبر کے لیے "اطلاع"، "انبا" اور اس جیسے دیگر خبریہ الفاظ مذکور ہوئے ہیں تو یہ کیسے ہو سکتا ہے کہ اللہ تعالیٰ تو خود علم اور غیب کی ترکیب اپنے علاوہ کسی کے لیے ذکر نہ فرمائے اور ہم کسی کے لیے ذکر کرنا شروع کر دیں؟

توضیح: یہ شبہ دو الگ الگ باتوں میں فرق نہ کرنے کی بنیاد پر ہے، یعنی "حضور کو "عالم الغیب" کہہ سکتے ہیں یا نہیں؟" یہ ایک الگ بات ہے اور "حضور غیب جانتے ہیں یا نہیں؟" یہ الگ بات ہے؛ ان دونوں باتوں کی تفصیل ملاحظہ کیجیے:

(1) حضور کو "عالم الغیب" کہنا کیسا؟

حضور سید عالم صلی اللہ علیہ واٰلہٖ وسلم یا کسی بھی نبی و مخلوق کو مطلقاً عالم الغیب کہنا درست نہیں کہ اس لفظ کا مطلقاً استعمال اللہ تعالیٰ کے ساتھ خاص ہے کیونکہ جب یہ لفظ بولا جاتا ہے تو اس سے عام حالت میں علمِ ذاتی کی طرف ذہن جاتا ہے اور یہ شان صرف اللہ تعالیٰ کی ہے۔

[1] فتاویٰ رضویہ، 29/488 ماخوذاً۔

حضور پر نور صلی اللہ علیہ والہٖ وسلم یقینی طور پر غیوب کو جاننے والے ہیں مگر "عالم الغیب" صرف اللہ تعالیٰ کو کہا جائے گا۔ جس طرح حضور اقدس صلی اللہ علیہ والہٖ وسلم عزت اور جلالت والے ہیں، تمام عالم میں ان کے برابر کوئی عزیز و جلیل ہے نہ ہو سکتا ہے، مگر آپ کو محمد عزوجل کہنا جائز نہیں بلکہ اللہ عزوجل اور محمد صلی اللہ علیہ والہٖ وسلم کہا جائے گا۔ (1)

(2) حضور غیب جانتے ہیں

اللہ پاک نے اپنے حبیب اکرم صلی اللہ علیہ والہٖ وسلم کو تمام اولین و آخرین کا علم عطا فرمایا، مشرق تا مغرب، عرش تا فرش سب کچھ ان پر روشن فرمایا، آسمان و زمین کی سلطنت کا شاہد بنایا، ابتدا سے انتہا تک جو کچھ ہو چکا اور جو کچھ ہونے والا ہے سب کچھ ان کو بتایا؛ ان چیزوں میں سے ایک ذرہ بھی حضور کے علم سے باہر نہیں، آپ کا علم ان سب کا احاطہ کیے ہوئے ہے، اور یہ جاننا اجمالاً نہیں بلکہ تفصیلاً ہے، یعنی ہر چھوٹی بڑی چیز، خشکی و تری بلکہ پتے کا گرنا اور زمین کی اندھیریوں میں جہاں کہیں کوئی دانہ پڑا ہے حضور ہر ایک کو جانتے ہیں۔ اور یہ جو کچھ بیان ہوا ہر گز ہر گز حضور سید عالم صلی اللہ علیہ والہٖ وسلم کا پورا علم نہیں ہے بلکہ آپ کے علم کا ایک چھوٹا سا حصہ ہے۔ (2)

وسعتِ علمِ محمدی

اعلیٰ حضرت امام احمد رضا خان رحمۃ اللہ علیہ فرماتے ہیں: علمِ محمدی میں وہ ہزار در ہزار بے حد و کنار سمندر لہرا رہے ہیں جن کی حقیقت کو وہ خود جانیں یا ان کا عطا کرنے والا ان کا مالک و مولیٰ جل و علا۔ پہلے اور بعد کے علما کی کتابوں میں اس کے تفصیلی دلائل اور مکمل وضاحت موجود ہے اور اگر کچھ نہ بھی ہوتا تو الحمد للہ قرآن عظیم خود علم محمدی کی وسعت پر گواہ ہے۔ (3)

---

(1) فتاویٰ رضویہ، 29/405۔ (2) فتاویٰ رضویہ، 29/486 تسہیلاً۔
(3) فتاویٰ رضویہ، 29/486 تسہیلاً۔

قرآنی آیات سے استدلال

وسعت علم محمدی پر قرآن کی گواہی ملاحظہ کیجیے:

وَ نَزَّلْنَا عَلَيْكَ الْكِتٰبَ تِبْيَانًا لِّكُلِّ شَيْءٍ وَّهُدًى وَّرَحْمَةً وَّبُشْرٰى لِلْمُسْلِمِيْنَ ﴿۸۹﴾ (پ14، النحل:89)

ترجمہ: اور ہم نے تم پر یہ قرآن اتارا کہ ہر چیز کا روشن بیان ہے اور ہدایت اور رحمت اور بشارت مسلمانوں کو۔

مَا كَانَ حَدِيْثًا يُّفْتَرٰى وَلٰكِنْ تَصْدِيْقَ الَّذِيْ بَيْنَ يَدَيْهِ وَتَفْصِيْلَ كُلِّ شَيْءٍ وَّهُدًى وَّرَحْمَةً لِّقَوْمٍ يُّؤْمِنُوْنَ ﴿۱۱۱﴾ (پ13، یوسف:111)

ترجمہ: یہ کوئی بناوٹ کی بات نہیں لیکن اپنے سے اگلے کاموں کی تصدیق ہے اور ہر چیز کا مفصّل بیان اور مسلمانوں کے لیے ہدایت ورحمت۔

مَا فَرَّطْنَا فِي الْكِتٰبِ مِنْ شَيْءٍ (پ7، الانعام:38)

ترجمہ: ہم نے اس کتاب میں کچھ اٹھا نہ رکھا۔

جب قرآن مجید میں ہر شے کا روشن اور مفصل بیان ہے اور اہلِ سنت کے نزدیک "شے" ہر موجود کو کہتے ہیں؛ تو عرش تا فرش تمام کائنات اور جملہ موجودات اس بیان میں داخل ہوئے، اور موجودات میں کتابتِ لوحِ محفوظ بھی ہے لہٰذا اس میں لکھے گئے تمام بیانات بھی تفصیلاً شامل ہوئے۔ اب ذرا قرآن مجید میں غور کیجیے اور دیکھیے کہ لوح محفوظ میں کیا کیا لکھا ہوا ہے:

وَكُلُّ صَغِيْرٍ وَّكَبِيْرٍ مُّسْتَطَرٌ ﴿۵۳﴾ (پ27، القمر:53)

ترجمہ: اور ہر چھوٹی بڑی چیز لکھی ہوئی ہے۔

وَ كُلَّ شَیْءٍ اَحْصَیْنٰهُ فِیْۤ اِمَامٍ مُّبِیْنٍ ﴿۱۲﴾ (پ22،یٰسٓ:12)

ترجمہ: اور ہر چیز ہم نے گن رکھی ہے ایک بتانے والی کتاب میں۔

وَ لَا حَبَّةٍ فِیْ ظُلُمٰتِ الْاَرْضِ وَ لَا رَطْبٍ وَّ لَا یَابِسٍ اِلَّا فِیْ كِتٰبٍ مُّبِیْنٍ ﴿۵۹﴾ (پ7،الانعام:59)

ترجمہ: اور کوئی دانہ نہیں زمین کی اندھیریوں میں اور نہ کوئی تر اور نہ خشک جو ایک روشن کتاب میں لکھا نہ ہو۔

نص صحیح قطعی سے یہ بات واضح ہوتی ہے کہ حضور سید عالم صلی اللہ علیہ واٰلہٖ وسلم کو اللہ تعالیٰ نے روز اول سے تا قیامت تمام موجودات جو لوح محفوظ میں درج ہیں سب کا علم دیا بلکہ مشرق ومغرب، آسمان وزمین اور عرش وفرش میں کوئی ذرہ بھی حضور کے علم سے باہر نہیں۔ (1)

2- شبہ: اگر رسول اللہ صلی اللہ علیہ واٰلہٖ وسلم کے لیے علم میں اس قدر وسعت تسلیم کی جائے جیسی بیان کی گئی تو قرآن کریم کی وہ آیات جن میں مختلف واقعات اور احوال کے جاننے کی نفی کی گئی ہے ان کا کیا مطلب ہو گا؟ بطور مثال دو آیات ملاحظہ کیجیے:

وَ لَقَدْ اَرْسَلْنَا رُسُلًا مِّنْ قَبْلِكَ مِنْهُمْ مَّنْ قَصَصْنَا عَلَیْكَ وَ مِنْهُمْ مَّنْ لَّمْ نَقْصُصْ عَلَیْكَ (پ24،المؤمن:78)

ترجمہ: اور بے شک ہم نے تم سے پہلے کتنے ہی رسول بھیجے کہ جن میں کسی کا احوال تم سے بیان فرمایا اور کسی کا احوال نہ بیان فرمایا۔

وَ مِمَّنْ حَوْلَكُمْ مِّنَ الْاَعْرَابِ مُنٰفِقُوْنَ ؕ وَ مِنْ اَهْلِ الْمَدِیْنَةِ ؔۛ مَرَدُوْا عَلَى النِّفَاقِ ۫ لَا تَعْلَمُهُمْ ؕ نَحْنُ نَعْلَمُهُمْ ؕ (پ11،التوبۃ:101)

ترجمہ: اور تمہارے آس پاس کے کچھ گنوار منافق ہیں اور کچھ مدینہ والے ان کی خُو (عادت) ہوگئی ہے نفاق تم انہیں نہیں جانتے ہم انہیں جانتے ہیں۔

---

(1) فتاویٰ رضویہ، 29/487 تسہیلاً۔

توضیح: حضور سید عالم صلی اللہ علیہ واٰلہٖ وسلم کے مبارک علم سے متعلق مسلمانوں کا نظریہ یہ ہے کہ جیسے جیسے قرآن نازل ہوتا رہا آپ کے علم میں اضافہ ہوتا رہا[1] وسعتِ علمِ محمدی کی مذکورہ تفصیل قرآن کریم کی اس آیت مبارکہ کی روشنی میں کی گئی ہے، ارشاد باری تعالیٰ ہے:

وَ نَزَّلْنَا عَلَیْكَ الْكِتٰبَ تِبْیَانًا لِّكُلِّ شَیْءٍ ترجمہ: اور ہم نے تم پر یہ قرآن اتارا کہ ہر چیز کا روشن بیان ہے۔ (پ14، النحل:89)

یہ بات بالکل واضح ہے کہ اس آیت میں بیان کیا گیا قرآن کا وصف صرف ایک آیت کا نہیں بلکہ پورے قرآن پاک کا ہے لہٰذا مکمل قرآن نازل ہونے سے پہلے بعض انبیائے کرام علیہمُ السّلام کے احوال جاننے کی نفی کی گئی یا منافقین کی خبر نہ ہونے کا فرمایا گیا تو ایسی آیات اُن آیات کے ہر گز منافی نہیں جن میں وسعت علم کی خبر دی گئی ہے۔[2]

3- شبہ: اگر رسول اللہ صلی اللہ علیہ واٰلہٖ وسلم کے لیے علم میں اس قدر وسعت تسلیم کی جائے جیسی بیان کی جارہی ہے تو معاذ اللہ یہ علمِ خدا کے مساوی ہوتی ہوئی معلوم ہوگی جو شرک ہے۔

توضیح: اعلیٰ حضرت امام احمد رضا خان رحمۃُ اللہِ علیہ ارشاد فرماتے ہیں: اللہ عزوجل نے روزِ اَوّل سے روز آخر تک جو کچھ ہوا اور جو کچھ ہے اور جو کچھ ہونے والا ہے ایک ایک ذرہ کا تفصیلی علم اپنے حبیب اکرم صلی اللہ علیہ واٰلہٖ وسلم کو عطا فرمایا، ہزار تاریکیوں میں جو ذرہ یا ریگ کا دانہ پڑا ہے حضور کا علم اس کو محیط ہے اور فقط علم ہی نہیں بلکہ تمام دنیا بھر اور جو کچھ اس میں قیامت تک ہونے والا ہے سب کو ایسا دیکھ رہے ہیں جیسا اپنی اس ہتھیلی کو۔ آسمانوں اور زمینوں میں کوئی ذرہ ان کی نگاہ سے مخفی نہیں بلکہ یہ جو کچھ مذکور ہے ان کے علم کے

(1) الدولۃ المکیۃ، ص176 تا 177- شرح الباجوری علی البردہ، ص 133 مفہوماً۔
(2) فتاویٰ رضویہ، 29/488 تسہیلاً- الدولۃ المکیۃ، ص176 تا 177۔

سمندروں میں سے ایک چھوٹی سی نہر ہے، اپنی تمام امت کو اس سے زیادہ پہچانتے ہیں جیسا آدمی اپنے پاس بیٹھنے والوں کو، اور فقط پہچانتے ہی نہیں بلکہ ان کے ایک ایک عمل، ایک ایک حرکت کو دیکھ رہے ہیں۔ دلوں میں جو خطرہ گزرتا ہے اس سے آگاہ ہیں۔

اور پھر ان کے علم کے وہ تمام سمندر اور جمیع علومِ اَوَّلین و آخِرین مل کر علم الٰہی سے وہ نسبت نہیں رکھتے جو ایک ذرا سے قطرہ کو کروڑ سمندروں سے، ﴿مَا قَدَرُوا اللّٰهَ حَقَّ قَدْرِهٖ﴾ (1) "ظالموں نے اللہ ہی کی قدر نہ پہچانی" کہ جو کچھ ہو گزرا اور قیامت تک ہونے والا ہے اس کا علم اس کی عطا سے اس کے محبوب کے لیے مانا اور کہہ دیا کہ یہ تو خدا سے برابری ہو گئی، مشرک ہو گیا۔ بے ادبو! کیا خدا کا علم اتنا ہی ذرا سا ہے کہ دو حدوں میں محدود ہے، یہ تو نبی صلی اللہ علیہ واٰلہٖ وسلم اپنے صدقہ میں اپنے غلاموں کو عطا فرماتے ہیں۔ (2)

4- شبہ: ذخیرۂ حدیث میں ایسی احادیث موجود ہیں جن میں نبی پاک صلی اللہ علیہ واٰلہٖ وسلم اپنی ذات سے علم کی نفی فرماتے ہیں تو ان احادیث کا کیا مطلب ہو گا؟

توضیح: حضور سید عالم صلی اللہ علیہ واٰلہٖ وسلم کا علم اور اس کی وسعت نص صریح یقینی الافادہ سے ثابت ہے، اس کی نفی کے لیے ایسی ہی دلیل درکار ہو گی جو ثبوت والی دلیل کے درجہ کی ہو اور پورے ذخیرۂ علم میں ایسی ایک دلیل بھی موجود نہیں جو پیارے آقا صلی اللہ علیہ واٰلہٖ وسلم کے وسعت علم کی نفی کر سکے۔ رہیں وہ احادیث جن میں حضور سید عالم صلی اللہ علیہ واٰلہٖ وسلم نے اپنی ذات سے علم کی نفی فرمائی مثلاً

(1) اللہ کی قسم میں نہیں جانتا میرے ساتھ کیا کیا جائے گا حالانکہ میں اللہ کا رسول ہوں۔ (3)

(1) ترجمہ: اللہ کی قدر نہ جانی جیسی چاہیئے تھی۔ (پ17، الحج:74)

(2) فتاویٰ رضویہ، 15/74۔ (3) بخاری، 1/422، حدیث:1243۔

(2) حضور سید عالم صلی اللہ علیہ واٰلہٖ وسلم کے سامنے کسی بچی نے شعر پڑھا جس کا ایک مصرع یہ تھا: وَفِيْنَا نَبِيٌّ يَعْلَمُ مَا فِيْ غَدٍ
یعنی ہم میں وہ نبی ہیں جو آنے والے کل کی خبریں بھی جانتے ہیں۔
یہ سن کر حضور علیہ السلام نے فرمایا: ایسا مت کہو بلکہ جو پہلے کہہ رہی تھیں وہی کہو۔[1]

(3) رسولُ اللہ صلی اللہ علیہ واٰلہٖ وسلم نے فرمایا: میں حوض پر تمہارا پیش رو ہوں، جو مجھ پر گزرے گا وہ پیے گا اور جو پیے گا وہ کبھی پیاسا نہ ہو گا؛ میرے پاس کچھ قومیں آئیں گی جنہیں میں پہچانتا ہوں اور وہ بھی مجھے پہچانتے ہیں، پھر میرے اور ان کے درمیان آڑ کر دی جائے گی، تو میں کہوں گا: یہ تو میرے ہیں۔ تو فرمایا جائے گا: ”آپ نہیں جانتے کہ انہوں نے آپ کے بعد کیا باتیں پیدا کیں۔“ میں کہوں گا: وہ دور رہے جس نے میرے بعد تبدیلی کی۔[2]

تو اس سے متعلق مندرجہ ذیل ضابطہ ملاحظہ کیجیے:

فہمِ حدیث کا اہم ضابطہ

اس مضمون کی احادیث عموماً خبر واحد ہوتی ہیں اور بالفرض خبر واحد نہ بھی ہوں بلکہ اس سے اوپر درجہ کی ہوں تب بھی وہ قطعی الدلالۃ نہیں ہوں گی! خبر واحد سے متعلق امت کے اکابر علما کا یہ فیصلہ ہے کہ اگر وہ حدیث قرآن کریم یا خبر متواتر کے مقابلے میں آجائے تو حتَّی الامکان اس کا وہ معنیٰ مقرر کیا جائے گا جس سے یقینی الافادہ اور ظنی الافادہ دونوں درست ہو جائیں اور اگر ایسا معنیٰ مقرر کرنا درست نہ ہو تو خبر واحد کو نظر انداز کر کے قرآن یا خبر متواتر پر نظریہ قائم کیا جائے گا۔[3] اس ضابطہ کی روشنی میں وہ احادیث آحاد جن میں علم کی

[1] بخاری، 3/446، حدیث: 5147۔ [2] بخاری، 4/267 تا 268، حدیث: 6576-6583۔
[3] فتاویٰ رضویہ، 29/488 تا 490 ملخصاً - الدولۃ المکیۃ، ص 177 تا 179 ماخوذاً - اصول الشاشی، ص 4-208 ملتقطاً۔

نفی ہے ان سے علم ذاتی کی نفی مقرر کی جاسکتی ہے اور جن آیات میں علم کا ثبوت ہے ان سے علم عطائی کا ثبوت مقرر کیا جاسکتا ہے، یوں ثبوت و نفی دونوں معنیٰ درست ہو جائیں گے۔

خدا اور مخلوق کے علم میں فرق

خدا کا علم	مخلوق کا علم
ذاتی ہے	عطائی ہے
اس کی ذات کے لیے واجب ہے	اس کی ذات کے لیے ممکن ہے
ازلی، سرمدی، قدیم اور حقیقی ہے	حادث ہے
مخلوق نہیں ہے	مخلوق ہے
کسی کے زیرِ قدرت نہیں	اللہ کی قدرت میں اور اس کے زیرِ دست ہے
لامتناہی ہے کہ اس کی کوئی انتہا نہیں	متناہی ہے کہ اس کی کوئی نہ کوئی انتہا ہے
علم میں تبدیلی ممکن نہیں	مخلوق کے علم میں تبدیلی ممکن ہے
علم میں کمی زیادتی ممکن نہیں	مخلوق کے علم میں کمی زیادتی ممکن ہے
علم کا ہمیشہ رہنا واجب ہے	مخلوق کے علم کا فنا ہونا ممکن ہے۔ (1)

علمِ غیب کے انکار کا حکم

علم غیب کے انکار کی تین قسمیں ہیں جو 12 شقوں پر مشتمل ہیں؛ ان میں بعض کفر ہیں، بعض بدعت و گمراہی ہیں اور بعض نہ کفر ہیں نہ گمراہی ہیں اور نہ فسق ہیں، یعنی ان پر کچھ بھی حکم نہیں؛ ترتیب وار ان کی تفصیل ملاحظہ کیجیے:

قسمِ اول: علم غیب سے متعلق وہ مسائل جو ضروریاتِ دین سے ہیں ان کا انکار کرنا یا ان میں

(1) الدولۃ المکیۃ، ص 117 - رسائل ابن عابدین، 2/313 - نجم الرحمن، ص 103 تا 104 ملخصاً۔

تھوڑا سا بھی شک کرنا کفر ہے؛ یہ پانچ بنیادی مسائل ہیں، ملاحظہ کیجیے:

(1) اللہ تعالیٰ ہی عالم بالذات ہے، اُس کے بتائے بغیر ایک حرف کوئی نہیں جان سکتا۔

(2) رسول اللہ صلی اللہ علیہ واٰلہٖ وسلم اور دیگر انبیائے کرام علیہم السّلام کو اللہ تعالیٰ نے اپنے بعض غیوب کا علم دیا ہے۔

(3) رسول اللہ صلی اللہ علیہ واٰلہٖ وسلم کا علم اوروں سے زائد ہے، ابلیس کا علم معاذ اللہ علم اقدس سے ہرگز وسیع تر نہیں۔

(4) جو علم اللہ تعالیٰ کی صفتِ خاصہ ہے جس میں اُس کے حبیب محمد رسولُ اللہ صلی اللہ علیہ واٰلہٖ وسلم کو شریک کرنا بھی شرک ہو وہ ہرگز ابلیس کے لیے نہیں ہو سکتا، جو ایسا مانے قطعاً مشرک کافر ملعون بندۂ ابلیس ہے۔

(5) زید و عَمرو، ہر بچے، پاگل، چوپائے کو علمِ غیب میں محمد رسول اللہ صلی اللہ علیہ واٰلہٖ وسلم کے جیسا کہنا حضور اقدس صلی اللہ علیہ واٰلہٖ وسلم کی صریح توہین اور کھلا کفر ہے۔

قسم ثانی: علم غیب سے متعلق وہ دو باتیں جن کا انکار کرنا بدمذہبیت، گمراہی اور بدعت ہے؛ ملاحظہ کیجیے:

(6) رسولوں کے واسطے سے اللہ تعالیٰ، اولیائے کرام کو بھی کچھ علومِ غیب عطا فرماتا ہے۔ اگر کوئی صرف رسولوں کے لیے غیب جاننا تسلیم کرے مگر اولیائے کرام کے لیے علم غیب میں کوئی حصہ نہ مانے تو وہ گمراہ اور بدعتی ہے۔

(7) اللہ تعالیٰ نے اپنے محبوبوں خصوصاً سید المحبوبین صلی اللہ علیہ واٰلہٖ وسلم کو غیوبِ خمسہ[1] میں سے بہت سارے جزئیات کا علم بخشا ہے جو یہ کہے کہ ان پانچ چیزوں میں سے کسی

---

(1) غیوبِ خمسہ سے مراد ان پانچ باتوں کا علم ہے: (1) قیامت کب آئے گی؟ (2) مینہ کب، کہاں اور کتنا برسے گا؟ (3) مادہ کے پیٹ میں کیا ہے؟ (4) کل کیا ہو گا؟ (5) فلاں کہاں مرے گا؟
(فتاویٰ رضویہ، 29/473)

کا علم کسی کو نہ دیا گیا تو وہ ہزارہا احادیث متواترۃ المعنٰی [1] کا منکر اور بدمذہب خاسر ہے۔

قسم ثالث: علم غیب سے متعلق کچھ مسائل وہ ہیں جن میں خود علمائے اہلِ سنت کا اختلاف ہے۔ اگر کوئی شخص بیان کی گئی دونوں قسموں کی ساتوں شقوں پر ایمان رکھتا ہے اور قسم ثالث کی درج ذیل شقوں میں سے کسی کی نفی یا اثبات کرتا ہے تو اس پر کفر تو کیا، فسق و گمراہی کا حکم بھی نہیں لگے گا، وہ پانچ شقیں ملاحظہ کیجیے:

(8) رسول اللہ صلی اللہ علیہ واٰلہٖ وسلم کو تعیینِ وقتِ قیامت کا بھی علم ملا۔

(9) حضور کو بلا استثناء جمیع جزئیات خمس کا علم ہے۔

(10) جملہ مکنونات قلم و مکتوبات لوح بالجملہ روزِ اول سے روزِ آخر تک تمام ماکان ومایکون مندرجہ لوحِ محفوظ اور اس سے بہت زائد کا علم ہے جس میں ماورائے قیامت تو جملہ افراد خمس داخل، اور دربارہ قیامت اگر ثابت ہو کہ اس کی تعیین وقت بھی درج لوح ہے تو اسے بھی شامل، ورنہ دونوں احتمال حاصل۔

(11) حضور پُرنور صلی اللہ علیہ واٰلہٖ وسلم کو حقیقتِ روح کا بھی علم ہے۔

(12) جملہ متشابہات قرآنیہ کا بھی علم ہے۔ [2]

---

[1] وہ حدیث جس کے الفاظ تواتر سے منقول نہ ہوں لیکن معنٰی و مضمون اتنی کثیر احادیث میں موجود ہو جنہیں روایت کرنے والی جماعت کا جھوٹ پر جمع ہونا محال ہو اسے متواترِ معنوی کہا جاتا ہے، مثلاً دعا میں ہاتھ اٹھانا، مختلف الفاظ کے ساتھ اس مضمون کی 100 سے زائد احادیث موجود ہیں جن میں سے کوئی بھی تواتر سے ثابت نہیں لیکن مجموعے سے معنٰی و مضمون کا تواتر ثابت ہو جاتا ہے۔
(تدریب الراوی، ص354)

[2] فتاویٰ رضویہ، 29/414 تا 415۔

مشق

1- فہم حدیث کا ضابطہ لکھیے۔

2- اقسام علم کا خلاصہ بیان کیجیے۔

3- خالق و مخلوق کے علم میں فرق بتائیے۔

4- علم غیب کے انکار کا حکم بالتفصیل لکھیے۔

5- علم نبوی کی نفی پر مشتمل آیات کو سمجھنے کا ضابطہ بتائیے۔

6- وسعت علم محمدی پر اعلیٰ حضرت کے کلام کا خلاصہ کیجیے۔

7- علم الٰہی کی کیفیت کے حوالے سے بیان کیا گیا مؤقف واضح کیجیے۔

8- قرآن پاک میں حضور کے لیے علمِ غیب کی ترکیب ذکر نہیں ہوئی، اس کی توضیح کیجیے۔

9- جن احادیث میں حضور نے اپنی ذات سے علم کی نفی فرمائی ہے، ان کا کیا جواب ہے؟

10- علم کی تعریف کیجیے اور بتائیے اللہ تعالیٰ کے صفت علم سے متصف ہونے کا کیا مطلب ہے؟

تیسری فصل: صفتِ قدرت

اللہ تعالیٰ صفت قدرت کے ساتھ متصف ہے یعنی وہ ہر ممکن پر قادر ہے، جس کو چاہے وجود بخشے، جسے چاہے معدوم رہنے دے، جس موجود کو معدوم کرنا چاہے کر دے اور جس معدوم کو موجود کرنا چاہے کرلے۔ ارشاد باری تعالیٰ ہے:

اِنَّ اللّٰهَ عَلٰى كُلِّ شَیْءٍ قَدِیْرٌ ۝۲۰ ترجمہ: بے شک اللہ سب کچھ کر سکتا ہے۔

(پ 1، البقرۃ:20)

قدرت کی تعریف

هِيَ الصِّفَةُ الَّتِي تُمَكِّنُ الْحَيَّ مِنَ الْفِعْلِ وَتَرْكِهٖ بِالْاِرَادَةِ۔[1]

قدرت وہ صفت ہے جو ذی حیات کو اپنے ارادے سے کام کرنے یا نہ کرنے کا اختیار دیتی ہے۔

شیٔ کی تعریف

اَلشَّیْءُ هُوَ الَّذِیْ یَصِحُّ اَنْ یُعْلَمَ وَیُخْبَرَ عَنْهُ وَعِنْدَ كَثِیْرٍ مِنَ الْمُتَكَلِّمِیْنَ هُوَ اِسْمٌ مُشْتَرَكُ الْمَعْنٰى اِذِ اسْتُعْمِلَ فِی اللّٰهِ وَغَیْرِهٖ وَیَقَعُ عَلَى الْمَوْجُوْدِ وَالْمَعْدُوْمِ

شیٔ سے مراد وہ ہے جس کا جاننا اور اس کے بارے میں خبر دینا درست ہو۔ اکثر متکلمین کے نزدیک لفظ شیٔ مشترک معنوی ہے کیونکہ اس کا استعمال اللہ تعالیٰ کے لیے بھی کیا گیا ہے اور غیر اللہ کے لیے بھی، نیز موجود و معدوم دونوں پر اس کا اطلاق ہوتا ہے۔[2]

لفظ شیٔ کا لغوی مفہوم اور اس کے معانی و اقسام

شیٔ کے لغوی مفہوم یعنی "كُلُّ مَا یَصِحُّ اَنْ یُعْلَمَ وَیُخْبَرَ عَنْهُ وہ جس کا تصور کرنا اور اس کے

(1) التعریفات، ص 122۔ (2) مفردات الفاظ القرآن، ص 471۔

بارے میں خبر دینا درست ہو" کے تحت اس کے پانچ بنیادی مدلولات یا معانی بیان کیے جاسکتے ہیں جن کو سمجھنے کے بعد قرآن کریم میں اللہ تعالیٰ کی صفات کے ساتھ مذکور اس کے حقیقی مفہوم کو سمجھنا قدرے آسان ہو جائے گا۔

1- واجب وقدیم: کبھی شئ کا اطلاق ذات واجبہ اور صفات قدیمہ پر ہوتا ہے، جیسے اللہ تعالیٰ کی ذات وصفات۔

2- ممتنع ومحال: کبھی شئ کا اطلاق ناممکن اور محال پر بھی ہوتا ہے، جیسے اللہ تعالیٰ کا شریک۔

3- ممکن، موجود بالفعل: کبھی شئ کا اطلاق ایسے ممکن پر ہوتا ہے جو حد امکان سے آگے وجود کا درجہ بھی رکھتا ہے، اب چاہے اس کا وجود خارج میں ہو یعنی اس کو محسوس کیا جاسکتا ہو، جیسے کائنات کی لامحدود اشیاء یا اس کا وجود ذہن میں ہو یعنی اس کا تصور موجود ہو، جیسے کسی بھی شخص کی آئینے میں نظر آنے والی صورت جو اس کے ذہن میں آجائے، یا وہ تصورات جو کسی کی حیثیت اور رتبے کے لحاظ سے ذہن میں آئیں۔

4- ممکن، معدوم بالفعل: کبھی شئ کا اطلاق ایسے ممکن پر ہوتا ہے جو فی الحال پایا ہی نہیں جاتا اور انسان کی قوت فکر وہاں تک نہیں پہنچ سکتی لیکن اللہ تعالیٰ کے ارادے کے مطابق اپنے مقررہ وقت پر ضرور وجود میں آئے گا جو کہ ایک امر غیبی ہے، جیسے امام مہدی کا ظہور۔ اس کو ممکن مراد الوجود سے بھی تعبیر کیا جاسکتا ہے۔

5- ممکن، معدوم ابدی: کبھی شئ کا اطلاق ایسے ممکن پر ہوتا ہے جس کو وجود میں لانے کے ساتھ اللہ تعالیٰ کا ارادہ متعلق ہی نہ ہوا ہو، اسی لیے نہ وہ فی الحال کوئی وجود رکھتا ہے اور نہ کبھی وجود میں آئے گا۔ اس کو ممکن غیر مراد الوجود سے بھی تعبیر کیا جاسکتا ہے۔[1]

(1) روح المعانی، پ 1، البقرۃ، تحت الآیۃ: 20، 1 / 241 مفہوماً- مدارج العرفان، 1 / 120 تا 121 مفہوماً۔

فہم قرآن کے ضابطے

لفظ شیٔ کا اپنے لغوی و مصدری مفہوم کے اعتبار سے مختلف معانی میں استعمال ہونا اس کا وضعی تقاضا[1] ہے لیکن جب یہ لفظ مختلف مواقع اور محاورات میں استعمال ہو گا تو اس کا مرادی معنیٰ سمجھنے کے لیے سیاق و سباق اور محل کلام پر نظر رکھنا ضروری ہو گا بالخصوص جب قرآنی استعمال اور عقائد کے حوالے سے مراد الٰہی کو سمجھنے کی ضرورت ہو تو احتیاط مزید بڑھ جائے گی؛ اب صرف لغوی مفہوم کے ساتھ سیاق و سباق ہی نہیں بلکہ امت کے متفقہ عقائد اور عُلَمائے امت کی اجماعی تعلیمات کو بھی پیش نظر رکھنا ہو گا، بصورتِ دیگر صراط مستقیم کے بجائے معاذ اللہ راہ ضلالت پر قدم پڑ سکتے ہیں!

قرآن کریم میں لفظ شیٔ اللہ تعالیٰ کی متعدد صفات کے ساتھ آیا ہے اور ہر جگہ اس کے معنیٰ کی تعیین الگ الگ ہو گی، لہٰذا ذیل میں صفت قدرت، صفت علم، صفت بصر اور صفت خلق کے ساتھ مذکور اس لفظ کی معنوی تعیین کے ضابطے ذکر کیے جا رہے ہیں، ان کے علاوہ دیگر صفات ان ہی چار صفات کے تابع ہو کر سمجھی جا سکتی ہیں۔

ضابطہ نمبر 1: قرآن کریم میں جہاں "صفت قدرت" کے ساتھ لفظ "شیٔ" مذکور ہے وہاں اس کا تعلق صرف ممکنات سے ہو گا، اس مقام پر شیٔ کے معانی میں واجب اور ممتنع شامل نہیں ہو گا۔

---

[1] وضع کا لغوی معنیٰ ہے: "لفظ کو کسی معنیٰ کے لیے مقرر کرنا" اور اصطلاح میں وضع سے مراد یہ ہے کہ "ایک چیز کو دوسری چیز کے ساتھ اس طرح خاص کر دینا کہ پہلی چیز کے علم سے دوسری چیز کا علم حاصل ہو جائے۔ (التعریفات، ص176) وضعی تقاضے سے مراد یہ ہے کہ کسی لفظ کی وضع جس کا تقاضا کرے۔ (مصنف)

اِنَّ اللّٰہَ عَلٰی کُلِّ شَیۡءٍ قَدِیۡرٌ ﴿۲۰﴾ ترجمہ: بے شک اللہ سب کچھ کر سکتا ہے۔

(پ1، البقرة:20)

ضابطہ نمبر 2: قرآن کریم میں جہاں "صفت علم" کے ساتھ لفظ "شئ" مذکور ہے وہاں اس سے واجب، ممکن، قدیم، حادث، موجود، معدوم، مفروض وموہوم سب مراد ہو گا اور کوئی شئ اس کے مفہوم سے خارج نہیں ہو گی۔ (1)

وَہُوَ بِکُلِّ شَیۡءٍ عَلِیۡمٌ ﴿۲۹﴾ ترجمہ: اور وہ سب کچھ جانتا ہے۔

(پ1، البقرة:29)

ضابطہ نمبر 3: قرآن کریم میں جہاں "صفت بصر" کے ساتھ لفظ "شئ" مذکور ہے وہاں یہ لفظ تمام موجوداتِ قدیمہ و حادثہ کو شامل ہو گا، خواہ وہ رنگ اور روپ پر مشتمل ہوں، یا تین زمانوں میں سے کسی زمانے میں کبھی بھی محقق یا مقدر رہوں، مگر معدومات چاہے محال ہوں یا ممکن غیر مراد الوجود وہ اس سے خارج ہیں، کیونکہ ابصار کی صلاحیت صرف موجود ہی میں ہے، معدومات میں یہ صلاحیت سرے سے ہے ہی نہیں۔ (2)

اِنَّہٗ بِکُلِّ شَیۡءٍۭ بَصِیۡرٌ ﴿۱۹﴾ ترجمہ: بیشک وہ سب کچھ دیکھتا ہے۔

(پ29، الملک:19)

ضابطہ نمبر 4: قرآن کریم میں جہاں "صفت خلق" کے ساتھ لفظ "شئ" مذکور ہے وہاں اس کا تعلق صرف ممکن مراد الوجود اور حوادثات سے ہو گا، کیونکہ واجب و قدیم یعنی ذات و صفات باری تعالیٰ مخلوقیت سے پاک ہیں اور ممتنعات صفت خلق کے تحت آنے کے قابل

(1) شرح المواقف، 8/80 ماخوذاً- فتاویٰ رضویہ، 15/320۔
(2) فتاویٰ رضویہ، 15/314 تا 318 ملخصاً- ہدایۃ المرید، 1/396۔

نہیں۔[1]

خَالِقُ كُلِّ شَيْءٍ فَاعْبُدُوْهُ ۚ ترجمہ: ہر چیز کا بنانے والا تو اسے پوجو۔

(پ7، الانعام:102)

قدرت کی اقسام

قدرت کی دو قسمیں ہیں: (1) قدرتِ کاملہ (2) قدرتِ ناقصہ۔

1-قدرت کاملہ: وہ قدرت جو اللہ تعالیٰ کی خاص صفت ہے، یعنی اللہ تعالیٰ تمام ممکنات اور ساری کائنات کی تخلیق و ایجاد پر قادر ہے البتہ ممکنات و حوادث کی کسی خصوصیت اور عیب و نقص کی کسی صفت سے متصف ہونے پر قادر نہیں کہ یہ ناممکن ہے۔

2-قدرتِ ناقصہ: وہ قدرت جو مخلوق کی صفت ہے، یعنی حوادث کی خصوصیات سے متصف ہونا مثلاً عجز، جسمانیت وغیرہ یا نقص و عیب اور برائی کے اختیار کرنے پر قادر ہونا مثلاً جھوٹ بولنا یا اخلاق رذیلہ کا حامل ہونا وغیرہ۔[2]

شبہات اور ان کی توضیحات

1-شبہ: اگر صفت قدرت کے تحت "شئ" کے معانی میں سے صرف ممکنات ہی تسلیم کیے جائیں اور واجب و ممتنع کو تحت قدرت نہ مانا جائے تو اللہ تعالیٰ کی قدرت میں نقص لازم آئے گا اور یہ درست نہیں۔

توضیح: واجب و ممتنع کے تحت قدرت نہ ہونے سے اللہ تعالیٰ کی صفت میں نقص لازم نہیں آئے گا کیونکہ واجب و ممتنع میں یہ صلاحیت اور قابلیت ہی نہیں کہ وہ تحت قدرت آسکیں! اور ایسا اس لیے ہے کہ قدرت ایک صفتِ مؤثرہ ہے اور تاثیر کے لوازمات میں سے یہ بات

(1) فتاویٰ رضویہ، 15 / 314 ماخوذاً۔ (2) امتناع النظیر، ص 120 مترجم ماخوذاً۔

ہے کہ وہ عدم کے بعد موجود ہو، تو جو چیز عدم کو اصلاً قبول ہی نہ کرے جیسے واجب، اس پر صفتِ قدرت کا اثر نہیں ہو سکتا، کیونکہ اس سے تحصیلِ حاصل لازم آئے گا، اور جو چیز وجود ہی کو قبول نہ کرے جیسے محال، اس پر بھی صفتِ قدرت کا اثر نہیں ہو گا، کیونکہ اگر اثر ممکن ہو گا تو قلبِ حقیقت لازم آئے گا کہ محال ممکن بن جائے گا، لہٰذا قدرت کے واجب و محال سے متعلق نہ ہونے میں اس صفت کا کوئی قصور نہیں بلکہ قصور متعلَّق میں ہے، کیونکہ اس سے یہ لازم آئے گا کہ صفتِ قدرت کا معدوم ہونا بھی ممکن ہو، ذاتِ باری کا معدوم ہونا بھی ممکن ہو، حوادثات کے لیے الوہیت ثابت کرنا بھی ممکن ہو اور ذاتِ باری تعالیٰ سے الوہیت کا سلب بھی ممکن ہو! اس سے بڑھ کر نقص و قصور کیا ہو گا؟ (1)

2-شبہ: اللہ تعالیٰ قدرت کاملہ کا مالک ہے جس کا تقاضا ہے کہ ہر وہ چیز جس پر اس کی مخلوق قدرت رکھتی ہے اس سے کہیں زیادہ اللہ تعالیٰ اس پر قادر ہو، ورنہ مخلوق کا اپنے خالق سے زیادہ قدرت والا ہونا لازم آئے گا، جیسے انسان جھوٹ اور دیگر عیوب کے اختیار پر قادر ہے لیکن قدرت کی بیان کی گئی اقسام کے مطابق اللہ تعالیٰ اس پر قادر نہیں تو کیا اس طرح انسان کی قدرت اللہ تعالیٰ کی قدرت سے زیادہ نہیں ہو گی؟

توضیح: جی نہیں ایسا ہرگز نہیں ہے، کیونکہ پہلی بات تو یہ کہ قدرت ناقصہ جو مخلوق کی صفت ہے وہ قدرت کاملہ سے بے شمار درجہ ناقص ہے، اور دوسری بات یہ کہ ایک شئ کی دوسری شئ پر زیادتی کا مطلب یہ ہوتا ہے کہ دوسری جن چیزوں پر مشتمل ہے پہلی بھی ان چیزوں پر مشتمل ہو، اس کے مطابق انسان کی قدرت کے زیادہ ہونے کے لیے ضروری ہے کہ اللہ تعالیٰ کی قدرت جن چیزوں کو شامل ہے انسان کی قدرت ان سب کو شامل ہو اور پھر یہ بھی

(1) المعتقد المنتقد، ص90- فتاویٰ رضویہ، 15/ 366-

ضروری ہے کہ انسان کی قدرت اللہ تعالیٰ کی قدرت پر مشتمل ہونے کے ساتھ ساتھ اس سے زائد کو بھی شامل ہو، اور ایسا ہے نہیں لہٰذا جب یہ دونوں باتیں ثابت ہوں گی تب ہی یہ شبہ درست ہوگا، ورنہ اس کی حیثیت اور بنیاد تارِ عنکبوت سے بھی کمزور ہوگی۔ (1)

3-شبہ: قرآن کریم کی آیات میں غور کیا جائے تو ایسی آیات ملتی ہیں جن میں اللہ تعالیٰ نے وعیدات بیان فرمائیں لیکن دوسری جگہ فرمایا کہ اللہ تعالیٰ انہیں معاف کردے گا تو یہ اپنے ہی فرمان کے خلاف کرنا ہے جس کو اللہ تعالیٰ کے جھوٹ پر قادر ہونے کی دلیل کے طور پر پیش کیا جاسکتا ہے۔ ایسی دو آیات ملاحظہ کیجیے:

وَ الَّذِیْنَ یَكْنِزُوْنَ الذَّهَبَ وَ الْفِضَّةَ وَ لَا یُنْفِقُوْنَهَا فِیْ سَبِیْلِ اللّٰهِۙ فَبَشِّرْهُمْ بِعَذَابٍ اَلِیْمٍۙ﴿۳۴﴾ (پ10، التوبۃ:34)

ترجمہ: اور وہ کہ جوڑ کر رکھتے ہیں سونا اور چاندی اور اسے اللہ کی راہ میں خرچ نہیں کرتے انہیں خوش خبری سناؤ دردناک عذاب کی۔

اس آیت میں اپنے مال کی زکوٰۃ نہ دینے والوں کے لیے وعید بیان کی گئی ہے، اسی طرح دیگر آیات میں بھی مختلف برائیاں کرنے والوں کے لیے وعیدات بیان ہوئی ہیں، لیکن ایک آیت میں فرمایا گیا ہے کہ اللہ تعالیٰ شرک کے علاوہ سب معاف کردے گا۔ چنانچہ ارشاد باری تعالیٰ ہے:

اِنَّ اللّٰهَ لَا یَغْفِرُ اَنْ یُّشْرَكَ بِهٖ وَ یَغْفِرُ مَا دُوْنَ ذٰلِكَ لِمَنْ یَّشَآءُۚ (پ5، النساء48)

ترجمہ: بے شک اللہ اسے نہیں بخشتا کہ اس کے ساتھ کفر کیا جائے اور کفر سے نیچے جو کچھ ہے جسے چاہے معاف فرمادیتا ہے۔

---

(1) امتناع النظیر، ص120 مترجم ماخوذاً۔

ان دونوں آیات سے معلوم ہوتا ہے کہ اللہ تعالیٰ اپنی وعید کے خلاف کرے گا جس کو "مسئلہ خلف وعید" کہا جاسکتا ہے اور یہی تو کذب ہے کہ اپنے کہے کے خلاف کرنا۔

توضیح: "خلفِ وعید" اور "امکانِ کذب" دو الگ الگ مسئلے ہیں۔ ان دونوں کو ایک سمجھنا یا امکان کذب کو خلف وعید کی فرع جاننا کم عقلی اور امت کے اجماعی عقیدے کے بالکل خلاف ہے۔ اس کی درج ذیل تین وجوہات ہیں:

پہلی وجہ: قرآن کریم میں ایسی آیات جہاں وعید سنائی گئی اور عذاب سے ڈرایا گیا ہے ان کو انشائے تخویف و تہدید سے تعبیر کیا جاتا ہے، یعنی وہ جملہ انشائیہ ہیں جس میں سرے سے جھوٹ اور سچ کا احتمال ہی نہیں۔ نیز کریم اپنے کرم سے وعید کے خلاف فرمائے تو یہ عیب نہیں بلکہ کمال درجہ کی خوبی ہے، عیب یہ ہے کہ وعدے کے خلاف کیا جائے جو کریم کے کرم سے بعید ہے۔

دوسری وجہ: "آیاتِ وعید"، "آیاتِ عفو" سے مخصوص و مقید ہیں، یعنی عفو و وعید دونوں کے بارے میں آیات آئی ہیں لہٰذا دونوں کو ملانے سے یہ بات سمجھی جائے گی کہ اللہ تعالیٰ جنہیں معاف نہیں فرمائے گا وہ لوگ سزا پائیں گے اور جن کو معاف فرمادے گا وہ سزا سے محفوظ رہیں گے۔ اگر اس توجیہ کے بعد بھی "خلفِ وعید" کو "کذب" سمجھا جائے تو قرآن کریم میں ایسی بہت ساری آیات موجود ہیں جن کی تخصیص دیگر آیات سے ہو جاتی ہے جسے اصطلاح میں "عَامٌّ مَخْصُوْصٌ مِنْهُ الْبَعْضُ" کہا جاتا ہے، وہ سب کی سب کذب پر مشتمل ہوں گی! الامان

تیسری وجہ: کریم کا کرم بھی اس بات پر قرینہ ہے کہ وعید محض ڈرانے اور خوف دلانے کے لیے ہوتا کہ مخلوق اس نامنظور عمل سے بچ جائے۔ بالفرض کوئی آیت وعید مخصوص نہ

بھی ہوتی تو یہی قرینہ کرم تخصیص و تقیید کے لیے کافی ہوتا۔[1]

3-شبہ: قرآن پاک میں اللہ تعالیٰ کے لیے استہزاء، خدع، مکر، کید اور سخر کے الفاظ آئے ہیں، اس کا مطلب ہے کہ اللہ تعالیٰ ان پر قادر ہے، تو کذب پر قدرت ماننے میں کیا حرج ہے؟

توضیح: قرآن پاک میں جہاں اللہ تعالیٰ کی طرف اس طرح کے کلمات منسوب ہوئے ہیں وہاں ان کے لغوی معنیٰ ہر گز مراد نہیں ہوتے بلکہ تمام مفسرین، فقہا اور متکلمین حتّٰی کہ صوفیائے کِرام بھی ان کلمات کو ان کے ظاہری مفہوم کے ساتھ اللہ تعالیٰ کی طرف منسوب کرنے کو درست نہیں سمجھتے اور اپنے اپنے انداز میں ان کی تعبیر فرما کر مرادِ الٰہی کی ترجمانی کرنے کی کوشش فرماتے ہیں تاکہ عظمتِ الٰہی کو ظاہری مغالطہ آمیزی سے بچا کر ان کا صحیح مفہوم بیان کیا جاسکے۔

یاد رہے! اللہ تعالیٰ ہنسی، مذاق اور دھوکا دہی وغیرہ تمام نقائص و عیوب سے منزّہ و پاک ہے، لہٰذا زیرِ غور آیات میں عملِ کفار کی سزا کو ان ہی کے فعل سے تعبیر فرمایا گیا ہے جو عین فصاحت کے مطابق ہے، جیسے کہا جاتا ہے: "جَزَاءُ سَيِّئَةٍ سَيِّئَةٌ یعنی برائی کا بدلہ برائی ہے۔" تو اس کا یہ مطلب نہیں ہوتا کہ بدلے میں برائی دی جائے گی بلکہ یہ عمل کا انجام اچھا نہ ہونے کا بیان ہوتا ہے۔ یہی معاملہ شبہ میں مذکور کلمات والی آیات کا ہے۔[2]

اسی بنا پر اعلیٰ حضرت امام احمد رضا خان رحمۃُ اللہِ علیہ نے ان آیات کا وہ ترجمہ فرمایا ہے جس سے ذاتِ باری تعالیٰ کی سبوحیت و قدوسیت کا اعلان سنائی دیتا ہے۔ آیات اور ان کا

---

1. فواتح الرحموت، 1/51 ملخصاً-حاشیہ خیالی علی شرح العقائد، 1/172-فتاویٰ رضویہ، 15/404 تا 407 ماخوذاً-النبراس، ص 235 ماخوذاً۔
2. تفسیر کبیر، پ 1، البقرۃ، تحت الآیۃ: 15، 1/309۔

رضوی ترجمہ ملاحظہ کیجیے:

اَللّٰهُ یَسْتَهْزِئُ بِهِمْ وَ یَمُدُّهُمْ فِیْ طُغْیَانِهِمْ یَعْمَهُوْنَ۝۱۵ (پ1، البقرۃ:15)	ترجمہ: اللہ ان سے استہزاء فرماتا ہے (جیسا اس کی شان کے لائق ہے) اور انہیں ڈھیل دیتا ہے کہ اپنی سرکشی میں بھٹکتے رہیں۔
وَ مَكَرُوْا وَ مَكَرَ اللّٰهُؕ وَ اللّٰهُ خَیْرُ الْمٰكِرِیْنَ۠۝۵۴ (پ3، اٰلِ عمرٰن:54)	ترجمہ: اور اللہ نے ان کے ہلاک کی خفیہ تدبیر فرمائی اور اللہ سب سے بہتر چھپی تدبیر والا ہے۔
اِنَّ الْمُنٰفِقِیْنَ یُخٰدِعُوْنَ اللّٰهَ وَ هُوَ خَادِعُهُمْۚ (پ5، النساء:142)	ترجمہ: بیشک منافق لوگ اپنے گمان میں اللہ کو فریب دیا چاہتے ہیں اور وہی انہیں غافل کر کے مارے گا۔
سَخِرَ اللّٰهُ مِنْهُمْ٘ (پ10، التوبۃ:79)	ترجمہ: اللہ ان کی ہنسی کی سزا دے گا۔
وَّ اَكِیْدُ كَیْدًا۝۱۶ۖ (پ30، الطارق:16)	ترجمہ: اور میں اپنی خفیہ تدبیر فرماتا ہوں۔

مشق

1- لفظ شئ کے اطلاقات و معانی مثالوں کے ساتھ واضح کیجیے۔

2- مسئلہ "خلفِ وعید" اور "امکانِ کذب" کے درمیان کیا فرق ہے؟

3- قدرت اور شئ کی تعریف لکھیے، نیز قدرت کی اقسام بھی بیان کیجیے۔

4- اللہ تعالیٰ کے صفت قدرت کے ساتھ متصف ہونے کا کیا مطلب ہے؟

5- قرآن میں لفظ شئ اللہ تعالیٰ کی مختلف صفات کے ساتھ مذکور ہوا ہے، کہاں کیا معنیٰ ہوگا؟

6- قرآن میں استہزاء اور مکر وغیرہ کے الفاظ اللہ تعالیٰ کے لیے ذکر ہوئے ہیں، ان کا کیا مطلب ہے؟

7- ممتنعات تحت قدرت نہیں ہیں، اس کے باوجود اللہ تعالیٰ کی صفت میں نقص کیوں لازم نہیں آتا؟

8- انسان جھوٹ پر قادر ہے، اللہ تعالیٰ جھوٹ سے پاک ہے، اس سے پیدا ہونے والا شبہ اور توضیح بالتفصیل لکھیے۔

دوسرا

باب

انبیائے کِرام سے متعلق اصطلاحات

انسان مدنی الطبع ہے اور اپنے معاملات میں خود کفیل نہیں بلکہ دوسروں کے تعاون و اشتراک کا محتاج ہے، اسی لیے حکیم و دانا رب نے ہر شخص میں علیحدہ علیحدہ صلاحیت و استعداد ودیعت فرمائی ہے اور ہر ایک کو کسی نہ کسی خاص شعبہ کی طرف راغب فرمایا ہے تاکہ لوگوں کی ضروریات دوسروں کی معاونت سے پوری ہوتی رہیں۔

اگر ہر شخص خود ہی اناج پیدا کرے، اس کے لیے ضروری آلات و اسباب بھی جمع کرے، اپنے جوتوں اور لباس کی تیاری کا سامان بھی خود بنائے، بیماری کی صورت میں علاج معالجہ بھی خود کرے، اپنے مکان وغیرہ کی تعمیر بھی خود ہی کرے اور اس کے لیے اینٹیں، گارا اور ریتی وغیرہ بھی خود ہی تیار کرے تو یقیناً اس کی زندگی وبال بن کر رہ جائے! لہٰذا حکمت و دانائی کا تقاضا یہی ہے کہ ان کاموں کو مختلف شعبوں میں تقسیم کر دیا جائے تاکہ زندگی کے لازمی تقاضے پورے کرنے میں آسانی ہو۔

اسی طرح عقائد و نظریات اور اعمال و اخلاق میں سے کون سے صحیح ہیں اور کون سے غلط؟ کون سے مفید ہیں اور کون سے مضر؟ کون سی شے حلال ہے اور کون سی حرام؟ اس کے لیے ہر آدمی خود تحقیق کرنے لگے تو زندگی ختم ہو جائے گی اور وہ عقائد و نظریات، اعمال و اخلاق اور حرام و حلال اشیاء میں سے چند کے متعلق بھی حتمی رائے قائم نہیں کر سکے گا، لہٰذا اس عظیم ترین مقصد کے لیے یہ زیادہ ضروری ہے کہ چند افراد مخصوص ہوں جو دوسروں کو اس عظیم جدوجہد، کٹھن محنت اور طرح طرح کی مشکل و کاہش سے بچا کر ان کی راہ نمائی کا ذمہ اٹھائیں۔

اللہ تعالیٰ نے از راہ لطف و کرم چند قدسی نفوس اور نورانی اشخاص پیدا فرمائے، ان کے دل و دماغ اور حواس و مشاعر کو عام لوگوں سے مختلف بنایا، ان کو اپنی ذات اور ملائکہ کے

ساتھ رابطہ و تعلق کے قابل بنایا، انہیں عقائدِ حقہ، اعمالِ صالحہ اور اخلاقِ حسنہ کے ساتھ ساتھ حلال و حرام اور طیب و خبیث میں تمیز اور ان کی پہچان عطا فرما کر بذریعہ وحی اپنے کلام سے اعزاز بخشا اور منصب نبوت پر فائز فرما کر انہیں اپنی مخلوق کی ہدایت و راہ نمائی اور قیادت ور ہبری کا فریضہ سونپ دیا۔

قرآن پاک میں انبیا و رسل علیہم السّلام سے متعلق بہت سی آیات ذکر ہوئی ہیں، ان میں سے بعض آیتیں ایسی ہیں جو بظاہر دیگر بعض کے خلاف نظر آتی ہیں، حالانکہ حقیقتاً ان میں کوئی اختلاف نہیں ہوتا بلکہ اگر انہیں اصول تفسیر اور عُلَمائے امت کے بیان کردہ اصول وضوابط کی روشنی میں سمجھنے کی کوشش کی جائے تو ان کا اصل معنیٰ و مفہوم بلا غبار سمجھ آجاتا ہے۔ یہاں ایسے ہی چند مقامات مختلف عنوانات کے تحت بیان کیے جائیں گے اور عُلَمائے امت کے بیان کردہ اصولوں کی روشنی میں ان کی تفہیم کی جائے گی۔

پہلی فصل: نبی اور بشر

اللہ تعالیٰ نے انسان کی رشد و ہدایت کے لیے انبیا و مرسلین کی بعثت کا تسلسل اس بشری کیفیت اور ہیئت کے ساتھ جاری فرمایا جو ایک عام انسان کی ہوا کرتی ہے؛ اس کا بنیادی مقصد یہی تھا کہ عوام اپنے فطری انداز و مزاج کی روشنی میں انبیائے کرام علیہم السلام کی صداقت کو آسانی سے تسلیم کر سکیں۔

اگر انبیائے کرام کا یہ سلسلہ اس بشری صورت کے بجائے مَلَکی کیفیت میں چلتا تو ممکن تھا کہ عام انسان فطری مزاج و مذاق یا فطری فضائل قبول کرنے سے عاجز رہ جاتے یا خود کو عاجز قرار دیتے، لہٰذا اللہ تعالیٰ نے انسانوں کی رشد و ہدایت کا وہ طریقہ جاری فرمایا جو ان کی فطرت کے عین مطابق تھا، وہ دعوئ نبوت کرنے والی برگزیدہ ہستی کو اپنے من چاہے مطالبے پر پرکھ سکتے تھے اور قلبِ سلیم رکھنے والوں کو ان کی نبوت تسلیم کرنے میں کوئی تردد و تامل نہیں رہتا۔ اس کے باوجود جن لوگوں کے دلوں پر مہر تھی انہوں نے بشری لبادے میں ملبوس ان برگزیدہ ہستیوں کی روحانی قوتوں کو فراموش کر کے ان کی نبوت کا سرے سے ہی انکار کر دیا، حالانکہ یہ ہستیاں محض ان کی رشد و ہدایت کے لیے بشری لبادے میں مبعوث کی گئی تھیں اور روحانیت میں عام لوگوں سے کہیں زیادہ بڑھ کر تھیں، لیکن کفار ان کو اپنے جیسا بشر سمجھ کر گمراہ ہو گئے۔

سابقہ امتوں میں ایسے افراد بھی سامنے آئے جنھوں نے اپنی طرف مبعوث ہونے والے نبی کی روحانی قوتوں کو ملاحظہ کیا تو ان کو "خدا کا بیٹا" یا "خدا" کہنا شروع کر دیا، لہٰذا اللہ تعالیٰ نے قرآن کریم میں نبی کریم صلی اللہ علیہ وآلہٖ وسلم کی زبانی یہ بات بیان فرمائی کہ "وہ خدا کا بندہ ہونے میں ان کے جیسے ہی بشر ہیں" اس سے مقصود صرف یہ تھا کہ جس طرح سابقہ

امتوں نے اپنے نبی کے معجزات دیکھ کر انہیں خدا سمجھ لیا، امت محمدیہ ایسی کافرانہ خطا سے محفوظ رہے، یہ مطلب ہرگز نہیں تھا کہ لوگ آپ کو ہر لحاظ سے اپنے جیسا سمجھنے لگیں اور حضور اکرم صلی اللہ علیہ والہٖ وسلم کی روحانی و نورانی خوبیوں کا ہی انکار کرنے لگیں۔

فہمِ قرآن کے ضابطے

ذیل میں ایسی آیات کو سمجھنے کے چند ضابطے بیان کیے جارہے ہیں، ملاحظہ کیجیے:

ضابطہ نمبر 1: جن آیات میں نبی کے ہم جیسا بشر ہونے کا ذکر ہوگا وہاں بندہ ہونے میں مثلیت مراد ہوگی، یعنی نبی اور ہم، دونوں ہی نہ خدا ہیں، نہ خدا کے بیٹے، نہ اس کے شریک بلکہ اس کے بندے ہیں۔ آیات ملاحظہ کیجیے:

قُلْ اِنَّمَاۤ اَنَا بَشَرٌ مِّثْلُكُمْ یُوْحٰۤى اِلَیَّ
(پ16، الکھف:110)

ترجمہ: تم فرماؤ ظاہر صورتِ بشری میں تو میں تم جیسا ہوں مجھے وحی آتی ہے۔

قَالَتْ لَهُمْ رُسُلُهُمْ اِنْ نَّحْنُ اِلَّا بَشَرٌ مِّثْلُكُمْ وَ لٰكِنَّ اللّٰهَ یَمُنُّ عَلٰى مَنْ یَّشَآءُ مِنْ عِبَادِهٖؕ
(پ13، ابراھیم:11)

ترجمہ: ان کے رسولوں نے ان سے کہا ہم ہیں تو تمہاری طرح انسان مگر اللہ اپنے بندوں میں جس پر چاہے احسان فرماتا ہے۔

ان آیات میں عدمِ الوہیت اور نفسِ عبدیت میں مثلیت مراد ہے، لہٰذا ان آیات کا یہ مطلب نہیں کہ عام انسان خود کو نبی کی طرح کہنے لگے یا خود کو ان کے برابر سمجھنے لگے۔ ان آیات کی تعیین درج ذیل آیات سے بھی ہوتی ہے:

وَ مَا مِنْ دَآبَّةٍ فِی الْاَرْضِ وَ لَا طٰٓىٕرٍ یَّطِیْرُ بِجَنَاحَیْهِ اِلَّاۤ اُمَمٌ اَمْثَالُكُمْؕ
(پ7، الانعام:38)

ترجمہ: اور نہیں کوئی زمین میں چلنے والا اور نہ کوئی پرند کہ اپنے پروں اڑتا ہے مگر تم جیسی امتیں۔

مَثَلُ نُوْرِهٖ كَمِشْكٰوةٍ فِيْهَا مِصْبَاحٌ (پ18، النور:35) ترجمہ: اس کے نور کی مثال ایسی جیسے ایک طاق کہ اس میں چراغ ہے۔

پہلی آیت میں جانوروں کو انسانوں کی مثل فرمایا گیا، حالانکہ انسان اشرف المخلوقات ہے، اور دوسری آیت میں اللہ تعالیٰ کے نور کی طاق اور چراغ سے مثال دی گئی، حالانکہ کہاں طاق اور چراغ اور کہاں رب کا نور! جیسے ان دونوں آیتوں کی وجہ سے یہ نہیں کہا جاسکتا کہ ہم جانوروں کی طرح ہیں، یارب کا نور طاق اور چراغ کی طرح ہے، اسی طرح یہ بھی نہیں کہا جاسکتا کہ ہم نبی کے برابر یا ان کی طرح ہیں۔ یہ تمثیل صرف سمجھانے کے لیے بیان ہوئی ہے۔[1]

ضابطہ نمبر 2: جن آیات میں نبی کو بشر کہنے پر کفر کا حکم بیان ہوا ہے اور انہیں بشر کہنے والوں کو کافر کہا گیا ہے، ان کا مطلب یہ ہے کہ جو نبی کی ہمسری اور برابری کا دعوی کرتے ہوئے انہیں بشر کہے، یا ان کی اہانت کرنے کے لیے بشر کہے، یا یوں کہے کہ ”جیسے ہم محض بشر ہیں، نبی نہیں ہیں، ایسے ہی تم نبوت سے خالی ہو اور صرف ہم جیسے بشر ہو“ وہ کافر ہے۔[2]

آیات ملاحظہ کیجیے:

فَقَالُوْۤا اَبَشَرٌ يَّهْدُوْنَنَا٘ فَكَفَرُوْا وَ تَوَلَّوْا وَّ اسْتَغْنَى اللّٰهُ (پ28، التغابن:6) ترجمہ: تو بولے کیا آدمی ہمیں راہ بتائیں گے تو کافر ہوئے اور پھر گئے اور اللہ نے بے نیازی کو کام فرمایا۔

قَالَ لَمْ اَكُنْ لِّاَسْجُدَ لِبَشَرٍ خَلَقْتَهٗ مِنْ صَلْصَالٍ مِّنْ حَمَاٍ مَّسْنُوْنٍ (۳۳) (پ14، الحجر:33) ترجمہ: بولا مجھے زیبا نہیں کہ بشر کو سجدہ کروں جسے تو نے بجتی مٹی سے بنایا جو سیاہ بودار گارے سے تھی۔

---

(1) علم القرآن، ص183 تا 185 ماخوذاً۔ (2) علم القرآن، ص184۔

فَقَالَ الْمَلَؤُا الَّذِیْنَ كَفَرُوْا مِنْ قَوْمِهٖ مَا هٰذَاۤ اِلَّا بَشَرٌ مِّثْلُكُمْۙ (پ18، المؤمنون:24)

ترجمہ: تو اس کی قوم کے جن سرداروں نے کفر کیا بولے یہ تو نہیں مگر تم جیسا آدمی۔

وَلَىٕنْ اَطَعْتُمْ بَشَرًا مِّثْلَكُمْ اِنَّكُمْ اِذًا لَّخٰسِرُوْنَ (۳۴) (پ18، المؤمنون:34)

ترجمہ: اور اگر تم کسی اپنے جیسے آدمی کی اطاعت کرو جب تو تم ضرور گھاٹے میں ہو۔

فَقَالُوْۤا اَنُؤْمِنُ لِبَشَرَیْنِ مِثْلِنَا وَ قَوْمُهُمَا لَنَا عٰبِدُوْنَ (۴۷) (پ18، المؤمنون:47)

ترجمہ: تو بولے کیا ہم ایمان لے آئیں اپنے جیسے دو آدمیوں پر اور ان کی قوم ہماری بندگی کر رہی ہے۔

ان آیات سے معلوم ہوا کہ انبیائے کِرام علیہم السّلام کو بشر کہنا شیطان کا کام تھا نیز کافروں کے کفر کی سب سے بڑی وجہ یہی تھی کہ وہ انبیائے کِرام علیہم السلام کی برابری کے دعویدار ہو کر انہیں اپنی طرح بشر کہتے تھے۔ لیکن مسلمانوں نے کبھی ایسی جرأت نہیں کی کہ وہ کفار و شیاطین کی طرح نبیوں کو اپنے جیسا بشر کہیں بلکہ وہ ہمیشہ انبیائے کِرام کو سب سے افضل تسلیم کرتے ہیں اور ان کی بشریت کا ذکر کامل فضیلت کے ساتھ ہی کرنا پسند کرتے ہیں۔

حضور کی بشریت و نورانیت کے انکار کا حکم

حضور سَیِّد عالم صلی اللہ علیہ واٰلہٖ وسلم کی حقیقت نور ہے مگر آپ کی بشریت کا مطلقاً انکار کفر ہے۔[1] لیکن آپ کی بشریت عام انسانوں کی طرح نہیں بلکہ آپ سیِّدُ البشر، افضل البشر اور خیر البشر ہیں۔

جو شخص آپ کی بشریت کا مطلقاً انکار کرے وہ کافر ہے اور جو شخص آپ کی نورانیت کا انکار کرے وہ خود گمراہ ہے اور دوسروں کو گمراہ کرتا ہے۔[2]

(1) فتاویٰ رضویہ، 14/ 358۔ (2) العقائد والمسائل، ص 61۔

مشق

1- انبیائے کِرام کو بشر کہنے کی ممانعت کس طور پر ہے؟

2- انبیائے کِرام کو بشری لبادے میں مبعوث فرمانے کی کیا حکمت ہے؟

3- قرآن کریم میں نبی کے لیے بشر کا لفظ کیوں ذکر ہوا؟ اس کا پس منظر تلاش کر کے بیان کیجیے۔

4- حضور صلی اللہ علیہ وآلہٖ وسلم کی نورانیت و بشریت کے حوالے سے مسلمانوں کا عقیدہ بیان کیجیے۔

دوسری فصل: خاتم النبیین

اللہ تعالیٰ نے حضرت آدم علیہ السلام سے سلسلۂ نبوت شروع فرمایا جو حضور خاتم النبیین صلی اللہ علیہ واٰلہٖ وسلم پر اختتام پزیر ہوا؛ اس دوران ہر گروہ اور قوم کی طرف انبیائے کِرام علیہمُ السّلام آتے رہے؛ یہ انبیائے کِرام اپنے اپنے زمانے میں مبعوث ہوئے اور اپنی منصبی ذمہ داریاں نباہتے رہے، یوں نوعِ انسانی میں شعور و آگاہی بڑھتی رہی۔ پھر اللہ تعالیٰ نے اپنی قدرت کاملہ سے حضور خاتم النبیین صلی اللہ علیہ واٰلہٖ وسلم کو تاریخ انسانی کے اس موڑ پر مبعوث فرمایا کہ جب بنی نوع انسان اپنی حیات کی منازل طے کرتی ہوئی ایسے مرحلہ پر پہنچ چکی تھی کہ اب اس کے لیے وہ نظام مقرر کیا جائے جو قیامت تک اس کی تمام ضروریات کے لیے قابل عمل ہو۔ [1] چنانچہ ارشاد فرمایا:

اَلْیَوْمَ اَكْمَلْتُ لَكُمْ دِیْنَكُمْ وَ اَتْمَمْتُ عَلَیْكُمْ نِعْمَتِیْ وَ رَضِیْتُ لَكُمُ الْاِسْلَامَ دِیْنًاؕ (پ6، المائدۃ:3)

ترجمہ: آج میں نے تمہارے لئے تمہارا دین کامل کر دیا اور تم پر اپنی نعمت پوری کر دی اور تمہارے لئے اسلام کو دین پسند کیا۔

یعنی نبوتِ محمدیہ کے دامن سے ایسا دین وابستہ ہے جو قیامت تک پیش آمدہ ضروریات کو پورا کرنے کا واحد ذریعہ ہے، لہٰذا نبوت ورسالتِ محمدیہ ہی اب نوع انسان کے ہر فرد کے لیے کافی اور ضروری ہے، اس کے بعد کسی کو نبوت دیا جانا متصور نہیں، کیونکہ سلسلۂ نبوت حضور سرورِ عالم صلی اللہ علیہ واٰلہٖ وسلم پر ختم فرما دیا گیا ہے۔ چنانچہ ارشاد باری تعالیٰ ہے:

مَا كَانَ مُحَمَّدٌ اَبَاۤ اَحَدٍ مِّنْ رِّجَالِكُمْ وَ لٰكِنْ رَّسُوْلَ اللّٰهِ وَ خَاتَمَ النَّبِیّٖنَؕ وَ كَانَ اللّٰهُ بِكُلِّ شَیْءٍ عَلِیْمًا۠ (پ22، الاحزاب:40)

ترجمہ: محمد تمہارے مَردوں میں کسی کے باپ نہیں ہاں اللہ کے رسول ہیں اور سب نبیوں میں پچھلے اور اللہ سب کچھ جانتا ہے۔

---

(1) مقالات کاظمی، 3/104 ماخوذاً- نیکی کی دعوت کے اہم اصول، ص 17۔

آیتِ ختم نبوت میں لفظ "خاتم النبیین" سے سلفاً و خلفاً تمام امتِ مرحومہ نے یہی معنیٰ سمجھے ہیں کہ حضور اقدس صلی اللہ علیہ واٰلہٖ وسلم بلا تخصیص تمام انبیا میں آخری نبی ہوئے، حضور کے ساتھ یا حضور کے بعد قیامت تک کسی کو نبوت ملنا محال ہے۔ حضرت عیسیٰ علیہ السّلام کو پہلے نبوت مل چکی ہے۔ جب آپ زمین پر نزول فرمائیں گے تو شریعتِ محمدیہ پر ہی عمل کریں گے، اسی شریعت پر عمل کا حکم دیں گے اور خانۂ کعبہ کی جانب ہی رخ کر کے نماز پڑھیں گے۔

لفظ خاتم کا لغوی و اصطلاحی معنیٰ اور تائیدات قرآنیہ

لفظِ "خاتم" ختم سے بنا ہے جس کا لغوی معنیٰ "مہر لگانا" ہے۔ اصطلاح میں اس کا معنیٰ "تمام کرنا، ختم کرنا اور بند کرنا" ہے، کیونکہ مہر یا تو مضمون کے آخر میں لگتی ہے جو مضمون کے ختم ہو جانے کی دلیل ہوتی ہے، یا پھر پارسل بند ہونے پر لگتی ہے جس کا مطلب ہوتا ہے کہ اب اس میں مزید کوئی چیز داخل نہیں ہو سکتی اور اندر سے کوئی چیز باہر نہیں آسکتی۔ قرآن شریف میں یہ لفظ دونوں معنوں میں استعمال ہوا ہے۔ چنانچہ ارشاد باری تعالیٰ ہے:

خَتَمَ اللّٰهُ عَلٰى قُلُوْبِهِمْ وَعَلٰى سَمْعِهِمْ ؕ (پ1، البقرۃ:7)

ترجمہ: اللہ نے اُن کے دِلوں پر اور کانوں پر مہر کر دی۔

اَلْیَوْمَ نَخْتِمُ عَلٰۤى اَفْوَاهِهِمْ وَتُكَلِّمُنَاۤ اَیْدِیْهِمْ وَتَشْهَدُ اَرْجُلُهُمْ بِمَا كَانُوْا یَكْسِبُوْنَ ﴿۶۵﴾ (پ23، یٰسٓ:65)

ترجمہ: آج ہم ان کے مونہوں پر مُہر کر دیں گے اور ان کے ہاتھ ہم سے بات کریں گے اور ان کے پاؤں ان کے کئے کی گواہی دیں گے۔

فَاِنْ یَّشَاِ اللّٰهُ یَخْتِمْ عَلٰى قَلْبِكَ ؕ (پ25، الشوریٰ:24)

ترجمہ: اور اللہ چاہے تو تمہارے دل پر اپنی رحمت و حفاظت کی مہر فرما دے۔

يُسْقَوْنَ مِنْ رَّحِيقٍ مَّخْتُومٍ ۝ خِتٰمُهٗ مِسْكٌ ؕ (پ30، المطففین:25-26)

ترجمہ: نتھری (خالص وپاک) شراب پلائے جائیں گے جو مُہر کی ہوئی رکھی ہے اس کی مُہر مشک پر ہے۔

ان جیسی تمام آیات میں "ختم" بمعنیٰ مہر استعمال فرمایا گیا ہے کہ جب کفار کے دلوں اور کانوں پر مہر لگ گئی تو اب نہ باہر سے وہاں ایمان داخل ہو سکتا ہے اور نہ وہاں سے کفر باہر نکلے گا۔

آیتِ ختمِ نبوت میں لفظ "خاتم" کا معنیٰ

آیتِ ختمِ نبوت میں لفظ "خاتم" عرفی معنیٰ میں استعمال ہوا ہے یعنی آخری اور پچھلا۔ لہٰذا اب حضور صلی اللہ علیہ واٰلہٖ وسلم کے بعد کسی کو نبوت ملنا ناممکن ہے۔ اس معنیٰ کی تائید درج ذیل آیات سے ہوتی ہے اور یہ معلوم ہوتا ہے کہ حضور آخری نبی ہیں۔

اَلْيَوْمَ اَكْمَلْتُ لَكُمْ دِيْنَكُمْ وَ اَتْمَمْتُ عَلَيْكُمْ نِعْمَتِيْ (پ6، المائدۃ:3)

ترجمہ: آج میں نے تمہارے لئے تمہارا دین کامل کر دیا اور تم پر اپنی نعمت پوری کر دی۔

ثُمَّ جَآءَكُمْ رَسُوْلٌ مُّصَدِّقٌ لِّمَا مَعَكُمْ لَتُؤْمِنُنَّ بِهٖ وَ لَتَنْصُرُنَّهٗ ؕ (پ3، اٰلِ عمرٰن:81)

ترجمہ: پھر تشریف لائے تمہارے پاس وہ رسول کہ تمہاری کتابوں کی تصدیق فرمائے تو تم ضرور ضرور اس پر ایمان لانا اور ضرور ضرور اس کی مدد کرنا۔

وَ مَا مُحَمَّدٌ اِلَّا رَسُوْلٌ ۚ قَدْ خَلَتْ مِنْ قَبْلِهِ الرُّسُلُ ؕ (پ4، اٰلِ عمرٰن:144)

ترجمہ: اور محمد تو ایک رسول ہیں ان سے پہلے اور رسول ہو چکے۔

فَكَيْفَ اِذَا جِئْنَا مِنْ كُلِّ اُمَّةٍۭ بِشَهِيْدٍ وَّ جِئْنَا بِكَ عَلٰى هٰۤؤُلَآءِ شَهِيْدًا ۝ (پ5، النساء:41)

ترجمہ: تو کیسی ہو گی جب ہم ہر اُمت سے ایک گواہ لائیں اور اے محبوب تمہیں ان سب پر گواہ اور نگہبان بنا کر لائیں۔

ختمِ نبوت سے متعلق چار اہم باتیں

مذکورہ آیات سے درج ذیل چار اہم باتیں معلوم ہوئیں:

1 - حضور خاتم النبیین صلی اللہ علیہ واٰلہٖ وسلم کا دین مخصوص زمانے اور وقت تک کے لیے ہی کار آمد نہیں بلکہ قیامت تک کے لیے کافی ہے۔ قرآن و سنت میں بیان کردہ اس دین کا کوئی حکم اب منسوخ نہیں ہوگا نہ ہی کوئی نیا حکم آئے گا۔ لہٰذا جب قیامت تک کے لئے دین موجود ہے تو پھر کسی نئے رسول و نبی کی بھی ضرورت نہیں۔

2- حضور سید عالم صلی اللہ علیہ واٰلہٖ وسلم تمام نبیوں کی تصدیق کرتے ہیں، کسی نبی کی بشارت یا خوشخبری نہیں دیتے۔ اگر آپ کے بعد کوئی نبی ہوتا تو اس کے بشیر بھی ہوتے۔

3- حضور سرورِ کائنات صلی اللہ علیہ واٰلہٖ وسلم سارے پیغمبروں اور ان کی امتوں پر گواہ ہیں لیکن کوئی نبی حضور کا گواہ یا حضور کی امت کا گواہ نہیں جس سے معلوم ہوتا ہے کہ آپ کے بعد کوئی نبی نہیں۔

4- سارے انبیا آپ سے پہلے تشریف لا چکے، کوئی باقی نہیں رہا۔

فہم قرآن کے ضابطے

ضابطہ نمبر 1: جب ختم بمعنٰی "مہر" ہوتا ہے تو اس کے بعد "علٰی" حرفِ جار بطور صلہ ضرور ہوتا ہے، خواہ یہ جار ظاہر ہو یا پوشیدہ جیسا کہ پیش کردہ آیات میں دیکھا جا سکتا ہے۔ لیکن جب ختم بمعنٰی "آخر ہونا" یا "تمام کرنا" ہوگا تو "علٰی" کی ضرورت نہیں ہوگی؛ "خاتم النبیین" میں "علٰی" نہ ظاہر ہے نہ پوشیدہ، لہٰذا یہاں اس کا معنٰی "آخری نبی" لیا جائے گا۔

ضابطہ نمبر 2: جیسے قرآن پاک کے الفاظ کا انکار کفر ہے ویسے ہی ان کے اجماعی معنٰی کا انکار

بھی کفر ہے، اگر کوئی کہے: "﴿اَقِیۡمُوا الصَّلٰوۃَ وَاٰتُوا الزَّکٰوۃَ﴾ [1] کے الفاظ پر میرا ایمان ہے، مگر "صلوٰۃ" کا معنیٰ "نماز" نہیں بلکہ "دعا" ہے، ہاں! نماز بھی اس معنیٰ میں داخل ہے۔ اور "زکوٰۃ" کا معنیٰ "صدقۂ واجبہ" نہیں بلکہ "پاکی" ہے، ہاں! صدقہ و خیرات بھی اس میں داخل ہے۔" تو ایسا شخص کافر ہے، کہ اگرچہ وہ قرآن کے لفظوں کا انکار نہیں کر رہا مگر ان کے متواتر معنیٰ کا انکار کر رہا ہے جو تمام ماقبل علما و مفسرین نے بیان فرمائے ہیں۔

"خاتم النبیین" کا معنیٰ "آخری نبی" خود حضور صلی اللہ علیہ واٰلہٖ وسلم نے بیان فرمایا اور اس پر امت کا اجماع رہا، اب اگر کوئی اس کے نئے معنیٰ ایجاد کر لے جیسے "اصلی نبی" اور "افضل نبی" وغیرہ، اور اجماعی معنیٰ کا انکار کرے تو وہ کافر کہلائے گا۔

شبہات اور ان کی توضیحات

1-شبہ: "خاتَم النبیین" کا معنیٰ ہے: "نبیوں سے افضل" جیسے کہا جاتا ہے: "فلاں شخص خاتَم الشعراء یا خاتَم المحدثین ہے" تو اس کا یہ مطلب نہیں ہوتا کہ "وہ شعرا یا محدثین میں آخری شاعر یا آخری محدث ہے" بلکہ اس سے مراد یہ ہوتی ہے کہ وہ محدثین یا شعرا میں افضل ہے۔ نبی پاک صلی اللہ علیہ واٰلہٖ وسلم نے حضرت عباس رضی اللہ عنہ سے فرمایا: "اَنْتَ خَاتَمُ الْمُهَاجِرِیْنَ۔ [2] تم مہاجرین میں خاتم یعنی افضل ہو۔" یہ مراد نہیں کہ "تم سب سے آخری مہاجر ہو!" کیونکہ ہجرت تو قیامت تک جاری رہے گی، لہٰذا خاتم النبیین کا معنیٰ بھی اسی اصول کے تحت یہ کیا جانا چاہیے کہ "حضورِ اکرم صلی اللہ علیہ واٰلہٖ وسلم کے بعد بھی قیامت تک انبیا آسکتے ہیں، ہاں! آپ تمام نبیوں میں سب سے افضل ہیں"۔

(1) ترجمہ: "نماز قائم رکھو اور زکوٰۃ دو۔" (پ 1، البقرۃ: 43)
(2) فضائل الصحابۃ لابن حنبل، 2/941، حدیث: 1813۔

توضیح: اس شبہ کی بنیاد میں ہی غلطی ہے کہ خاتم کا معنیٰ افضل ہے، تفصیل ملاحظہ کیجیے:

"خاتم"، "ختم" سے بنا ہے جس کا معنیٰ "افضل" نہیں ہے، ورنہ ﴿خَتَمَ اللّٰهُ عَلٰى قُلُوْبِهِمْ﴾ [1] کا ترجمہ یہ ہوتا کہ "اللہ نے کافروں کے دل افضل کر دیئے!" جب لفظِ "ختم" میں سرے سے افضلیت کا معنیٰ ہی نہیں تو لفظِ "خاتم" جو اس سے مشتق ہے اس میں یہ معنیٰ کہاں سے آ گئے!

لوگوں کا کسی کو "خاتَم الشعراء" کہنا مبالغہ ہوتا ہے جس کا درست مفہوم یہ ہوتا ہے کہ "گویا اب اس شان کا شاعر نہیں آئے گا" جیسے کسی زبردست شاعر کی تعریف کرتے ہوئے اردو میں کہا جاتا ہے: "فلاں پر شعر گوئی ختم ہو گئی۔" اس کا یہ مطلب نہیں ہوتا کہ "اب کوئی شاعری کر ہی نہیں سکتا" بلکہ اس طرح کے جملے تعریف میں مبالغے کے لیے بولے جاتے ہیں، جبکہ حکیم رب کا کلام مبالغہ اور جھوٹ سے پاک ہے، لہٰذا "خاتَم النبیین" کے الفاظ مبالغہ پر مشتمل نہیں بلکہ ایک حقیقت کا بیان ہیں۔

شبہ میں درج حدیث پاک کا پس منظر معلوم نہ ہونے کی وجہ سے بھی نفس مسئلہ سمجھنے میں خطا ہوئی ہے۔ تفصیل یہ ہے کہ حضرت عباس رضی اللہ عنہ مکہ مکرمہ سے مدینہ منورہ کی طرف ہجرت کرنے والے آخری مہاجر ہیں کیونکہ ان کی ہجرت فتح مکہ کے دن ہوئی تھی جس کے بعد مکہ سے ہجرت بند ہو گئی۔ چنانچہ سرکار صلی اللہ علیہ والہٖ وسلم کا ارشاد گرامی ہے: "لَا هِجْرَةَ بَعْدَ الْفَتْحِ [2] یعنی فتح کے بعد مکہ سے ہجرت نہ ہو گی۔" لہٰذا شبہ میں درج حدیث میں بھی لفظ "خاتم" آخر کے معنیٰ میں ہی ہے۔ ورنہ اگر وہاں خاتم کے معنیٰ افضل ہوں تو لازم آئے گا کہ حضرت عباس رضی اللہ عنہ نبی پاک صلی اللہ علیہ والہٖ وسلم سے بھی افضل ہوں کیونکہ حضور بھی مہاجر ہیں۔

---

[1] پ 1، البقرۃ، 7۔ [2] بخاری، 2/248، حدیث: 2783۔

2- شبہ: اگر حضور صلی اللہ علیہ واٰلہٖ وسلم آخری نبی ہیں تو پھر حضرت عیسیٰ علیہ السّلام آپ کے بعد کیوں آئیں گے؟ آخری نبی کے بعد کوئی نبی نہیں آنا چاہیے۔

توضیح: حضرت عیسیٰ علیہ السّلام کا تشریف لانا نبی کی حیثیت سے نہیں بلکہ حضور کے امتی ہونے کی حیثیت سے ہوگا یعنی وہ اپنے وقت کے نبی ہیں اور اس وقت کے امتی ہوں گے۔ جیسے کوئی جج دوسرے جج کی کچہری میں گواہی دینے کے لیے جائے تو اگرچہ وہ اپنی کچہری میں جج ہے مگر دوسرے جج کی کچہری میں گواہ کہلائے گا۔ حضرت عیسیٰ علیہ السّلام حضور اکرم صلی اللہ علیہ واٰلہٖ وسلم کی امت میں ان کے دین کی نصرت و مدد کرنے کے لیے تشریف لائیں گے۔

3- شبہ: ہو سکتا ہے کہ "النبیین" میں الف لام عہد خارجی یا ذہنی [1] کا ہو اور معہود و مراد "انبیائے تشریعی" ہوں؟ یعنی حضورِ اقدس صلی اللہ علیہ واٰلہٖ وسلم انبیائے تشریعی کے خاتم ہیں نہ کہ مطلق انبیا کے۔

توضیح: الف لام عہدِ خارجی کا مراد لینے کے لیے معہود کا سابقہ کلام میں مذکور ہونا ضروری ہوتا ہے اور آیتِ ختم نبوت کے مقام پر سابقہ کلام میں خاص انبیائے تشریعی کا سرے سے

[1] لامِ تعریف کی پانچ قسمیں ہیں: (1) عہد خارجی: وہ الف لام جس سے معین فرد کی طرف اِشارہ ہو جسے متکلم اور مخاطب دونوں جانتے ہوں اور سابقہ کلام میں اس کا ذکر ہو گیا ہو، اسے عہد ذکری بھی کہا جاتا ہے، مثلاً ﴿ فَعَصٰی فِرْعَوْنُ الرَّسُوْلَ ﴾ (2) جنسی: وہ الف لام جس سے فقط جنس مراد ہو اور افراد کا اعتبار نہ ہو، مثلاً ﴿ فَاِذَا مَسَّ الْاِنْسَانَ ضُرٌّ دَعَانَا٘ ﴾ (3) استغراقی: وہ الف لام جس سے جنس کے تمام افراد کی طرف اشارہ ہو، مثلاً ﴿ اِنَّ الْاِنْسَانَ لَفِیْ خُسْرٍۙ ﴾ (4) عہدِ ذہنی: وہ الف لام جس سے غیر معین فرد کی طرف اشارہ ہو، مثلاً ﴿ اَخَافُ اَنْ یَّاْكُلَهُ الذِّئْبُ ﴾ (5) عہدِ حضوری: وہ الف لام جس سے موجود و حاضر فرد کی طرف اشارہ ہو، مثلاً ﴿ اَلْیَوْمَ اَكْمَلْتُ لَكُمْ دِیْنَكُمْ ﴾

(جامع الدروس العربیہ، 147 تا 148 ماخوذاً)

ذکر ہی نہیں ہے، لہٰذا عہدِ خارجی مراد لینے کی کوئی صورت نہیں۔ اور الف لام عہدِ ذہنی کا اس صورت میں مراد ہو سکتا ہے جب استغراق مراد لینا ممکن نہ ہو جبکہ آیت میں بلا تکلف استغراق مراد لینا درست ہے۔

4-شبہ: ہو سکتا ہے کہ "النبیین" میں الف لام استغراقِ حقیقی کا نہ ہو بلکہ استغراقِ عرفی[1] کا ہو اور مراد یہ ہو کہ حضور انبیائے تشریعی کے خاتم ہیں نہ کہ مطلق انبیا کے؟

توضیح: اہلِ لغت اور علمائے اصول کے مطابق استغراقِ عرفی مراد لینا اس وقت درست ہوتا ہے جب استغراقِ حقیقی مراد لینا درست نہ ہو سکے اور یہاں "النبیین" میں استغراقِ حقیقی مراد لینا بالکل درست ہے۔ نیز استغراقِ عرفی مراد لینے کے لیے ضروری ہے کہ عرف و عادت اس کی تخصیص کا قرینہ ہوں اور عرفاً اس کے تمام افراد مراد نہ ہو سکتے ہوں، مثلاً "جَمَعَ الْاَمِیْرُ الصَّاغَۃَ یعنی بادشاہ نے سناروں کو جمع کیا۔" دنیا کے تمام سناروں کو جمع کرنا عرفاً و عادۃً دشوار ہے؛ عرف میں اس طرح کے جملوں سے اپنے شہر یا زیادہ سے زیادہ اپنی سلطنت کے سنار مراد ہوتے ہیں نہ کہ ساری دنیا کے سنار۔ جبکہ "النبیین" میں تخصیص کا عرفاً اور عادۃً کوئی قرینہ نہیں ہے۔

عقیدۂ ختمِ نبوت کے منکر کا حکم

حضور سرورِ عالم صلی اللہ علیہ واٰلہٖ وسلم کا خاتم ہونا یعنی بعثت میں تمام انبیائے کرام اور رسل

---

(1) استغراقِ حقیقی: لامِ تعریف جس لفظ پر داخل ہو اس کے تمام افراد بے کم و کاست مراد ہوں، مثلاً عالم الغیب میں لفظ "الغیب" پر لامِ تعریف داخل ہے، اس سے تمام غیوب مراد ہیں۔ استغراقِ عرفی: لامِ تعریف جس لفظ پر داخل ہو اس سے جنس کے وہی افراد مراد ہوں گے جو عرف میں مراد ہو سکتے ہوں نہ کہ تمام افراد، مثلاً "جَمَعَ الْاَمِیْرُ الصَّاغَۃَ یعنی بادشاہ نے سناروں کو جمع کیا۔" میں لفظِ "اَلصَّاغَۃ" سے تمام سنار مراد نہیں ہو سکتے بلکہ اس سے بادشاہ کے اپنے شہر کے سنار مراد ہوں گے یا زیادہ سے زیادہ اس کی سلطنت کے۔ (مصنف)

عظام علیہمُ السّلام میں سب سے آخری ہونا، بغیر کسی تاویل و تخصیص کے ضروریاتِ دین میں سے ہے، جو اس کا انکار کرے یا اس میں معمولی سا شبہ لائے کافر و مرتد مستحق لعنت ہے۔[1]

"خاتم النبیین" میں الف لام عہد کا مراد لینے والے کا حکم

اگر کوئی شخص درج ذیل باتوں کو نصوص قطعیہ و اجماع یقینی و ضروریات دین سے ثابت مانے اور صراحۃً ایمان لائے کہ

- حضور اقدس صلی اللہ علیہ واٰلہٖ وسلم کے زمانہ میں خواہ حضور کے بعد، کبھی کسی جگہ کسی طرح کی کوئی نبوت کسی کو نہیں مل سکتی۔
- حضور صلی اللہ علیہ واٰلہٖ وسلم کے خاتم النبیین وآخر الانبیاء والمرسلین ہونے میں اصلاً کوئی تخصیص، تاویل، تقیید اور تحویل نہیں۔
- تمام طوائفِ ملعونہ کے اکابر کو صاف صاف کافر مرتد مانے۔

البتہ! بزعمِ خود اگر کوئی اپنی نحوی و منطقی جہالتوں، بطالتوں، کج فہمیوں کے باعث آیۂ کریمہ میں الف لام عہد مراد لے اور استغراق کو غلط سمجھے تو اگرچہ تفسیرِ متواتر، اجماعی، قطعی اور اسلوبِ فقہی کے انکار کی وجہ سے اس پر اب بھی کفرِ لزومی کا حکم رہے گا مگر چونکہ اس نے صحیح عقیدے کی تصریح اور منکرین ختمِ نبوت کی تکفیرِ صریح کر دی ہے تو اس کی تکفیر سے زبان روکنا ہی مسلکِ تحقیق و احتیاط ہو گا۔ لیکن ایسا شخص مرتد و کافر گروہ کا معین و مددگار، کلامِ الٰہی کو کھیل بنانے والا، حضور خاتم النبیین کی بیان کردہ تفسیر کو جھٹلانے والا، امتِ مسلمہ کے اجماع کی مخالفت کرنے والا اور سخت بدعقل و گمراہ و بد دین ہے۔[2]

(1) فتاویٰ رضویہ، 14/333۔ (2) فتاویٰ رضویہ، 14/341۔

مشق

1- ختم نبوت کی حکمت بیان کیجیے۔

2- قرآنی لفظ "خاتم النبیین" سے امت نے کیا معنیٰ سمجھے ہیں؟

3- "خاتم النبیین" میں الف لام کون سا ہے؟ دلیل کے ساتھ واضح کیجیے۔

4- "لفظ ختم کے "علیٰ" کے ساتھ اور بغیر صلہ کے استعمال میں معنیٰ پر کیا فرق پڑتا ہے؟

5- خاتم "کا معنیٰ "افضل" کرنے والوں کی دلیل اور اس کا جواب تحریر کیجیے۔

6- "خاتم النبیین" کا اجماعی معنیٰ کیا ہے اور علمانے اس کے منکر پر کیا حکم لگایا ہے؟

7- "خاتم النبیین" میں کوئی اپنی کج فہمی کی بنا پر الف لام عہد کا مانے تو اس پر کیا حکم لگے گا؟

8- "خاتم" کا لغوی و اصطلاحی معنیٰ ذکر کیجیے اور تائید میں کم از کم ایک آیت مبارکہ پیش کیجیے۔

9- آیتِ ختم نبوت کو پیش نظر رکھتے ہوئے کم از کم ایک ممکنہ شبہ اور اس کا جواب از خود تحریر کیجیے۔

تیسری فصل: عصمتِ انبیا

انبیا ایسے پاک اور مقدس افراد کو کہا جاتا ہے جو تمام عیوب و نقائص اور بری چیزوں سے محفوظ ہوتے ہیں۔ یہ ذی شان اشخاص نورِ نبوت کی لازوال صفت کی وجہ سے ایسی خاص بصیرت کے حامل ہوتے ہیں جس کے ہوتے ہوئے ان سے لاعلمی میں بھی گناہ ممکن نہیں۔ اللہ پاک ان ہستیوں کو ارادۂ معصیت سے محفوظ فرما کر ان کی قلبی کیفیات اور عواطف و رجحانات کی بھی مکمل حفاظت فرماتا ہے، جیسا کہ حضرت آدم علیہ السّلام کے بارے میں فرمایا:

فَنَسِیَ وَ لَمْ نَجِدْ لَهٗ عَزْمًا۠ ترجمہ: تو وہ بھول گیا اور ہم نے اس کا قصد نہ پایا۔ (پ16، طٰہٰ:115)

حضرت یوسف علیہ السّلام کے متعلق فرمایا:

وَ لَقَدْ هَمَّتْ بِهٖۚ وَ هَمَّ بِهَا لَوْ لَاۤ اَنْ رَّاٰ بُرْهَانَ رَبِّهٖؕ ترجمہ: اور بے شک عورت نے اس کا ارادہ کیا اور وہ بھی عورت کا ارادہ کرتا اگر اپنے رب کی دلیل نہ دیکھ لیتا۔ (پ12، یوسف:24)

یعنی اللہ تعالیٰ نے حضرت یوسف علیہ السّلام کو اپنی برہان دکھا کر انہیں قصدِ معصیت سے بھی محفوظ رکھا۔ نبی کریم صلی اللہ علیہ واٰلہٖ وسلم کے متعلق فرمایا:

وَ لَوْ لَاۤ اَنْ ثَبَّتْنٰكَ لَقَدْ كِدْتَّ تَرْكَنُ اِلَیْهِمْ شَیْــٴًـا قَلِیْلًاۗۙ ترجمہ: اور اگر ہم تمہیں ثابت قدم نہ رکھتے تو قریب تھا کہ تم ان کی طرف کچھ تھوڑا سا جھکتے۔ (پ15، بنی اسرائیل:74)

یہی برہانِ رب یعنی اللہ تعالیٰ کی روشن دلیل اور اس کی طرف سے عطا کردہ ثابت قدمی "عصمتِ نبوت" ہے۔ حضراتِ انبیائے کرام علیہم السّلام کی اس عظیم الشان حفاظت و عصمت اور نگرانی کی وجہ ان کی بعثت کا مقصد ہے اور وہ یہ ہے کہ ان کے اقوال و افعال

اور سیرت وحال کو حجتِ شرعیہ سمجھ کر ان کی اتباع اور اطاعت کی جائے۔ اس کے باوجود بعض لوگوں نے انبیائے کرام کے متعلق ایسے ناپاک اور حیاسوز قصے وضع کیے جنہیں سن کر انسانیت شرم سے پانی پانی ہو جاتی ہے اور ایک انتہائی گناہ گار آدمی بھی ان کے تصور سے نفرت کرنے لگتا ہے۔[1]

عصمتِ انبیا کا معنٰی ومفہوم اور اس کے متعلق درست اسلامی نظریات ملاحظہ کیجیے:

عصمت کا لغوی معنٰی

اس کا لغوی معنٰی ہے گناہوں سے بچانا، روکنا، محفوظ رکھنا۔

عصمت کی حقیقت یہ ہے کہ قدرت واختیار کے باوجود بندہ گناہ نہ کرے کہ عصمت ایک لطفِ خداوندی ہے جس کی وجہ سے بندہ اچھے کام کرتا ہے اور برے کاموں سے محفوظ رہتا ہے، لیکن گناہ کا اختیار اس میں باقی ہوتا ہے۔[2]

عصمت کی تعریف

اَلْعِصْمَةُ مَلَكَةُ اِجْتِنَابِ الْمَعَاصِىْ مَعَ التَّمَكُّنِ مِنْهَا

یعنی گناہوں پر قدرت ہونے کے باوجود ان سے بچنے کے ملکہ کو "عصمت" کہتے ہیں۔[3]

عصمتِ انبیا کا مطلب

عصمتِ انبیا کے یہ معنٰی ہیں کہ اُن کے لیے حفظِ الٰہی کا وعدہ ہو لیا، جس کے سبب ان سے صدورِ گناہ شرعاً محال ہے۔[4] یعنی انبیائے کرام میں گناہ کی قدرت ہوتی ہے مگر اس کا صدور محال ہوتا ہے۔

---

(1) مقالاتِ کاظمی، 1/300- مقالاتِ کاظمی، 3/86 تا 87 ماخوذاً۔

(2) شرح العقائد النسفیہ، ص 335۔ (3) التعریفات، ص 107۔ (4) بہارِ شریعت، حصہ 1: 1، 1/38۔

انبیائے کرام قبلِ حصولِ نبوّت سے ہی تمام اخلاقِ رذیلہ سے پاک ہوتے ہیں اور تمام اخلاقِ فاضلہ سے مزین ہو کر جملہ مدارجِ ولایت طے کر چکے ہوتے ہیں اور اپنے نسب و جسم و قول و فعل و حرکات و سکنات میں ہر ایسی بات سے منزّہ ہوتے ہیں جو باعثِ نفرت ہو۔[1]

عصمتِ انبیا و ملائکہ میں فرق

انبیا میں گناہ کی قدرت موجود ہوتی ہے لیکن اس کا صدور محال ہوتا ہے، جبکہ ملائکہ میں سرے سے گناہ کی قدرت ہی نہیں ہوتی، اسی لیے عصمتِ انبیا عصمتِ ملائکہ سے فائق ہے۔

عصمتِ انبیا کی صورتیں

انبیائے کرام قبلِ نبوت اور بعد نبوت بالاجماع درجِ ذیل چار چیزوں سے معصوم ہیں:

1- مطلقاً گناہِ کبیرہ کے ارتکاب سے۔

2- عمداً گناہِ صغیرہ کے ارتکاب سے۔

3- ہر ایسا امر جو مخلوق کے لیے نفرت و دوری کا باعث ہو۔

4- ایسے افعال جو وجاہت و مروت اور معززین کی شان و مرتبہ کے خلاف ہوں۔[2]

انبیا سے لغزش کا صدور

انبیائے کرام علیہم السّلام کی لغزش سے مراد ان کا وہ کام، حالت یا کیفیت ہے جو بلحاظِ منصبِ نبوت بظاہر خلافِ اولیٰ ہو، مثلاً حضرت یوسف علیہ السّلام کا وہ خطرۂ قلبیہ جس کے فوراً بعد برہانِ رب کا ظہور ہوا اور آپ گناہ سے باز رہے۔ اسی طرح نبی پاک صلی اللہ علیہ واٰلہٖ وسلم کا قریش کی طرف کچھ تھوڑا سا مائل ہونے کے قریب ہونا جس کے ساتھ اللہ تعالیٰ کی تثبیت یعنی عصمتِ ایزدی کی شان ظہور میں آئی۔ انبیائے کرام علیہم السّلام سے لغزش کے فوراً بعد عصمتِ الٰہیہ کا

1 بہارِ شریعت، حصہ: 1، 1/36۔ 2 دس عقیدے، ص 95۔

ظاہر ہونا اس حقیقت کو واضح کرتا ہے کہ اگر انبیا سے لغزش کا صدور نہ ہوتا تو شانِ عصمت کا ظہور بھی نہ ہوتا، اس سے معلوم ہوتا ہے کہ لغزش ہرگز عصمت کے خلاف نہیں۔ (1)

البتہ یہ ممکن ہے کہ نبوت ورسالت کے کسی خاص امر کی تکمیل یا کسی کمال کے ظہور کے لیے نبی پر کسی خاص وقت میں ایسی کیفیت طاری ہو جس کی وجہ سے ان پر بے توجہی یا نسیان غالب ہو جائے تاکہ اس خاص امر کی تکمیل یا کمال کا ظہور ہو سکے جس کا ہونا اسی بے توجہی یا نسیان پر موقوف تھا۔ انبیائے کرام کے واقعات میں اس کی کثیر مثالیں موجود ہیں جو کسی لحاظ سے منصبِ نبوت کے منافی نہیں۔ اس طرح کی باتوں کو زیادہ سے زیادہ "مُبَاحَاتُ الْعَوَامِّ سَيِّئَاتُ الْاَبْرَارِ وَحَسَنَاتُ الْاَبْرَارِ سَيِّئَاتُ الْمُقَرَّبِيْن یعنی عوام کے حق میں مباح کام نیک لوگوں کے نزدیک برائیوں کی مثل ہیں اور نیک لوگوں کی نیکیاں مقربین بارگاہِ الٰہی کے نزدیک برائیوں کی مثل ہیں۔" کے تناظر میں خلافِ اولیٰ کہا جاسکتا ہے۔ (2)

ذنب کا معنیٰ اور اس کی تاویلات

قرآن پاک میں نبی کریم صلی اللہ علیہ واٰلہ وسلم کی طرف "ذنب" کی نسبت کی گئی ہے جس کا لغوی معنیٰ "گناہ" یعنی اللہ تعالیٰ کی نافرمانی ہے، لیکن جب یہ لفظ انبیائے کِرام علیہمُ السّلام کے لیے مذکور ہو گا تو اس کا مطلب اللہ تعالیٰ کی نافرمانی ہرگز نہیں ہو گا بلکہ اس وقت اس کا ایسا معنیٰ ومفہوم بیان کرنا ہو گا جس میں عصمت انبیا کے عقیدے پر زد نہ پڑے۔ چنانچہ ذیل میں انبیائے کِرام سے متعلق لفظ ذنب کے معنیٰ کی تاویلات بیان کی جارہی ہیں، ملاحظہ کیجیے:

(1) مقالاتِ کاظمی، 1/300 ماخوذاً۔
(2) مقالاتِ کاظمی، 3/87 ماخوذاً- مقالاتِ کاظمی، 1/300 ماخوذاً۔

پہلی تاویل: ہر انسان پر اللہ تعالیٰ کی بے شمار نعمتیں ہیں جن کا پورا پورا شکر ادا کرنا کسی کے بس میں نہیں، اگر کوئی ہر وقت شکر ادا کرتا رہے تب بھی کھانے پینے اور سونے کا وقت یوں ہی گزر جاتا ہے، اور شکر میں ایسی کمی ہر گز گناہ نہیں ہوتی۔ اللہ تعالیٰ کی نعمتیں ہر لمحہ بڑھتی رہتی ہیں بالخصوص خاص لوگوں پر اور خاصوں کے سردار محمد مصطفےٰ صلی اللہ علیہ والہٖ وسلم پر کہ اللہ کی آپ پر ایسی نعمت ہے کہ ہر آنے والا لمحہ گزرے ہوئے لمحہ سے بہتر ہے اور آپ کی تو یہ شان ہے کہ آپ کا کھانا، پینا اور سونا بھی عبادت ہے، مگر ان اوقات کی عبادت اصل عبادت سے ایک درجہ کم ہی ہے اور اسی کمی کو ذنب سے تعبیر کیا گیا۔

اللہ پاک نے آپ اور آپ کے اصحاب پر جو عنایات فرمائیں ان کے شکر میں جس قدر کمی واقع ہوئی اس کے لیے استغفار کا حکم دیا گیا۔

دوسری تاویل: اس آیت میں ذنب کی نسبت نبی کریم صلی اللہ علیہ والہٖ وسلم کی طرف کی گئی ہے:

لِیَغْفِرَ لَكَ اللّٰهُ مَا تَقَدَّمَ مِنْ ذَنْۢبِكَ وَ مَا تَاَخَّرَ (پ26، الفتح:2)

ترجمہ: تاکہ اللہ تمہارے سبب سے گناہ بخشے تمہارے اگلوں کے اور تمہارے پچھلوں کے۔

لیکن یہ ہر گز گناہ یعنی اللہ تعالیٰ کی نافرمانی کے معنیٰ میں نہیں، کیونکہ آیت میں مذکور لفظ "مَا تَقَدَّمَ" سے مراد وحی نازل ہونے سے پہلے کے گناہ ہیں؛ گناہ، فرمان کی مخالفت کو کہتے ہیں اور فرمان، وحی سے معلوم ہوتا ہے۔ جب وحی ہی نہیں آئی تو فرمان نہیں تھا، جب فرمان نہیں تھا تو اس کی مخالفت نہیں ہوئی اور جب مخالفت نہیں ہوئی تو گناہ بھی نہیں ہوا۔ اسی طرح "مَا تَاَخَّرَ" سے مراد وہ افعال ہیں جو زمانۂ نزول کے شروع شروع میں جائز ہوئے پھر بعد میں ان سے منع کر دیا گیا۔ اور یہ بات بالکل واضح ہے کہ کسی چیز کے جائز ہونے کے بعد اس کو اختیار کرنا ہر گز گناہ نہیں ہوتا۔

تیسری تاویل: ذنب، معصیت کو کہا جاتا ہے اور قرآن پاک میں معصیت کا اطلاق صرف عمد یعنی جان بوجھ کرنافرمانی کرنے پر ہی نہیں کیا گیا بلکہ غیر عمد یعنی سہو ونسیان پر بھی معصیت کا اطلاق کیا گیا ہے، جیسے اللہ پاک کا فرمان ہے: ﴿وَعَصٰۤى اٰدَمُ رَبَّهٗ فَغَوٰى ﴾ [1] ترجمہ: ”اور آدم سے اپنے رب کے حکم میں لغزش واقع ہوئی تو جو مطلب چاہا تھا اس کی راہ نہ پائی۔“ اس آیت میں معصیت کی نسبت حضرت آدم علیہ السلام کی طرف ہے، حالانکہ ایک دوسرے مقام پر ارشاد ہوتا ہے: ﴿فَنَسِیَ وَ لَمْ نَجِدْ لَهٗ عَزْمًا﴾ [2] ترجمہ: ”تو وہ بھول گیا اور ہم نے اس کا قصد نہ پایا۔“ معلوم ہوا کہ معصیت عمداً ہی نہیں، بلکہ سہواً بھی ہوتی ہے اور سہو ونسیان نہ گناہ ہوتا ہے اور نہ ہی اس پر کوئی مواخذہ ہوتا ہے۔

چوتھی تاویل: اصول کے مطابق خطاب ہر سامع سے ہوتا ہے، قرآن پاک قیامت تک آنے والوں سے خطاب فرماتا ہے، مثلاً ﴿وَ اَقِیْمُوا الصَّلٰوةَ﴾ [3] ترجمہ: ”اور نماز قائم رکھو۔“ یہ خطاب جیسا صحابہ کرام رضی اللہ عنہم سے تھا ویسا ہی ہم سے بھی ہے اور تا قیامِ قیامت ہمارے بعد آنے والی نسلوں سے بھی۔ اسی طرح سورۂ مومن و محمد کی ان آیات میں کاف خطاب ہر سامع کے لیے ہے۔ ملاحظہ کیجیے:

فَاعْلَمْ اَنَّهٗ لَاۤ اِلٰهَ اِلَّا اللّٰهُ وَ اسْتَغْفِرْ لِذَنْۢبِكَ وَ لِلْمُؤْمِنِیْنَ وَ الْمُؤْمِنٰتِ (پ26، محمد:19)	ترجمہ: تو جان لو کہ اللہ کے سوا کسی کی بندگی نہیں اور اے محبوب اپنے خاصوں اور عام مسلمان مردوں اور عورتوں کے گناہوں کی معافی مانگو۔
لِیَغْفِرَ لَكَ اللّٰهُ مَا تَقَدَّمَ مِنْ ذَنْۢبِكَ وَ مَا تَاَخَّرَ (پ26، الفتح:2)	ترجمہ: تاکہ اللہ تمہارے سبب سے گناہ بخشے تمہارے اگلوں کے اور تمہارے پچھلوں کے۔

---

(1) پ16، طٰہٰ:121۔ (2) پ16، طٰہٰ:115۔ (3) پ1، البقرۃ:43۔

سورۂ محمد کی آیت میں تو اس بات پر صاف قرینہ ہے کہ خطاب حضور صلی اللہ علیہ والہ وسلم سے نہیں، کیونکہ آیت کی ابتدا اس طرح ہے: ﴿فَاعْلَمْ اَنَّهٗ لَاۤ اِلٰهَ اِلَّا اللّٰهُ﴾[1] ترجمہ: ”تو جان لو کہ اللہ کے سوا کسی کی بندگی نہیں۔“ یہ خطاب اس سے ہے جسے اللہ کے لائق عبادت ہونے کا علم نہیں ہے، جاننے والے کو جاننے کا حکم دینا تحصیلِ حاصل ہے۔ اگر کوئی ”فَاعْلَمْ“ میں تاویل کرے تو ”ذَنْۢبِكَ“ میں تاویل سے کون مانع ہے اور اگر ”ذَنْۢبِكَ“ میں تاویل نہیں کرتا تو ”فَاعْلَمْ“ میں تاویل کیسے کر سکتا ہے۔

پانچویں تاویل: سورۂ محمد اور سورۂ مؤمن کی دونوں آیات میں صیغۂ امر ہے اور امر انشا پر دلالت کرتا ہے، وقوع پر نہیں، مثلاً کسی کو کہنا: ”اَكْرِمْ ضَيْفَكَ“ یعنی ”اپنے مہمان کی عزت کرو۔“ اس سے یہ مراد نہیں کہ اس وقت کوئی مہمان موجود ہے، اور نہ ہی یہ خبر ہے کہ کوئی مہمان آئے گا بلکہ مراد صرف یہ ہے کہ اگر مہمان آئے تو اس کی عزت کرنا۔ یہی معاملہ آیت میں بھی ہے کہ اگر بالفرض گناہ ہو جائے تو استغفار کا حکم ہے۔

چھٹی تاویل: جو شخص جتنا مقرب ہو اس کے لیے اتنے ہی سخت احکام ہوتے ہیں، یہی وجہ ہے کہ نیکوکاروں کے کچھ نیک کام مقربین کے حق میں گناہ شمار کیے جاتے ہیں، جیسا کہ مقولہ ہے: ”حَسَنَاتُ الْاَبْرَارِ سَيِّئَاتُ الْمُقَرَّبِيْنَ“[2] اسی طرح مقرب افراد کے لیے ترکِ اولیٰ کو بھی گناہ سے تعبیر کیا جاتا ہے، حالانکہ ترکِ اولیٰ ہر گز گناہ نہیں ہوتا، اور آیات میں ترکِ اولیٰ مراد ہے۔

ساتویں تاویل: تمام زبانوں میں یہ بات رائج ہے کہ معمولی تعلق کی بنا پر ایک چیز کی دوسری

---

1. پ26، محمد:19۔
2. تفسیرِ خازن، پ5، النساء، تحت الآیۃ:106، 1/427۔

چیز کی طرف نسبت کردی جاتی ہے، مثلاً یہ کہنا کہ "یہ میرا مکان ہے" مالک مکان، کرایہ دار، عاریت پر رہنے والا سب کے لیے یہ نسبت درست ہے یہاں تک کہ کھیتوں کی پیمائش کرنے والے ایک دوسرے سے پوچھتے ہیں کہ "تمہارا کھیت" کتنے جریب[1] ہوا؟ یہاں نہ ملکیت ہے نہ اجارہ نہ عاریت اس کے باوجود نسبت کی جارہی ہے، اسی طرح اگر بیٹے کے گھر سے کوئی چیز آئے تو باپ سے کہہ سکتے ہیں کہ آپ کے گھر سے آئی۔ اسی طرح آیات میں موجود لفظِ "ذَنْبِكَ" سے مراد اہلِ بیت کی لغزشیں ہیں۔ اس تاویل کے مطابق سورۂ فتح کی آیت میں لفظِ "لَكَ" میں لام تعلیل کے لیے ہے اور "مَاتَقَدَّمَ مِنْ ذَنْبِكَ" سے آپ کے والدینِ کریمین سے لے کر انتہائے نسب تک انبیائے کِرام علیہمُ السّلام کے علاوہ تمام آبائے کرام اور امہاتِ طیبات مراد ہیں اور "مَاتَاَخَّرَ" سے قیامت تک آنے والے اہلِ بیت اور امتِ مرحومہ مراد ہیں۔ تو آیت کا معنٰی ہوا: تاکہ اللہ تمہارے سبب سے گناہ بخشے تمہارے اگلوں کے اور تمہارے پچھلوں کے۔[2]

فہمِ قرآن کے ضابطے

قرآن پاک کی وہ آیات جن میں انبیائے کرام کی طرف گناہ یا لغزش کی نسبت ہے، بعض لوگ ان آیات کو دیکھ کر انبیا کے لیے غلطی، گناہ یا اس جیسے نامناسب الفاظ بولنے کی جرأت کرتے ہیں، حالانکہ ان آیات میں وہ بات مراد ہی نہیں ہوتی جو وہ کم فہم سمجھ رہے ہوتے ہیں، اسی لیے ان آیات کو سمجھنے کے کچھ ضابطے پیش خدمت ہیں:

---

(1) جریب کی مقدار انگریزی گز سے 35 گز لمبائی اور 35 گز عرض یعنی چوڑائی ہے۔
(فتاویٰ رضویہ، 10/239 تسہیلاً)

(2) فتاویٰ رضویہ، 29/396 تا 401 ماخوذاً۔

ضابطہ نمبر 1: ذنب یا عصیان کی نسبت کسی نبی کی طرف ہو تو اس سے یا تو سہو و نسیان مراد ہو گا، یا پھر جملہ شرطیہ کی صورت میں بفرضِ محال مراد ہو گا، وقوع مراد نہیں ہو گا، آیات ملاحظہ کیجیے:

قُلْ اِنِّیْۤ اَخَافُ اِنْ عَصَیْتُ رَبِّیْ عَذَابَ یَوْمٍ عَظِیْمٍ ﴿۱۵﴾ (پ7، الانعام:15)

ترجمہ: تم فرماؤ اگر میں اپنے رب کی نافرمانی کروں تو مجھے بڑے دن کے عذاب کا ڈر ہے۔

قَالَ یٰقَوْمِ اَرَءَیْتُمْ اِنْ كُنْتُ عَلٰى بَیِّنَةٍ مِّنْ رَّبِّیْ وَ اٰتٰىنِیْ مِنْهُ رَحْمَةً فَمَنْ یَّنْصُرُنِیْ مِنَ اللّٰهِ اِنْ عَصَیْتُهٗ (پ12، ہود:63)

ترجمہ: بولا اے میری قوم بھلا بتاؤ تو اگر میں اپنے رب کی طرف سے روشن دلیل پر ہوں اور اس نے مجھے اپنے پاس سے رحمت بخشی تو مجھے اس سے کون بچائے گا اگر میں اس کی نافرمانی کروں۔

وَ عَصٰۤى اٰدَمُ رَبَّهٗ فَغَوٰى ﴿۱۲۱﴾ (پ16، طٰہٰ:121)

ترجمہ: اور آدم سے اپنے رب کے حکم میں لغزش واقع ہوئی تو جو مطلب چاہا تھا اس کی راہ نہ پائی۔

ضابطہ نمبر 2: ذنب یا عصیان کی نسبت اگر غیر نبی کی طرف ہو تو اس سے گناہ، اللہ کی نافرمانی اور سرکشی کرنا مراد ہو گا۔ چنانچہ ارشاد باری تعالیٰ ہے:

ذٰلِكَ بِمَا عَصَوْا وَّ كَانُوْا یَعْتَدُوْنَ ﴿۶۱﴾ (پ1، البقرۃ:61)

ترجمہ: یہ بدلہ تھا ان کی نافرمانیوں اور حد سے بڑھنے کا۔

قَالُوْا سَمِعْنَا وَ عَصَیْنَا (پ1، البقرۃ:93)

ترجمہ: بولے ہم نے سنا اور نہ مانا۔

وَمَنۡ یَّعۡصِ اللّٰہَ وَرَسُوۡلَہٗ وَیَتَعَدَّ حُدُوۡدَہٗ یُدۡخِلۡہُ نَارًا خَالِدًا فِیۡہَا ۪ وَلَہٗ عَذَابٌ مُّہِیۡنٌ ﴿۱۴﴾ (پ4، النساء:14)

ترجمہ: اور جو اللہ اور اس کے رسول کی نافرمانی کرے اور اس کی کل حدوں سے بڑھ جائے اللہ اُسے آگ میں داخل کرے گا جس میں ہمیشہ رہے گا اور اس کے لئے خواری کا عذاب ہے۔

ضابطہ نمبر 3: جہاں عصیان یا ذنب کے الفاظ کے علاوہ نبی کی طرف ایسے کام کی نسبت ہو جو کفر، شرک یا گناہ ہو وہاں بھی جملہ شرطیہ کی صورت میں بفرضِ محال والی صورت ہی مراد ہو گی، یا وہ کلام بطریقِ تواضع ہو گا، یا وہاں خطاب مطلقاً سامعِ قرآن یا قاری قرآن یعنی امتِ محمدیہ سے ہو گا۔ آیات ملاحظہ کیجیے:

لَئِنۡ اَشۡرَکۡتَ لَیَحۡبَطَنَّ عَمَلُکَ وَلَتَکُوۡنَنَّ مِنَ الۡخٰسِرِیۡنَ ﴿۶۵﴾ (پ24، الزمر:65)

ترجمہ: اے سننے والے اگر تو نے اللہ کا شریک کیا تو ضرور تیرا سب کیا دھرا اکارت جائے گا اور ضرور تو ہار میں رہے گا۔

وَلَئِنِ اتَّبَعۡتَ اَہۡوَآءَہُمۡ بَعۡدَ الَّذِیۡ جَآءَکَ مِنَ الۡعِلۡمِ ۙ مَا لَکَ مِنَ اللّٰہِ مِنۡ وَّلِیٍّ وَّلَا نَصِیۡرٍ ﴿۱۲۰﴾ (پ1، البقرۃ:120)

ترجمہ: اور (اے سننے والے کسے باشد) اگر تو ان کی خواہشوں کا پیرو ہوا بعد اس کے کہ تجھے علم آچکا تو اللہ سے تیرا کوئی بچانے والا نہ ہو گا اور نہ مددگار۔

اَلۡحَقُّ مِنۡ رَّبِّکَ فَلَا تَکُوۡنَنَّ مِنَ الۡمُمۡتَرِیۡنَ ﴿۱۴۷﴾ (پ2، البقرۃ:147)

ترجمہ: (اے سننے والے) یہ حق ہے تیرے رب کی طرف سے (یا حق وہی ہے جو تیرے رب کی طرف سے ہو) تو خبردار تو شک نہ کرنا۔

وَاِنۡ تُطِعۡ اَكۡثَرَ مَنۡ فِى الۡاَرۡضِ يُضِلُّوۡكَ عَنۡ سَبِيۡلِ اللّٰهِ‌ؕ اِنۡ يَّتَّبِعُوۡنَ اِلَّا الظَّنَّ وَاِنۡ هُمۡ اِلَّا يَخۡرُصُوۡنَ ۝۱۱۶ (پ8، الانعام:116)	ترجمہ: اور اے سننے والے زمین میں اکثر وہ ہیں کہ تو ان کے کہے پر چلے تو تجھے اللہ کی راہ سے بہکادیں وہ صرف گمان کے پیچھے ہیں اور نری اٹکلیں (فضول اندازے) دوڑاتے ہیں۔
فَاِنۡ كُنۡتَ فِىۡ شَكٍّ مِّمَّاۤ اَنۡزَلۡنَاۤ اِلَيۡكَ فَسۡـَٔلِ الَّذِيۡنَ يَقۡرَءُوۡنَ الۡكِتٰبَ مِنۡ قَبۡلِكَ‌ۚ (پ11، یونس:94)	ترجمہ: اور اے سننے والے اگر تجھے کچھ شبہ ہو اس میں جو ہم نے تیری طرف اتارا تو ان سے پوچھ دیکھ جو تجھ سے پہلے کتاب پڑھنے والے ہیں۔
لَا تَجۡعَلۡ مَعَ اللّٰهِ اِلٰهًا اٰخَرَ فَتَقۡعُدَ مَذۡمُوۡمًا مَّخۡذُوۡلًا ۝۲۲ (پ15، بنی اسرائیل:22)	ترجمہ: اے سننے والے اللہ کے ساتھ دوسرا خدا نہ ٹھہرا کہ تُو بیٹھ رہے گا مذمت کیا جاتا بیکس۔
قَالَا رَبَّنَا ظَلَمۡنَاۤ اَنۡفُسَنَا وَاِنۡ لَّمۡ تَغۡفِرۡ لَنَا وَتَرۡحَمۡنَا لَنَكُوۡنَنَّ مِنَ الۡخٰسِرِيۡنَ ۝۲۳ (پ8، الاعراف:23)	ترجمہ: دونوں نے عرض کی اے رب ہمارے ہم نے اپنا آپ برا کیا تو اگر تُو ہمیں نہ بخشے اور ہم پر رحم نہ کرے تو ہم ضرور نقصان والوں میں ہوئے۔
قَالَ رَبِّ اِنِّىۡ ظَلَمۡتُ نَفۡسِىۡ فَاغۡفِرۡ لِىۡ فَغَفَرَ لَهٗ‌ؕ اِنَّهٗ هُوَ الۡغَفُوۡرُ الرَّحِيۡمُ ۝۱۶ (پ20، القصص:16)	ترجمہ: عرض کی اے میرے رب میں نے اپنی جان پر زیادتی کی تو مجھے بخش دے تو رب نے اُسے بخش دیا بے شک وہی بخشنے والا مہربان ہے۔

وَ ذَا النُّوْنِ اِذْ ذَّهَبَ مُغَاضِبًا فَظَنَّ اَنْ لَّنْ نَّقْدِرَ عَلَيْهِ فَنَادٰى فِي الظُّلُمٰتِ اَنْ لَّاۤ اِلٰهَ اِلَّاۤ اَنْتَ سُبْحٰنَكَ ۗ اِنِّیْ كُنْتُ مِنَ الظّٰلِمِیْنَ ﴿۸۷﴾ (پ17، الانبیاء:87)

ترجمہ: اور ذوالنون کو (یاد کرو) جب چلا غصہ میں بھرا تو گمان کیا کہ ہم اس پر تنگی نہ کریں گے تو اندھیریوں میں پکارا کوئی معبود نہیں سوا تیرے پاکی ہے تجھ کو بے شک مجھ سے بے جا ہوا۔

لِیَغْفِرَ لَكَ اللّٰهُ مَا تَقَدَّمَ مِنْ ذَنْۢبِكَ وَ مَا تَاَخَّرَ (پ26، الفتح:2)

ترجمہ: تاکہ اللہ تمہارے سبب سے گناہ بخشے تمہارے اگلوں کے اور تمہارے پچھلوں کے۔

وَ اسْتَغْفِرْ لِذَنْۢبِكَ (پ24، مؤمن:55)

ترجمہ: اور اپنوں کے گناہوں کی معافی چاہو۔

فَاعْلَمْ اَنَّهٗ لَاۤ اِلٰهَ اِلَّا اللّٰهُ وَ اسْتَغْفِرْ لِذَنْۢبِكَ وَ لِلْمُؤْمِنِیْنَ وَ الْمُؤْمِنٰتِ ؕ (پ26، محمد:19)

ترجمہ: توجان لو کہ اللہ کے سوا کسی کی بندگی نہیں اور اے محبوب اپنے خاصوں اور عام مسلمان مردوں اور عورتوں کے گناہوں کی معافی مانگو۔

ضابطہ نمبر 4: لفظ ضلال کی نسبت کسی غیر نبی کی طرف ہو تو اس کا معنیٰ گمراہی ہوگا خواہ کفر ہو یا شرک یا کسی بھی درجہ کی گمراہی۔ آیات ملاحظہ کیجیے:

مَنْ یُّضْلِلِ اللّٰهُ فَلَا هَادِیَ لَهٗ ؕ (پ9، الاعراف:186)

ترجمہ: جسے اللہ گمراہ کرے اسے کوئی راہ دکھانے والا نہیں۔

وَ مَنْ یُّضْلِلْ فَلَنْ تَجِدَ لَهٗ وَلِیًّا مُّرْشِدًا ﴿۱۷﴾ (پ15، الکہف:17)

ترجمہ: اور جسے گمراہ کرے تو ہرگز اس کا کوئی حمایتی راہ دکھانے والا نہ پاؤ گے۔

ضابطہ نمبر 5: اگر لفظ ضلال کی نسبت کسی نبی کی طرف ہو تو اس کے معنیٰ "وارفتہ محبت" یا "راہ سے ناواقف" ہوں گے ایسی کسی آیت کا ترجمہ گمراہی نہیں کیا جاسکتا کیونکہ نبی ایک لمحہ کے لیے بھی گمراہ نہیں ہوتا۔ آیات ملاحظہ کیجیے:

وَوَجَدَكَ ضَآلًّا فَهَدٰى ۝ (پ30، الضحیٰ:7)
ترجمہ: اور تمہیں اپنی محبّت میں خود رفتہ پایا تو اپنی طرف راہ دی۔

قَالُوْا تَاللّٰهِ اِنَّكَ لَفِیْ ضَلٰلِكَ الْقَدِیْمِ ۝ (پ13، یوسف:95)
ترجمہ: بیٹے بولے خدا کی قسم آپ اپنی اسی پرانی خودرفتگی (محبت) میں ہیں۔

قَالَ فَعَلْتُهَاۤ اِذًا وَّ اَنَا مِنَ الضَّآلِّیْنَ ۝ (پ19، الشعراء:20)
ترجمہ: موسیٰ نے فرمایا میں نے وہ کام کیا جبکہ مجھے راہ کی خبر نہ تھی۔

مَا ضَلَّ صَاحِبُكُمْ وَمَا غَوٰى ۝ (پ27، النجم:2)
ترجمہ: تمہارے صاحب نہ بہکے نہ بے راہ چلے۔

شبہات اور ان کی توضیحات

انبیائے کرام کی عصمت سے متعلق کچھ شبہات لوگوں کے ذہن میں پیدا ہوتے ہیں یا منکرینِ عصمت لوگوں کے دلوں میں پیدا کرنے کی کوشش کرتے ہیں، ذیل میں ایسے کچھ شبہات اور ان کے جوابات ملاحظہ کیجیے:

1-شبہ: قرآن میں حضرت موسیٰ علیہ السّلام کے قبطی کو مارنے کا ذکر ہے جو ظلم ہے اور حضرت موسیٰ علیہ السّلام نے اس کا اقرار کر کے دعائے مغفرت بھی کی تھی۔ یہ ظلم منافیٔ عصمت ہے۔

توضیح: قومِ فرعون جو قبطی کہلاتی تھی اس کا ایک شخص کسی اسرائیلی پر جبر کر رہا تھا کہ لکڑیوں

کا انبار لاد کر فرعون کے باورچی خانے میں لے جائے، حضرتِ موسیٰ علیہ السلام نے پہلے قبطی کو سمجھایا کہ اسرائیلی پر ظلم نہ کر، اس کو چھوڑ دے لیکن وہ باز نہ آیا اور بدزبانی کرنے لگا تو حضرت موسیٰ علیہ السّلام نے اس کو ظلم سے روکنے کے لیے گھونسا مارا جس سے وہ مر گیا اور آپ نے اسے دفن کر دیا، آپ کا ارادہ قتل کرنے کا ہر گز نہیں تھا، بلکہ ظلم کو دور کرنے اور مظلوم کی مدد کرنے کا تھا جو کسی بھی مذہب میں گناہ نہیں ہے، اس کے باوجود حضرت موسیٰ علیہ السّلام کا اپنی جانب ظلم کی نسبت کرنا اور دعائے مغفرت کرنا مقربین کے طریقے کے مطابق بطریقِ تواضع تھا۔[1]

2-شبہ: اگر انبیا لغزش سے بھی محفوظ ہیں تو انہیں عتاب کیوں ہوا؟

توضیح: انبیائے کرام علیہمُ السّلام کو خاص حکمتوں کے پیشِ نظر عتاب کیا گیا جنہیں وہ خود جانتے ہیں یا پھر اللہ پاک جانتا ہے، نیز یہ عتاب ایسے نہیں تھے جن سے ان کے مقام و مرتبے کی کمی کا گمان ہو بلکہ یہ عتاب کمالِ قرب اور محبوبیت کی بنا پر محبت آمیز خطاب کی صورت میں تھے، مثلاً

یٰۤاَیُّهَا النَّبِیُّ لِمَ تُحَرِّمُ مَاۤ اَحَلَّ اللّٰهُ لَكَۚ تَبْتَغِیْ مَرْضَاتَ اَزْوَاجِكَؕ وَ اللّٰهُ غَفُوْرٌ رَّحِیْمٌ(۱) (پ28، التحریم:1)	ترجمہ: اے غیب بتانے والے (نبی) تم اپنے اوپر کیوں حرام کئے لیتے ہو وہ چیز جو اللہ نے تمہارے لیے حلال کی اپنی بیبیوں کی مرضی چاہتے ہو اور اللہ بخشنے والا مہربان ہے۔

یہ آیت حضور اکرم صلی اللہ علیہ واٰلہٖ وسلم کے عتاب کی دلیل کے طور پر ذکر کی جاتی ہے۔ اس آیت کے ابتدائی حصے پر غور کیجیے کہ کتنا محبت آمیز خطاب ہے! حضور سیّدِ عالم کو

(1) تفسیرِ خازن، پ20، القصص، تحت الآیۃ:15، 3/427۔

صفتِ نبوت سے مخاطب کیا گیا ہے جو قربِ الٰہی، محبوبیتِ ایزدی، کمالِ عبدیت اور صدیقیت و صالحیت کا انتہائی اعلیٰ درجہ ہے۔ اگر محض سرزنش یا عتاب ہی مقصود ہوتا تو اتنے خوبصورت کلمات سے آغاز نہ ہوتا۔ معلوم ہوا کہ یہ آیت محض سرزنش یا عتاب نہیں بلکہ یہاں نبی کریم صلی اللہ علیہ واٰلہٖ وسلم کی کمالِ محبوبیت کا اظہار مقصود ہے، کیونکہ محبوب کا محض کسی کی خاطر اپنی محبوب چیز چھوڑ دینا محب کو گوارا نہیں ہوتا، اسی لیے اللہ پاک نے فرمایا کہ اے مسندِ نبوت کو زیب دینے والے محبوب! آپ کی جو محبوب چیز ہم نے آپ کے لیے حلال فرمائی ہے آپ کو کیا ضرورت ہے کہ آپ اس کو حرام فرمالیں! یعنی اپنی پسندیدہ چیز کو خود پر حرام کرلینے سے آپ کو جو تکلیف ہو سکتی ہے وہ ہمیں گوارا نہیں۔[1]

3- شبہ: حضور صلی اللہ علیہ واٰلہٖ وسلم نے اصحابِ بئرِ معونہ[2] کے قاتلین مشرکین کے لیے دعائے ضرر فرمائی تو اللہ پاک نے یہ آیت نازل فرما کر روک دیا:

لَیْسَ لَكَ مِنَ الْاَمْرِ شَیْءٌ اَوْ یَتُوْبَ عَلَیْهِمْ اَوْ یُعَذِّبَهُمْ فَاِنَّهُمْ ظٰلِمُوْنَ ﴿۱۲۸﴾ (پ4، اٰلِ عمرٰن:128)	ترجمہ: یہ بات تمہارے ہاتھ نہیں یا انہیں توبہ کی توفیق دے یا اُن پر عذاب کرے کہ وہ ظالم ہیں۔

اگر یہ فعل وحی سے تھا تو روکا کیوں گیا؟ اور اگر وحی سے نہیں تھا تو پھر عصمت کے خلاف ہوگا اور اس فرمانِ الٰہی کے منافی ہوگا:

---

1. مقالاتِ کاظمی، 1/302 تا 304 ملخصاً۔
2. بئرِ معونہ مکہ مکرمہ اور مقام عسفان کے درمیان ہے جہاں بنو ہزیل رہتے تھے، ہجرت کے چوتھے سال ماہِ صفر میں حضور اکرم صلی اللہ علیہ واٰلہٖ وسلم نے ستر قراء صحابۂ کرام کو یہاں دینی تعلیم دینے بھیجا، عامر بن طفیل نے انہیں دھوکے سے شہید کر دیا۔
(تفسیرِ صاوی، پ4، اٰلِ عمرٰن، تحت الآیۃ:128، 1/311)

وَمَا يَنْطِقُ عَنِ الْهَوٰى ۝ اِنْ هُوَ اِلَّا وَحْيٌ يُّوْحٰى ۝ (پ27، النجم:3-4)

ترجمہ: اور وہ کوئی بات اپنی خواہش سے نہیں کرتے وہ تو نہیں مگر وحی جو اُنہیں کی جاتی ہے۔

توضیح: حضور صلی اللہ علیہ واٰلہٖ وسلم سے جو کچھ صادر ہوا وہ آپ کے منصبِ رفیع کے لحاظ سے خلافِ اولیٰ تھا اور کلامِ الٰہی میں جو نہی ہے وہ افضل کو اختیار کرنے کی راہ نمائی کے قبیل سے ہے، نیز اس قسم کے افعال کا خواہشِ نفس سے کوئی تعلق نہیں ہوتا کیونکہ نبی کے لیے اس بات کی اجازت ہوتی ہے کہ وہ اپنے ذاتی اجتہاد پر عمل فرمائیں۔ یہ بھی ہو سکتا ہے کہ حضور صلی اللہ علیہ واٰلہٖ وسلم کا یہ فعل بعینہٖ وحی سے ہو اور بعد میں یہ نہی سابقہ اجازت کی ناسخ ہو، بہر حال یہ کسی طرح عصمتِ نبوت کے منافی نہیں۔[1] راجح یہی آخری بات ہے کہ ایک مہینے تک رسول اللہ صلی اللہ علیہ واٰلہٖ وسلم کا دعائے ضرر فرماتے رہنا حکمتِ الٰہی اور وحی کے عین مطابق ایک امرِ تعبدی[2] تھا اور جب علمِ الٰہی میں زمانۂ تعبد ختم ہو گیا تو آیت نازل فرما کر یہ حکم منسوخ کر دیا۔[3]

---

1. روح المعانی، پ4، اٰلِ عمرٰن، تحت الآیۃ:128، 3/363۔
2. امرِ تعبدی وہ امر ہے جس کا ہمیں مکلف کیا گیا ہو اور غیر معقول المعنیٰ ہو، مثلاً وضو میں ایسے اعضاء کا دھونا جن پر نجاست ہی نہیں لگی ہو۔(عنایہ، 1/34) یا وہ امر جس کی حکمت معلوم نہ ہو، مثلاً نماز کی رکعتوں کی تعداد، صفا و مروہ کی سعی اور افعال حج وغیرہ۔
(طحطاوی علی مراقی الفلاح، 1/229- فتاویٰ رضویہ، 22/401)
3. مقالاتِ کاظمی، 1/311 ملخصاً۔

مشق

1- فصل کی تمہید کو بغور پڑھیے اور عصمت انبیا کی حکمت بیان کیجیے۔
2- عصمت کا لغوی و اصطلاحی معنیٰ بتایئے اور عصمت انبیا کا مطلب واضح کیجیے۔
3- عصمت انبیا کی کتنی اور کون کونسی صورتیں ہیں؟
4- مختلف مواقع پر انبیا سے لغزش کا صدور ہوا، اس پر وضاحت دیجیے۔
5- انبیا کی طرف ذنب کی نسبت سے متعلق کوئی پانچ تاویلات تحریر کیجیے۔
6- نبی و غیر نبی کی طرف ذنب کی نسبت سے متعلق ضابطہ بیان کیجیے۔
7- انبیا کی طرف کفر و شرک کی نسبت ہو تو اس کا درست مفہوم کیا ہو گا؟
8- نبی یا غیر نبی کی طرف ضلال کی نسبت ہو تو اس کے ترجمہ کا اصول ذکر کیجیے۔
9- عصمت انبیا پر ذکر کیے گئے تینوں شبہات کی توضیحات کا خلاصہ بیان کیجیے۔
10- عصمت انبیا سے متعلق کوئی ایک شبہ سوچ کر یا تلاش کر اس کی توضیح لکھیے۔

چوتھی فصل: معجزات

اس کائنات رنگ و بو میں ہر چیز کے پیچھے کوئی نہ کوئی سبب کار فرما ہے جو نظام عالم کو نقطے سے وسیع مفہوم تک سمجھنے، اس کے پوشیدہ رازوں کو کھوجنے اور تدبر و تفکر کے قرآنی حکم پر عمل کرنے میں کلیدی کردار ادا کرتا ہے۔ پھولوں کا کھلنا، موسموں کا بدلنا اور بارش کا برسنا کسی نہ کسی سبب و تاثیر کی وجہ سے ہی ہوتا ہے، اسی کو امر عادی یا تحت الاسباب جیسی اصطلاحات سے تعبیر کیا جاتا ہے۔ یہ اسباب و تاثیرات اکثر معلوم ہوتے ہیں اور نامعلوم اسباب کی وجوہات کو تلاش کرنا ہی تحقیق کہلاتا ہے۔

اگر کوئی چیز اپنے معروف اثر کے خلاف ظاہر ہو یا اپنے عام سبب کے بغیر کسی دوسرے ذریعے سے وجود پزیر ہو جائے تو اسے "خرقِ عادت" یا "فوق الاسباب" جیسی اصطلاحات سے تعبیر کیا جاتا ہے۔ البتہ یہ بات ذہن نشین رہنی چاہیے کہ کسی چیز کے وجود کا سبب اس کے لیے علتِ تامہ نہیں ہوتا بلکہ کسی شے کا سبب بننا صرف ہمارے فہم کے اعتبار سے ہوتا ہے، یعنی ہم نے بارہا سبب کے بعد مسبب کا وجود ملاحظہ کیا ہوتا ہے تو ہم دونوں کے درمیان سببیت کا تعلق سمجھ لیتے ہیں، حالانکہ یہ بھی ممکن ہے کہ جس پروردگار عالم نے اسباب کو مقرر فرمایا ہے وہ کبھی ان اسباب کے بغیر بھی مسبب ظاہر فرمادے اور اگر وہ چاہے تو سبب کی تاثیر کو ہی ختم کر دے اور سبب کے باوجود مسبب ظاہر نہ ہو۔

اللہ پاک اپنے پیارے نبیوں کو دعویٔ نبوت کی سچائی ثابت کرنے کے لیے اور اولیائے کرام کو بطورِ اکرام خرقِ عادت ظاہر کرنے کی قدرت عطا فرما کر انہیں عام بندوں سے ممتاز فرماتا ہے۔ انبیائے کرام اور اولیائے عظام کے یہ امور اللہ پاک کے ارادہ و مشیت کے مطابق اور اس کے اذن سے ہی ہوتے ہیں۔ ذیل میں کچھ ایسی آیات ذکر کی جارہی ہیں جن میں انبیا و اولیا کے خوارقِ عادت امور کا ذکر ہے۔ ملاحظہ کیجیے:

اَنِّیْ قَدْ جِئْتُكُمْ بِاٰیَةٍ مِّنْ رَّبِّكُمْ ۙ اَنِّیْۤ اَخْلُقُ لَكُمْ مِّنَ الطِّیْنِ كَهَیْـَٔةِ الطَّیْرِ فَاَنْفُخُ فِیْهِ فَیَكُوْنُ طَیْرًۢا بِاِذْنِ اللّٰهِ ۚ وَ اُبْرِئُ الْاَكْمَهَ وَ الْاَبْرَصَ وَ اُحْیِ الْمَوْتٰى بِاِذْنِ اللّٰهِ ۚ (پ3، اٰلِ عمرٰن:49)

ترجمہ: میں تمہارے پاس ایک نشانی لایا ہوں تمہارے رب کی طرف سے کہ میں تمہارے لیے مٹی سے پرند کی سی مورت بناتا ہوں پھر اس میں پھونک مارتا ہوں تو وہ فوراً پرند ہو جاتی ہے اللہ کے حکم سے اور میں شفا دیتا ہوں مادر زاد اندھے اور سپید (سفید) داغ والے کو اور میں مُردے جلاتا (زندہ کرتا) ہوں اللہ کے حکم سے۔

قَدْ جَآءَتْكُمْ بَیِّنَةٌ مِّنْ رَّبِّكُمْ هٰذِهٖ نَاقَةُ اللّٰهِ لَكُمْ اٰیَةً (پ8، الاعراف:73)

ترجمہ: بے شک تمہارے پاس تمہارے رب کی طرف سے روشن دلیل آئی یہ اللہ کا ناقہ ہے تمہارے لئے نشانی۔

قَالَ اَلْقِهَا یٰمُوْسٰى ﴿۱۹﴾ فَاَلْقٰىهَا فَاِذَا هِیَ حَیَّةٌ تَسْعٰى ﴿۲۰﴾ (پ16، طٰہٰ:19-20)

ترجمہ: فرمایا اسے ڈال دے اے موسیٰ تو موسیٰ نے اسے ڈال دیا تو جبھی وہ دوڑتا ہوا سانپ ہو گیا۔

وَ اضْمُمْ یَدَكَ اِلٰى جَنَاحِكَ تَخْرُجْ بَیْضَآءَ مِنْ غَیْرِ سُوْٓءٍ اٰیَةً اُخْرٰىۙ ﴿۲۲﴾ (پ16، طٰہٰ:22)

ترجمہ: اور اپنا ہاتھ اپنے بازو سے ملا خوب سپید نکلے گا بے کسی مرض کے ایک اور نشانی۔

اَنَا اٰتِیْكَ بِهٖ قَبْلَ اَنْ یَّرْتَدَّ اِلَیْكَ طَرْفُكَ ؕ فَلَمَّا رَاٰهُ مُسْتَقِرًّا عِنْدَهٗ قَالَ هٰذَا مِنْ فَضْلِ رَبِّیْ ۫ (پ19، النمل:40)

ترجمہ: میں اُسے حضور میں حاضر کر دوں گا ایک پل مارنے سے پہلے پھر جب سلیمان نے اس تخت کو اپنے پاس رکھا دیکھا کہا یہ میرے رب کے فضل سے ہے۔

كُلَّمَا دَخَلَ عَلَيْهَا زَكَرِيَّا الْمِحْرَابَ ۙ وَجَدَ عِنْدَهَا رِزْقًا ۚ (پ3، اٰلِ عمرٰن:37)

ترجمہ: جب زکریا اس کے پاس اس کی نماز پڑھنے کی جگہ جاتے اس کے پاس نیا رزق پاتے۔

وَلَبِثُوا فِي كَهْفِهِمْ ثَلٰثَ مِائَةٍ سِنِيْنَ وَازْدَادُوْا تِسْعًا ﴿۲۵﴾ (پ15، الکہف:25)

ترجمہ: اور وہ اپنے غار میں تین سو برس ٹھہرے نو اوپر۔

پہلی چار آیات میں انبیائے کرام علیہمُ السّلام کے درج ذیل چھ معجزات ذکر ہوئے ہیں:

- عصا کا سانپ بنا دینا
- مٹی سے پرندے کی تخلیق
- مبروص کو شفا دینا
- مردے زندہ کرنا
- مادرزاد اندھے کو بینا کرنا
- ہاتھ کا روشن ہو جانا

جبکہ دیگر تین آیات میں اولیائے کرام کی درج ذیل تین کرامات بیان ہوئی ہیں:

- بے موسم کے پھل ملنا
- مسلسل 309 سال سوئے رہنا
- سینکڑوں میل دور رکھا تخت لمحہ میں حاضر کرنا

انبیائے کرام اور اولیائے عظام کے ان کمالات سے معلوم ہوتا ہے کہ انہیں بارگاہِ الٰہی سے زبردست طاقت و قوت عطا کی جاتی ہے، ان قدسی نفوس زمینی ہستیوں کی ارواح عالمِ ملائکہ سے بھی بالاتر ہوتی ہیں، لباسِ بشری پہننے والے یہ لوگ باطن میں خدائی طاقتیں لیے ہوتے ہیں، فنافی اللہ کے مقام پر فائز ان ہستیوں کے اعضاء سے صادر ہونے والے افعال در حقیقت افعالِ الٰہیہ ہی ہوتے ہیں، جیسا کہ آیتِ مبارکہ ہے: ﴿ وَمَا رَمَيْتَ اِذْ رَمَيْتَ وَلٰكِنَّ اللّٰهَ رَمٰى ۚ ﴾ (1) ترجمہ: ”اے محبوب وہ خاک جو تم نے پھینکی تم نے نہ پھینکی تھی بلکہ اللہ نے پھینکی۔“ اور حدیثِ مبارک ہے:

(1) پ9، الانفال:17۔

كُنْتُ سَمْعَهُ الَّذِيْ يَسْمَعُ بِهٖ وَبَصَرَهُ الَّذِيْ يُبْصِرُ بِهٖ وَيَدَهُ الَّتِيْ يَبْطِشُ بِهَا ، وَرِجْلَهُ الَّتِيْ يَمْشِيْ بِهَا

یعنی میں اس کے کان بن جاتا ہوں جن سے وہ سنتا ہے، اس کی آنکھیں بن جاتا ہوں جن سے وہ دیکھتا ہے، اس کے ہاتھ بن جاتا ہوں جن سے وہ پکڑتا ہے اور اس کے پاؤں بن جاتا ہوں جن سے وہ چلتا ہے۔[1]

ذیل میں معجزہ و کرامت کی تعریف اور ان کے معنیٰ و مفہوم سے متعلق اہم کلام ذکر کیا جارہا ہے، ملاحظہ کیجیے:

معجزے کی لغوی تحقیق

"معجزہ" اعجاز سے مشتق ہے جس کا مادہ عجز ہے اور عجز انسان کے پچھلے حصے کو کہتے ہیں۔ پھر اس عجز سے کسی کام میں مؤخر رہنے کا مفہوم لے کر اس سے درماندگی اور کسی چیز کی کمی مراد لی جانے لگی اور اسی مفہوم کے مختلف معانی میں یہ مادہ قرآن پاک میں استعمال کیا گیا ہے، چند آیات ملاحظہ کیجیے:

قَالَ يٰوَيْلَتٰۤى اَعَجَزْتُ اَنْ اَكُوْنَ مِثْلَ هٰذَا الْغُرَابِ (پ6، المائدۃ:31)	ترجمہ: بولا ہائے خرابی میں اس کوّے جیسا بھی نہ ہو سکا۔
وَاعْلَمُوْۤا اَنَّكُمْ غَيْرُ مُعْجِزِي اللّٰهِ ۙ (پ10، التوبۃ:2)	ترجمہ: جان رکھو کہ تم اللہ کو تھکا نہیں سکتے۔
وَّاَنَّا ظَنَنَّاۤ اَنْ لَّنْ نُّعْجِزَ اللّٰهَ فِي الْاَرْضِ وَ	ترجمہ: اور یہ کہ ہم کو یقین ہوا کہ ہرگز زمین

[1] بخاری، 4/248، حدیث: 6502۔

لَنْ نُّعْجِزَهٗ هَرَبًا ﴿۱۲﴾ (پ29، الجن:12)	میں اللہ کے قابو سے نہ نکل سکیں گے اور نہ بھاگ کر اس کے قبضہ سے باہر ہوں۔
قَالَتْ يٰوَيْلَتٰۤى ءَاَلِدُ وَاَنَا عَجُوْزٌ (پ12، ہود:72)	ترجمہ: بولی ہائے خرابی کیا میرے بچہ ہو گا اور میں بوڑھی ہوں۔

ان آیات میں درماندگی اور کمی کا مفہوم واضح ہے۔ اہلِ عرب اپنے ارادے پر قادر نہ ہونے کو "عجز" کہتے ہیں اور اس کے مقابلہ میں لفظ "قدرت" استعمال کرتے ہیں۔[1] معجزہ کی وجہ تسمیہ بھی یہی ہے کہ خلقِ خدا اس کے مثل کام سے عاجز ہو جاتی ہے،[2] لہٰذا اس کو معجزہ یعنی عاجز کر دینے والی چیز کہا جاتا ہے۔

معجزہ کے قرآنی کلمات

قرآن پاک میں معجزات کے لیے درج ذیل تین کلمات مذکور ہوئے ہیں:

(1) آیات (2) بینات (3) برہان[3]

1- آیات: آیت کا معنٰی ہے "علامت" چونکہ معجزہ بھی نبی کی سچائی کی ایک علامت ہوتا ہے، اسی لیے معجزہ کو قرآن پاک میں آیت کہا گیا ہے، چند آیات ملاحظہ کیجیے:

قَالَ اِنْ كُنْتَ جِئْتَ بِاٰيَةٍ فَاْتِ بِهَاۤ اِنْ كُنْتَ مِنَ الصّٰدِقِيْنَ ﴿۱۰۶﴾ (پ9، الاعراف:106)	ترجمہ: بولا اگر تم کوئی نشانی لے کر آئے ہو تو لاؤ اگر سچے ہو۔
وَقَالَ الَّذِيْنَ لَا يَعْلَمُوْنَ لَوْلَا يُكَلِّمُنَا اللّٰهُ اَوْ تَاْتِيْنَاۤ اٰيَةٌ (پ1، البقرۃ:118)	ترجمہ: اور جاہل بولے اللہ ہم سے کیوں نہیں کلام کرتا یا ہمیں کوئی نشانی ملے۔
سَلْ بَنِيْۤ اِسْرَآءِيْلَ كَمْ اٰتَيْنٰهُمْ مِّنْ اٰيَةٍ بَيِّنَةٍ (پ2، البقرۃ:211)	ترجمہ: بنی اسرائیل سے پوچھو ہم نے کتنی روشن نشانیاں انہیں دیں۔

---

(1) مفردات الفاظ القرآن، ص 547 (2) الشفا، 1/252۔ (3) المواہب اللدنیہ، 2/194۔

2، 3- بینات اور برہان: بینہ اور برہان کا معنیٰ ہے "دلیل" چونکہ معجزہ بھی نبی کی سچائی کی دلیل ہوتا ہے، اسی لیے معجزہ کو قرآن پاک میں بینات اور برہان کہا گیا ہے، چند آیات ملاحظہ کیجیے:

وَ اٰتَیْنَا عِیْسَى ابْنَ مَرْیَمَ الْبَیِّنٰتِ (پ1، البقرۃ:87)
ترجمہ: اور ہم نے عیسیٰ بن مریم کو کھلی نشانیاں عطا فرمائیں۔

وَ لَقَدْ جَآءَكُمْ مُّوْسٰى بِالْبَیِّنٰتِ (پ1، البقرۃ:92)
ترجمہ: اور بے شک تمہارے پاس موسیٰ کھلی نشانیاں لے کر تشریف لایا۔

وَ لَوْ شَآءَ اللّٰهُ مَا اقْتَتَلَ الَّذِیْنَ مِنْۢ بَعْدِهِمْ مِّنْۢ بَعْدِ مَا جَآءَتْهُمُ الْبَیِّنٰتُ (پ3، البقرۃ:253)
ترجمہ: اور اللہ چاہتا تو ان کے بعد والے آپس میں نہ لڑتے بعد اس کے کہ ان کے پاس کھلی نشانیاں آچکیں۔

فَذٰنِكَ بُرْهَانٰنِ مِنْ رَّبِّكَ اِلٰى فِرْعَوْنَ وَ مَلَاۡئِهٖ (پ20، القصص:32)
ترجمہ: تو یہ دو حجتیں ہیں تیرے رب کی فرعون اور اس کے درباریوں کی طرف۔

معجزہ کی تعریف

وَهِيَ اَمْرٌ يَظْهَرُ بِخِلَافِ الْعَادَةِ عَلٰى يَدِ مُدَّعِي النُّبُوَّةِ عِنْدَ تَحَدِّي الْمُنْكِرِيْنَ عَلٰى وَجْهٍ يُعْجِزُ الْمُنْكِرِيْنَ عَنِ الْاِتْيَانِ بِمِثْلِهٖ۔ (1)

یعنی معجزہ وہ کام ہے جو منکرین کے مقابلہ میں نبوت کا دعوی کرنے والے سے یوں خلافِ عادت ظاہر ہوتا ہے کہ منکرین اس کی مثل لانے سے عاجز ہوتے ہیں۔

(1) شرح العقائد النسفیہ، ص298۔

خلافِ عادت یا خرقِ عادت سے مراد

عادت سے مراد عادتِ الٰہیہ ہے۔ عادت کا معنیٰ ہوتا ہے: "ہر وہ فعل جس کا صدور بار بار ہو، "اس کی نسبت صانع کی طرف ہوتی ہے، جیسے کھانے سے بھوک کا مٹنا اور پینے سے پیاس کا بجھنا وغیرہ کہ صانع نے یہی عادت مقرر فرمائی ہے۔ اگر اس عادت کے خلاف فعل صادر ہو تو اسے خرقِ عادت یا خلافِ عادت سے تعبیر کرتے ہیں، جیسے پیے بغیر پیاس بجھنا اور کھائے بغیر بھوک مٹنا۔ (1)

خوارقِ عادت کی مختلف صورتیں

خلافِ عادت امور کی وہ صورتیں جو معجزہ یا کرامت کے طور پر رونما ہو چکی ہیں، ان میں سے چند ملاحظہ کیجیے:

بغیر باپ کی پیدائش	بے آب وغذا زندہ رہنا	مردے زندہ کرنا
معراج	انگلیوں سے چشمے جاری ہونا	پتھر سے اونٹنی پیدا ہونا
طی زمان ومکان	حیوانات کا تابع فرمان ہونا	چاند کے دو ٹکڑے کر دینا
بے جان اشیاء کا کلمہ پڑھنا	دور دراز مقام کا مشاہدہ کرنا	کسی چیز کی اصل کو بدلنا
پانی پر چلنا	مختلف شکلیں اختیار کرنا (2)	

(1) النبراس، ص 271-المعجزات، ص 6۔

(2) خازن، پ 3، اٰلِ عمرٰن، تحت الآیۃ 59، 1/257- خازن، پ 8، الاعراف، تحت الآیۃ 173، 2/112- بخاری، 2/493، حدیث: 3573- بخاری، 2/579، حدیث: 3868- سنن دارمی، 1/22، حدیث: 16-طبقات الشافعیۃ الکبریٰ، 2/338 تا 344 ملتقطاً۔

خوارقِ عادت کی اقسام

خوارقِ عادت کی سات قسمیں ہیں:

1- معجزہ: جو خلافِ عادت چیز نبی سے اعلانِ نبوت کے بعد صادر ہو، اسے "معجزہ" کہتے ہیں۔

2- کرامت: جو خلافِ عادت چیز ولی سے صادر ہو، اسے "کرامت" کہتے ہیں۔

3- معونت: جو خلافِ عادت چیز عام مومنین سے صادر ہو، اسے "معونت" کہتے ہیں۔

4- ارہاص: جو خلافِ عادت چیز نبی سے قبلِ نبوت ظاہر ہو، اسے "اِرہاص" کہتے ہیں۔ اسے کرامت میں بھی شمار کیا جاتا ہے اور مجازاً "معجزہ" بھی کہہ دیا جاتا ہے۔

5- استدراج: جو خلافِ عادت چیز کافر یا فاسق سے اس کے موافق ظاہر ہو، اسے "اِستِدْرَاج" کہتے ہیں۔

6- اہانت: جو خلافِ عادت چیز کافر یا فاسق سے اسی کے ارادے کے خلاف ظاہر ہو، اسے "اِہانت" کہتے ہیں۔

7- سحر: جو خلافِ عادت چیز عملیات کے ذریعے شیاطین کی مدد سے ظاہر ہو، اسے "سحر" کہا جاتا ہے۔[1]

مدعیٔ نبوت والوہیت سے خرقِ عادت کا ظہور

جو شخص نبی نہ ہو اور نبوت کا دعویٰ کرے، وہ کوئی محالِ عادی اپنے دعوے کے مطابق ظاہر نہیں کر سکتا، ورنہ سچے اور جھوٹے میں فرق نہیں رہے گا۔[2] البتہ اگر کوئی الوہیت کا مدعی ہو تو اس سے خرقِ عادت کام اس کے موافق ظاہر ہو سکتا ہے، کیونکہ ظاہر حال، اس کا عالمِ حادث میں پیدا ہونا اور ضروریاتِ زندگی کے لیے محتاج ہونا وغیرہ وہ امور ہیں جو اس کے دعوے کی تکذیب کے لیے کافی ہیں۔[3]

---

(1) النبراس، ص 272۔ (2) شرح المقاصد، 3/279- النبراس، ص 272- المعتقد المنتقد، ص 218۔
(3) تمہید ابو شکور سالمی، ص 43- النبراس، ص 273۔

معجزات وکرامات کا انبیاو اولیا کے کسب واختیار میں ہونا

اللہ پاک قرآن مجید میں فرماتا ہے:

وَاللّٰهُ خَلَقَكُمْ وَمَا تَعْمَلُوْنَ ﴿۹۶﴾ ترجمہ: اور اللہ نے تمہیں پیدا کیا اور تمہارے اعمال کو۔ (پ23، الصّٰفّٰت:96)

ہر کام بطور تخلیق اللہ پاک کی طرف منسوب ہوتا ہے اور بطور کسب بندے کی طرف۔ [1] بعض لوگ انبیا و اولیا کو مجبور بندہ ثابت کرنے کی کوشش کرتے ہیں اور مشیت الٰہی کے سامنے ان کی حیثیت ایسی سمجھتے ہیں جیسے کاتب کے لیے قلم کی ہوتی ہے کہ جس طرح کتابت میں قلم کا کوئی کسب واختیار نہیں ہوتا اور وہ کاتب کی مرضی کے بغیر نہیں چل سکتا، اسی طرح انبیا و اولیا کا خرقِ عادت میں کوئی کسب واختیار نہیں ہوتا اور وہ مجبور ہوتے ہیں، حالانکہ یہ خیال اسلامی تعلیمات وشواہد کے بالکل خلاف ہے۔

درست نظریہ یہ ہے کہ امورِ عادیہ ہوں یا غیر عادیہ، بعض چیزوں میں بندے کے کسب واختیار کو دخل ہوتا ہے اور بعض میں نہیں ہوتا، مثلاً بندہ اپنے کسب واختیار سے آنکھ کھول سکتا ہے، لیکن بصارت اس کے کسب واختیار سے باہر ہے، یعنی وہ ایسا نہیں کرسکتا کہ آنکھ کھولنے کے بعد نہ دیکھے۔ بالکل اسی طرح وحی والہام کی کیفیات بھی کسب واختیار سے باہر ہوتی ہیں۔ جو معجزات وکرامات احوال وکیفیات سے متعلق ہیں ان میں نبی وولی کے کسب واختیار کا دخل نہیں ہوتا، جبکہ جن کا تعلق افعال سے ہے وہ ان کے کسب واختیار میں ہوتے ہیں۔ عام انسانوں کو امورِ عادیہ کا اور انبیا و اولیا کو خوارقِ عادت امور کا اختیار دیا جاتا ہے۔ [2]

---

[1] شرح العقائد النسفیہ، ص213۔

[2] فتاویٰ شارح بخاری، 1/561-احیاء العلوم، 4/240-روح البیان، پ 19، النمل، تحت الآیۃ: 40-6/351، شرح المواقف، 8/247۔

قلبِ حقیقت اور خرقِ عادت

وہ معجزات جن کا تعلق کسی چیز کی تبدیلی سے ہوتا ہے ان میں شے کی حقیقت ہی بدل جاتی ہے، ایسا نہیں ہوتا کہ شے اپنی سابقہ حقیقت پر برقرار رہے اور لوگوں کی نظروں میں دوسری شے ہو، مثلاً حضرت موسیٰ علیہ السّلام کا عصا صرف لوگوں کو ہی اژدہا نظر نہیں آرہا تھا بلکہ وہ حقیقۃً اژدہا بن گیا تھا۔ اس طرح قلبِ حقیقت ممکنات میں سے ہے کہ پہلی حقیقت فنا ہوجائے اور اللہ دوسری حقیقت پیدا فرمادے۔ پہلی حقیقت باقی رہتے ہوئے دوسری حقیقت پیدا ہونا محال ہے کہ اس سے اجتماعِ ضدین لازم آئے گا۔ البتہ سحر میں اصل شے بالکل بھی متغیر نہیں ہوتی، جیسا کہ فرعون کے جادوگروں کے بارے میں اللہ پاک نے فرمایا:

سَحَرُوْۤا اَعْیُنَ النَّاسِ وَ اسْتَرْهَبُوْهُمْ (پ9، الاعراف:116)

ترجمہ: لوگوں کی نگاہوں پر جادو کر دیا اور انہیں ڈرا دیا۔

ایک دوسرے مقام پر فرمایا:

فَاِذَا حِبَالُهُمْ وَ عِصِیُّهُمْ یُخَیَّلُ اِلَیْهِ مِنْ سِحْرِهِمْ اَنَّهَا تَسْعٰى ﴿۶۶﴾ (پ16، طٰہٰ:66)

ترجمہ: جبھی اُن کی رسیاں اور لاٹھیاں ان کے جادو کے زور سے ان کے خیال میں دوڑتی معلوم ہوئیں۔[1]

شبہات اور ان کی توضیحات

بعض مادہ پرست خرق عادت سے متعلق کچھ شبہات پیش کرتے ہیں، ذیل میں ایسے شبہات اور ان کی توضیحات ملاحظہ کیجیے:

[1] ملفوظات اعلیٰ حضرت، ص475-477ملتقطاً۔

1- شبہ: خرقِ عادت کا صدور فطرت کے منافی ہے، قرآن پاک میں ہے:

فِطْرَتَ اللّٰهِ الَّتِیْ فَطَرَ النَّاسَ عَلَیْهَا ؕ لَا تَبْدِیْلَ لِخَلْقِ اللّٰهِ ؕ (پ21، الروم:30)

ترجمہ: اللہ کی ڈالی ہوئی بِنا جس پر لوگوں کو پیدا کیا اللہ کی بنائی چیز نہ بدلنا۔

توضیح: اس آیت کا مفہوم صرف یہ ہے کہ اللہ پاک نے مخلوق کو اس عہد پر پیدا فرمایا ہے جو ﴿اَلَسْتُ بِرَبِّكُمْ ؕ﴾[1] ترجمہ: "کیا میں تمہارا رب نہیں۔" فرما کر لیا گیا تھا۔ اسی فطری ایمان اور دین پر قائم رہنے کا آیت میں حکم ہے اور اسے تبدیل کرنے کی ممانعت ہے، اگر آیت کے ماقبل اور مابعد کو دیکھا جائے تو بھی اس آیت کا درست مفہوم واضح ہو جائے گا، مکمل آیت ملاحظہ کیجیے:

فَاَقِمْ وَجْهَكَ لِلدِّیْنِ حَنِیْفًا ؕ فِطْرَتَ اللّٰهِ الَّتِیْ فَطَرَ النَّاسَ عَلَیْهَا ؕ لَا تَبْدِیْلَ لِخَلْقِ اللّٰهِ ؕ ذٰلِكَ الدِّیْنُ الْقَیِّمُ ۙ وَ لٰكِنَّ اَكْثَرَ النَّاسِ لَا یَعْلَمُوْنَ ۟ۙ (پ21، الروم:30)

ترجمہ: تو اپنا منہ سیدھا کرو اللہ کی اطاعت کے لیے ایک اکیلے اسی کے ہو کر اللہ کی ڈالی ہوئی بِنا جس پر لوگوں کو پیدا کیا اللہ کی بنائی چیز نہ بدلنا یہی سیدھا دین ہے مگر بہت لوگ نہیں جانتے۔

دینِ حنیف اور دینِ قیم کا ذکر کرنا اسی طرف اشارہ کرتا ہے کہ یہاں فطرت سے مراد دینِ اسلام ہے۔ انسان اگرچہ اپنے اختیار سے یہودی یا مجوسی بن جائے لیکن اس کے باطن میں دینِ حق کا جوہر باقی رہتا ہے اور یہ صلاحیت کبھی تبدیل نہیں ہوتی،[2] لہٰذا یہ آیت خرقِ عادت کے منافی نہیں ہے، اگر یہاں خرقِ عادت کی نفی مراد ہو تو جن آیات میں خوارقِ

---

1. پ9، الاعراف:172۔
2. تفسیر نسفی، پ 21، الروم، تحت الآیۃ:30، ص 908 ماخوذاً - تفسیرِ خازن، پ 21، الروم، تحت الآیۃ:30، 3/463 ماخوذاً۔

عادت کا ذکر ہے ان سے تضاد لازم آئے گا۔

2-شبہ: ایک آیت میں اس جانب اشارہ ہے کہ نبی کو معجزہ پر قدرت ہی نہیں ہوتی، آیت ملاحظہ کیجیے:

وَ مَا كَانَ لِرَسُوْلٍ اَنْ یَّاْتِیَ بِاٰیَةٍ اِلَّا بِاِذْنِ اللّٰهِؕ لِكُلِّ اَجَلٍ كِتَابٌ۝۳۸ (پ13، الرعد:38)

ترجمہ: اور کسی رسول کا کام نہیں کہ کوئی نشانی لے آئے مگر اللہ کے حکم سے ہر وعدہ کی ایک لکھت (تحریر) ہے۔

توضیح: اس آیت میں نشانی سے مراد کفار کے فرمائشی معجزات ہیں، آیت کا مطلب یہ ہوا کہ میں اللہ کی اجازت کے بغیر تمہارے فرمائشی معجزات ظاہر نہیں کر سکتا، یہ نہیں فرمایا گیا کہ اللہ کی دی ہوئی قدرت وطاقت سے بھی معجزات ظاہر نہیں کر سکتا۔ یہ بات یاد رکھیے کہ اللہ پاک جب معجزات پر قدرت عطا فرماتا ہے تو وہ اللہ کا اذن ہی ہوتا ہے، معجزات کے لیے اللہ پاک کا یہی مطلق اذن کافی ہوتا ہے، ہر مرتبہ جدید اذن لینے کی حاجت نہیں ہوتی۔ انبیائے کرام علیہمُ السّلام کے تمام معجزات اللہ کی اجازت سے ہی ہوتے ہیں۔[1]

معجزہ وکرامت کے انکار کا حکم

کراماتِ اولیا کا انکار گمراہی ہے۔[2] جبکہ معجزات کا مطلقاً انکار کرنا کفرِ صریح ہے اور ایسا شخص کافر، ملحد اور زندیق ہے، کیونکہ انبیائے کِرام کے بیسیوں معجزات قرآن مجید میں صراحۃً موجود ہیں، مثلاً چاند شق ہونا، ایرانیوں کا مغلوب ہونا، حضرت موسیٰ علیہ السّلام کے نو معجزات، حضرت عیسیٰ علیہ السّلام کا مردے جِلانا، مبروص اور مادرزاد اندھے کو شفا دینا وغیرہ۔[3] نیز جو

(1) تفسیرِ خازن، پ13، الرعد، تحت الآیۃ:38، 3/ 69 ماخوذاً۔ (2) فتاویٰ رضویہ، 14/ 324۔
(3) فتاویٰ رضویہ، 14/ 323 ماخوذاً- فتاویٰ شارح بخاری، 1/ 572۔

معجزہ دلیل قطعی سے ثابت ہو جیسے ”معراج کی رات میں حضور صلی اللہ علیہ والہٖ وسلم کا مسجد حرام سے مسجد اقصیٰ تک کی سیر فرمانا۔“ اس پر ایمان لانا فرض اور اس کا انکار کرنے والا کافر ہے۔ اسی طرح جو معجزہ احادیثِ مشہورہ سے ثابت ہو جیسے ”حضور کا معراج کی رات آسمانوں کی سیر فرمانا۔“ اس کا ماننا لازم و ضروری ہے اور اس کا منکر گمراہ بد مذہب ہے۔[1]

مشق

1- فصل کی تمہید کو بغور پڑھیے اور نکات کی صورت میں خلاصہ لکھیے۔

2- معجزہ کا لغوی و اصطلاحی معنیٰ بیان کیجیے۔

3- معجزہ و کرامت کے انکار کا حکم بیان کیجیے۔

4- خرق عادت کا معنیٰ، صورتیں اور اقسام بیان کیجیے۔

5- معجزے اور جادو میں فرق بتائیے۔

6- شبہات کی توضیحات کا خلاصہ لکھیے۔

7- قرآن پاک میں معجزے کے لیے کتنے اور کون کون سے کلمات آئے ہیں؟

8- نظام کائنات کے تناظر میں منکرین معجزہ کا رد کیجیے۔

9- مدعی نبوت سے خارق عادت کام صادر نہیں ہو سکتا، مدعی الوہیت سے ہو سکتا ہے، وجہ بتائیے۔

10- کیا انبیائے کِرام اور اولیائے عظام خارق عادت کام کے صدور میں مجبور محض ہیں؟ تفصیلاً لکھیے۔

(1) اشعۃ اللمعات، 4/550- تفسیرات احمدیہ، ص 503- ہدایۃ المرید، 2/854۔

پانچویں فصل: شفاعت

اللہ پاک کی تمام مخلوق؛ نبی ہوں یا امتی، بادشاہ ہوں یا فقیر، انسان ہوں یا فرشتے اس کی بارگاہ میں بندگی کے اعتبار سے یکساں نسبت رکھتے ہیں، کسی کو کسی بھی لحاظ سے اللہ تعالیٰ کے ملک و اقتدار میں شراکت حاصل نہیں، ارادہ و اختیار میں مزاحمت کی قدرت نہیں اور حکم و فعل میں تابِ مقابلہ نہیں، اس کا نہ کوئی شریک ہے نہ ہمسر، نہ مددگار ہے نہ کارساز۔ اسے کسی وزیر کی امداد یا کسی مددگار کے تعاون کی حاجت نہیں، کسی کی خوشنودی سے اس کی مملکت کی رونق میں اضافہ نہیں ہوتا اور نہ ہی کسی کی ناراضگی سے اس کے کارخانۂ حکمت میں خلل پیدا ہوتا ہے۔

البتہ اس نے اپنی مخلوق کو مختلف مراتب مقدر فرما کر پیدا کیا ہے، کسی کو بارگاہِ قدس کا مقرب بنایا ہے، تو کسی کو مردود، ذلیل اور گمراہ کیا ہے، اور ان دو قسموں میں بھی مختلف مراتب اور کئی درجات رکھے ہیں؛ اسی نے مقربینِ بارگاہ کو ان کے درجات کے مطابق مقام کا شفیع بنایا ہے اور وہی ان کی شفاعت قبول فرما کر اس عزت افزائی کے ذریعے انہیں مخلوق میں ممتاز فرمانے والا ہے۔[1]

شفاعت کا لغوی معنیٰ و مفہوم

اَلشَّفَاعَةُ الِانْضِمَامُ اِلٰی آخَرَ نَاصِرًا لَہٗ وَ سَائِلًا عَنْہُ وَ اَكْثَرُ مَا يُسْتَعْمَلُ فِي انْضِمَامِ مَنْ هُوَ اَعْلٰى حُرْمَةً وَ مَرْتَبَةً اِلٰى مَنْ هُوَ اَدْنٰى۔[2]

یعنی کسی کا مددگار اور درخواست گزار ہوتے ہوئے اس کے ساتھ مل جانا شفاعت ہے۔ عام طور پر مقام و مرتبہ میں بلند شخص کے کم درجہ شخص کے ساتھ ملنے کے معنیٰ میں اس کا استعمال کیا جاتا ہے۔

(1) تحقیق الفتویٰ (مترجم)، ص 76 تا 77۔ (2) مفردات الفاظ القرآن، ص 457۔

شفاعت کی اصطلاحی تعریف

هِيَ سُؤَالُ فِعْلِ الْخَيْرِ وَتَرْكِ الضَّرَرِ عَنِ الْغَيْرِ لِأَجْلِ الْغَيْرِ عَلٰى سَبِيْلِ الضَّرَاعَةِ۔

یعنی کسی سے عاجزی کے طور پر کسی اور کے لیے بھلائی پہنچانے اور ضرر سے بچانے کا سوال کرنا۔ [1]

شفاعت کی اقسام

بنیادی طور پر شفاعت کی دو قسمیں ہیں:

(1) شفاعتِ دنیوی (2) شفاعتِ اُخْرَوی

(1) شفاعتِ دنیوی:

دنیا میں کسی سے کسی کی شفاعت کرنا۔ اسے عرف عام میں "سفارش" کرنا کہتے ہیں۔

قرآن پاک میں شفاعتِ دنیوی کی دو قسمیں بیان کی گئیں ہیں:

1- شفاعتِ حسنہ 2- شفاعتِ سیئہ

اللہ پاک فرماتا ہے:

مَنْ يَّشْفَعْ شَفَاعَةً حَسَنَةً يَّكُنْ لَّهٗ نَصِيْبٌ مِّنْهَا ۚ وَ مَنْ يَّشْفَعْ شَفَاعَةً سَيِّئَةً يَّكُنْ لَّهٗ كِفْلٌ مِّنْهَا ؕ (پ5، النساء:85)

ترجمہ: جو اچھی سفارش کرے اس کے لیے اس میں سے حصہ ہے اور جو بری سفارش کرے اس کے لیے اس میں سے بھی حصہ ہے۔

ان دونوں قسموں کی تعریف ملاحظہ کیجیے:

1- شفاعتِ حسنہ: نیک بات میں کسی کی سفارش کرنا، مثلاً سفارش کرکے مظلوم کو اس کا حق

---

(1) عمدۃ القاری، 3/196، تحت الحدیث: 335۔

دلا دینا یا کسی مسلمان کو ایذا سے بچالینا یا کسی محتاج کی مدد کروادینا "شفاعتِ حسنہ" ہے۔ ایسی شفاعت کرنے والا اجر پائے گا، اگرچہ اس کی شفاعت کارگر نہ ہو۔

2-شفاعتِ سیئہ: بری بات کے لیے سفارش کر کے کوئی گناہ کروادینا "شفاعتِ سیئہ" ہے۔ اس کے فاعل پر اس کا وبال ہے، اگرچہ نہ مانی جائے۔[1]

(2) شفاعتِ اُخرَوی:

روزِ محشر مقربینِ بارگاہِ ایزدی کا خداوندِ عالم کے دربار میں اسی کی اجازت سے گناہ گاروں کی نجات کی درخواست پیش کرنا اور ان کے لیے دخولِ جنت کا سوال کرنا۔

اللہ پاک اپنے فضل و کرم سے قیامت کے دن انبیائے کرام، اولیائے عظام اور صالحین کی گناہ گاروں کے حق میں درخواست قبول فرمائے گا اور انہیں یا تو بغیر سزا دیئے جنت میں داخل فرمادے گا یا دخولِ جہنم کے بعد شفاعت کی بنا پر جہنم سے نکال کر جنت میں داخل فرمائے گا۔

شفاعتِ اُخرَوی کی دو قسمیں ہیں:

1-شفاعتِ کُبریٰ: یہ شفاعت حضور تاجدارِ رسالت صلی اللہ علیہ واٰلہٖ وسلم کے ساتھ خاص ہے اور اس کا ذکر قرآن پاک کی درج ذیل آیت مبارکہ میں موجود ہے:

عَسٰۤى اَنْ یَّبْعَثَكَ رَبُّكَ مَقَامًا مَّحْمُوْدًا ﴿۷۹﴾	ترجمہ: قریب ہے کہ تمہیں تمہارا رب ایسی جگہ کھڑا کرے جہاں سب تمہاری حمد کریں۔
(پ15، بنی اسرائیل:79)	

جمہور مفسرین کے نزدیک آیتِ مبارکہ میں مقامِ محمود سے مراد "شفاعت" ہے کہ

[1] روح البیان، پ5، النساء، تحت الآیۃ:85، 2/249 ماخوذاً-فتاویٰ رضویہ، 23/407۔

اس میں تمام اولین و آخرین حضور کی حمد کریں گے۔ (1)

2-شفاعتِ صُغریٰ: تمام انبیائے کِرام، اولیائے کِرام، شہدا اور حفاظ کو اللہ تعالیٰ کے اذن سے شفاعتِ صُغریٰ نصیب ہوگی؛ وہ اپنے درجہ اور مرتبہ کے لحاظ سے شفاعت فرمائیں گے۔

شفاعت کی یہ قسم متعدد آیات اور کثیر احادیث مبارکہ سے واضح طور پر ثابت ہے۔ یہاں پر دو آیات اور ایک طویل حدیث کا کچھ حصہ ملاحظہ کیجیے۔ ارشاد باری تعالیٰ ہے:

وَلَا یَشْفَعُوْنَ ۙ اِلَّا لِمَنِ ارْتَضٰى (پ17، الانبیاء:28)

ترجمہ: اور شفاعت نہیں کرتے مگر اس کے لئے جسے وہ پسند فرمائے۔

یَوْمَىٕذٍ لَّا تَنْفَعُ الشَّفَاعَةُ اِلَّا مَنْ اَذِنَ لَهُ الرَّحْمٰنُ وَ رَضِیَ لَهٗ قَوْلًا ﴿۱۰۹﴾ (پ16، طٰہٰ:109)

ترجمہ: اُس دن کسی کی شفاعت کام نہ دے گی مگر اس کی جسے رحمٰن نے اذن دے دیا ہے اور اُس کی بات پسند فرمائی۔

پیارے آقا صلی اللہ علیہ والہٖ وسلم نے ارشاد فرمایا: تم اپنا حق واضح ہونے کے بعد مجھ سے اس قدر شدت سے اس کا مطالبہ نہیں کرتے جتنی شدت سے قیامت کے دن مسلمان اپنے رب سے کریں گے؛ جب وہ دیکھیں گے کہ وہ نجات پا چکے ہیں تو (اپنے مسلمان بھائیوں کے حق میں مطالبہ کریں گے) وہ کہیں گے: اے ہمارے رب! ہمارے بھائی ہمارے ساتھ نمازیں پڑھتے تھے، روزے رکھتے تھے اور ہمارے ساتھ ہی (نیک) کام کرتے تھے (تو نے انہیں جہنم میں ڈال دیا ہے!) تو اللہ تعالیٰ فرمائے گا: جاؤ اور جس کے دل میں ایک دینار برابر بھی ایمان پاؤ اسے نکال لاؤ، اور اللہ تعالیٰ ان کے چہروں کو آگ پر حرام فرمادے گا، وہ ان کے پاس آئیں گے تو ان کی حالت یہ ہوگی کہ بعض قدموں تک اور بعض پنڈلیوں تک آگ

(1) تفسیر البحر المحیط، پ15، بنی اسرائیل، تحت الآیۃ:79، 6/70- تفسیرِ خازن، پ15، بنی اسرائیل، تحت الآیۃ:79، 3/186۔

میں جل رہے ہوں گے۔ چنانچہ نجات یافتہ مؤمنین جن کو پہچانیں گے انہیں نکال لیں گے اور اللہ کی بارگاہ میں حاضر ہوں گے تو اللہ فرمائے گا: جس کے دل میں آدھے دینار کے برابر ایمان پاؤ اسے بھی نکال لاؤ۔ وہ (جائیں گے اور) جس کو پہچانیں گے اسے نکال لیں گے اور اللہ کی بارگاہ میں دوبارہ حاضر ہوں گے تو اللہ فرمائے گا: جاؤ اور جس کے دل میں ذرہ برابر بھی ایمان پاؤ اسے بھی نکال لاؤ چنانچہ وہ جس کو پہچانیں گے نکال لیں گے۔[1]

شفاعت اُخْرَوِی کی بنیاد

شفاعت اخروی کی بنیاد تین چیزوں پر ہے:

(1) وجاہت (2) محبت (3) اذن

(1) وجاہت:

شفاعت کرنے والا اللہ کی بارگاہ میں اپنی جاہ و منزلت اور وجاہت کے سبب ماتحت افراد کے مراتب کی بلندی اور گناہوں کی معافی کی درخواست کرے اور اللہ پاک، عزت افزائی، بندہ نوازی اور جاہ و منزلت کے لحاظ کی وجہ سے اس کی درخواست قبول فرمائے۔ یاد رہے! وجاہت و عزت میں خوف اور دباؤ بالکل ملحوظ نہیں ہوتا۔

شفاعت کی یہ بنیاد قرآن پاک کی درج ذیل آیت سے ماخوذ ہے:

اِسْمُهُ الْمَسِیْحُ عِیْسَى ابْنُ مَرْیَمَ وَجِیْهًا فِی الدُّنْیَا وَ الْاٰخِرَةِ وَ مِنَ الْمُقَرَّبِیْنَ ﴿۴۵﴾ (پ3، اٰلِ عمرٰن:45)	ترجمہ: جس کا نام ہے مسیح عیسیٰ مریم کا بیٹا رو دار ہو گا دنیا اور آخرت میں اور قرب والا۔

دنیاوی وجاہت سے مراد نبوت ہے اور اُخْرَوِی وجاہت سے مراد شفاعت ہے۔[2]

1. بخاری، 4/554، حدیث:7439۔
2. تفسیرِ بیضاوی، پ3، اٰلِ عمرٰن، تحت الآیۃ:45، 2/40۔

(2) محبت:

شفاعت کرنے والا بارگاہِ الٰہی میں اپنی محبوبیت کی بنا پر کسی کے لیے کوئی درخواست کرے اور اللہ پاک اس کی رضاجوئی، دل داری کی وجہ سے درخواست قبول فرمالے، کیونکہ یہ چیزیں تقاضائے محبت میں شامل ہیں۔ اہلِ محبت محبوب کی دل آزاری گوارا نہیں کرتے، بلکہ دل شکنی اور رنج کے اسباب بھی محبوب سے دور رکھتے ہیں۔

محبت کی بنا پر سفارش قبول کرنے میں یہ امر ملحوظ نہیں ہوتا کہ اگر سفارش قبول نہ کی گئی تو شفیع رنجیدہ ہو جائیں گے یا انہیں صدمہ پہنچے گا۔

شفاعت کی یہ بنیاد متعدد احادیث مبارکہ سے ماخوذ ہے، ان میں سے ایک ملاحظہ کیجیے:

شفیع الامم، رسول معظم صلی اللہ علیہ وآلہٖ وسلم نے ارشاد فرمایا:

كَمْ مِنْ اَشْعَثَ اَغْبَرَ ذِىْ طِمْرَيْنِ لَا يُؤْبَهُ لَهٗ لَوْ اَقْسَمَ عَلَى اللّٰهِ لَاَبَرَّهٗ

یعنی بہت سے گرد آلود بالوں والے خاکسار دو پرانی چادروں والے ہیں جنہیں کوئی اہمیت نہیں دی جاتی، اگر یہ اللہ تعالیٰ پر قسم کھالیں تو اللہ تعالیٰ ان کی قسم پوری کر دے گا۔[1]

(3) اذن / اجازت:

وجاہت یا محبت کی وجہ سے کوئی بارگاہِ الٰہی میں اللہ کی اجازت سے کسی قابلِ معافی مجرم کے گناہوں کی معافی کی درخواست کرے۔

شفاعت کی یہ بنیاد قرآن پاک کی بہت سی آیات میں بیان کی گئی ہے، ایک آیت ملاحظہ کیجیے:

[1] ترمذی، 5/460، حدیث: 3880۔

چنانچہ ارشادِ باری تعالیٰ ہے:

يَوْمَئِذٍ لَّا تَنفَعُ الشَّفَاعَةُ إِلَّا مَنْ أَذِنَ لَهُ الرَّحْمَٰنُ وَرَضِيَ لَهُ قَوْلًا ﴿١٠٩﴾ (پ16، طٰہٰ:109)

ترجمہ: اُس دن کسی کی شفاعت کام نہ دے گی مگر اس کی جسے رحمٰن نے اذن دے دیا ہے اور اُس کی بات پسند فرمائی۔

شفاعت کی شرائط

شفاعت کے لیے درج ذیل چار شرائط ہیں:

1-قدرت 2-اسلام 3-اذن 4-رضا

1-قدرت: شفاعت کے لیے ضروری ہے کہ شفیع کو شفاعت کرنے پر قدرت ہو، لہٰذا مشرکین کے گھڑے ہوئے بت شفاعت نہیں کرسکتے، کیونکہ وہ اس کی قدرت نہیں رکھتے۔

2-اسلام: شفاعت کے لیے ضروری ہے کہ شفاعت کرنے والا مسلمان ہو، لہٰذا کفار شفاعت کے حق دار نہیں ہوں گے۔ بلکہ یوں سمجھیے کہ اس شرط سے انبیا و اولیا کی شفاعت کا ثبوت مقصود ہے۔

3-اذن: شفاعت کے لیے ضروری ہے کہ شفیع کو اللہ تعالیٰ کی طرف سے شفاعت کی اجازت ہو، لہٰذا ممنوع الشفاعۃ لوگ شفاعت نہیں کرسکیں گے۔

4-رضا: شفاعت کے لیے ضروری ہے کہ جس کی شفاعت کی جارہی ہے اللہ تعالیٰ اس کی شفاعت سے راضی ہو، لہٰذا بعض گناہ گار ایسے بھی ہوں گے جنہیں جہنم میں داخل کردیا جائے گا اور ان کی شفاعت نہیں کی جائے گی، وہ اپنی سزا بھگتیں گے اور پھر اللہ پاک اپنے فضل و کرم سے انہیں جنت میں داخل فرمائے گا۔

شفاعت کی علتِ غائیہ

شفاعت کی علتِ غائیہ رحمت الٰہی کا بسط اور احاطہ وہبی ہے، یعنی کامل کا کمال پھیل جائے اور اس کے ناقص متبعین کو اپنے کمال میں اس طرح سمیٹ لے کہ ان کا نقص اس کے کمال سے پورا ہو جائے۔ اس اجمال کی تفصیل یہ ہے کہ اللہ تعالیٰ نے قیامت کے دن قبولیت شفاعت کا مژدہ سنایا ہے کہ روز محشر ہولناک صورتِ حال میں وہ اپنے محبوبوں کو اذن شفاعت عطا فرمائے گا، یہی "اذن" رحمت الٰہی کا بسط ہے، یعنی بندوں کے لیے شفاعت کی ہمت پیدا کرنا۔ اور جس کامل و برگزیدہ ہستی کو اذن شفاعت ملے گا ان کا کمال ان کے پیروکاروں کے نقص کو پورا کر دے گا، یہی احاطہ وہبی ہے یعنی کامل کے پیروکار اپنے شفیع کی شفاعت سے حصہ پائیں گے۔ ظاہر ہے کہ کامل کی پیروی بغیر ایمان اور بغیر درست عقائد کے محال ہے، اسی لیے کہا گیا کہ کفار و منافقین کی شفاعت نہیں ہو گی۔ (1)

شفاعت کی مختلف صورتیں

شفاعت صرف درجات کی بلندی یا گناہوں کی معافی کے لیے ہی نہیں ہو گی بلکہ احادیثِ مبارکہ کی روشنی میں شفاعت کی مختلف صورتیں ہیں، چند ملاحظہ کیجیے:

محشر کی ہولناکی سے مخلوق کو راحت دینا	بے حساب جنت میں داخل کروانا
اطاعت میں کمزوری سے درگزر فرمانا	درجات بلند کروانا
مشرکوں کے نابالغ بچوں کا جنت میں جانا	عذاب میں تخفیف کروانا
حساب کے بعد مستحقِ جہنم ہونے کے باوجود جہنم میں جانے سے بچالینا وغیرہ (2)	

(1) تفسیرِ عزیزی، پ 1، البقرۃ، تحت الآیۃ: 48، 1/ 282 تا 283 ملخصاً۔

(2) المعتقد المنتقد، ص 242 تا 245۔

شفاعت اور دعا کی مفہومی یکسانیت

بارگاہِ الٰہی میں کسی کے دوسرے کی شفاعت کرنے یا اس کے لیے دعا کرنے میں کوئی فرق نہیں ہے؛ یہ دونوں لفظ مفہومی یکسانیت رکھتے ہیں اور دعا کے دو ہی پہلو ہو سکتے ہیں:

1- یا تو کارخانۂ قضا و قدر میں کسی کی دعا حصولِ نفع یا دفعِ ضرر میں اثر نہیں رکھتی۔

2- یا پھر تکمیلِ مقاصد، حصولِ مطالب اور رفعِ مصائب کا ایک مؤثر ذریعہ ہوتی ہے۔

پہلی صورت یقیناً باطل اور قرآن و سنت کی صریح نصوص کے خلاف ہے، نیز دعا کی فضیلت اور بارگاہِ الٰہی میں اس کی مقبولیت کا انکار صریح کفر ہے! لہٰذا دوسری صورت ہی متعین ہو گی۔ اور یہ بات بھی مسلم ہے کہ انبیائے کرام، اولیائے کرام اور نیک مسلمانوں کی دعائیں زیادہ قبول ہوتیں اور حصولِ مراد کا ذریعہ بنتی ہیں، نیز ہر شخص کو اپنے اور دوسروں کے لیے دعا کرنے کی اجازت بھی ہے، البتہ یہ ضروری ہے کہ اس دعا کی ممانعت نہ ہو۔ من و عن یہی صورت شفاعت کی بھی ہے کہ مشفوع لہ کی شفاعت ممنوع نہ ہو، بلکہ شفاعت کرنے والا مقرب ہو۔ (1)

مرتکبِ کبیرہ کی شفاعت

یاد رہے! جو گناہ قابلِ مغفرت ہے وہ قابلِ شفاعت بھی ہے اور جو قابلِ مغفرت نہیں اس کی شفاعت نہیں ہو سکتی اور نہ ہی کی جائے گی، مثلاً کفر و شرک کے علاوہ ہر گناہ قابلِ مغفرت ہے۔ چنانچہ ارشاد باری تعالیٰ ہے:

وَيَغْفِرُ مَا دُوْنَ ذٰلِكَ لِمَنْ يَّشَآءُ (پ5، النساء:48)	ترجمہ: اور کفر سے نیچے جو کچھ ہے جسے چاہے معاف فرما دیتا ہے۔
اِنَّ اللّٰهَ يَغْفِرُ الذُّنُوْبَ جَمِيْعًا (پ24، الزمر:53)	ترجمہ: بے شک اللہ سب گناہ بخش دیتا ہے۔

(1) تحقیق الفتویٰ (مترجم)، ص78 تا 81 ملخصاً۔

اگر کوئی مرتکبِ کبیرہ بغیر توبہ بھی مر جائے تو اس کی شفاعت ممکن ہوگی بلکہ نبی پاک صلی اللہ علیہ واٰلہٖ وسلم نے بطورِ خاص اس کے لیے اپنی شفاعت کا ذکر فرمایا ہے۔ چنانچہ حضور علیہ السلام کا فرمان شفاعت نشان ہے: شَفَاعَتِیْ لِاَھْلِ الْکَبَائِرِ مِنْ اُمَّتِیْ یعنی میری شفاعت میری امت کے کبیرہ گناہ والوں کے لیے ہے۔ (1)

کسی کے جہنم میں جانے کا یہ مطلب نہیں کہ وہ ہمیشہ اس میں رہے گا بلکہ اگر کوئی گناہ گار، کافر و مشرک نہ ہو تو دخولِ جہنم کے بعد اسے جہنم سے نکال لیا جائے گا۔ ارشاد باری تعالیٰ ہے:

فَمَنْ زُحْزِحَ عَنِ النَّارِ وَاُدْخِلَ الْجَنَّةَ فَقَدْ فَازَ (پ4، اٰلِ عمرٰن:185)	ترجمہ: جو آگ سے بچا کر جنت میں داخل کیا گیا وہ مراد کو پہنچا۔

گناہ گار مسلمان اگر جہنم میں جائے گا تو اپنی سزا بھگتنے کے بعد جہنم سے نکال کر جنت میں داخل کر دیا جائے گا، کیونکہ جہنم میں ہمیشہ رہنا سب سے بڑی سزا ہے اور سب سے بڑے گناہ کفر و شرک ہیں، لہٰذا سب سے بڑی سزا سب سے بڑے گناہ کے لیے ہی ہو سکتی ہے، کیونکہ ہر گناہ کے لیے ہمیشہ جہنم میں رہنے کی سزا خلافِ عدل ہے۔ (2)

فہم قرآن کے ضابطے

مفہومِ شفاعت کے اتنے بدیہی ہونے کے باوجود بعض لوگوں نے لفظِ شفاعت کے مفہوم کو ہی بدل کر رکھ دیا ہے اور آخرت میں وجاہت و محبت کی بنا پر ہونے والی "شفاعت" کے معاملے کو دنیا میں ہونے والی ظالموں کی "سفارش" پر قیاس کر لیا ہے جس میں یہ ہوتا ہے کہ "اثر و رسوخ کی وجہ سے نااہل افراد اعلیٰ منصب حاصل کر لیتے ہیں اور مستحق افراد

(1) ترمذی، 4/198، حدیث: 2444۔ (2) شرح المقاصد، 3/382 ماخوذاً۔

سفارش نہ ہونے کی وجہ سے اپنے حق سے محروم ہو جاتے ہیں۔" اس دنیاوی تصور کی وجہ سے انہوں نے سفارش کا لفظ ہی معیوب سمجھ لیا ہے اور نظریۂ شفاعت کا انکار کر بیٹھے ہیں بلکہ شعور و آگاہی کے فقدان کی وجہ سے اپنے خود ساختہ نظریہ کی تائید میں شفاعتِ اصنام کی نفی والی آیات کو شفاعتِ صالحین کی نفی کے لیے پیش کرنے لگے ہیں۔ یہ بے عقل لوگ اس بات سے بے خبر ہیں کہ شفاعت کا جو مفہوم ان کے ذہنوں میں بیٹھ چکا ہے وہ حقیقت میں شفاعت ہے ہی نہیں!

قرآن پاک میں شفاعت کی نفی و اثبات کے مفہوم پر مشتمل ہر دو طرح کی آیات موجود ہیں لیکن بعض لوگوں نے محض آیات نفی کو بنیاد بنا کر شفاعت سے متعلق امت کے مسلمہ عقیدے کے بارے میں مسلمانوں کو شکوک و شبہات میں مبتلا کرنے کی کوشش کی ہے۔ ذیل میں شفاعت کے حوالے سے نفی و اثبات پر مشتمل آیات کو سمجھنے کے کچھ ضابطے بیان کیے جا رہے ہیں جن کی مدد سے آیات کا حقیقی مفہوم بآسانی سمجھا جا سکتا ہے۔ ملاحظہ کیجیے:

ضابطہ نمبر 1: جن آیات میں شفاعت کی نفی ہے، وہاں تین صورتوں میں سے کوئی ایک صورت ہوگی:

(1) بلا اجازت شفاعت (2) کفار کی شفاعت (3) بتوں کی شفاعت

چند آیات ملاحظہ کیجیے:

وَ اتَّقُوْا یَوْمًا لَّا تَجْزِیْ نَفْسٌ عَنْ نَّفْسٍ شَیْـًٔا وَّ لَا یُقْبَلُ مِنْهَا عَدْلٌ وَّ لَا تَنْفَعُهَا شَفَاعَةٌ وَّ لَا هُمْ یُنْصَرُوْنَ(۱۲۳) (پ1، البقرۃ:123)	ترجمہ: اور ڈرو اُس دن سے کہ کوئی جان دوسرے کا بدلہ نہ ہوگی اور نہ اس کو کچھ لے کر چھوڑیں اور نہ کافر کو کوئی سفارش نفع دے اور نہ ان کی مدد ہو۔

يٰۤاَيُّهَا الَّذِيْنَ اٰمَنُوْۤا اَنْفِقُوْا مِمَّا رَزَقْنٰكُمْ مِّنْ قَبْلِ اَنْ يَّاْتِيَ يَوْمٌ لَّا بَيْعٌ فِيْهِ وَ لَا خُلَّةٌ وَّ لَا شَفَاعَةٌ ؕ وَ الْكٰفِرُوْنَ هُمُ الظّٰلِمُوْنَ ۝۲۵۴ (پ3، البقرۃ:254)

ترجمہ: اے ایمان والو اللہ کی راہ میں ہمارے دیئے میں سے خرچ کرو وہ دن آنے سے پہلے جس میں نہ خرید فروخت ہے نہ کافروں کے لیے دوستی اور نہ شفاعت اور کافر خود ہی ظالم ہیں۔

مَا لَكُمْ مِّنْ دُوْنِهٖ مِنْ وَّلِيٍّ وَّ لَا شَفِيْعٍ ؕ (پ21، السجدۃ:4)

ترجمہ: اس سے چھوٹ کر (لا تعلق ہو کر) تمہارا کوئی حمایتی نہ سفارشی۔

اَمِ اتَّخَذُوْا مِنْ دُوْنِ اللّٰهِ شُفَعَآءَ ؕ (پ24، الزمر:43)

ترجمہ: کیا اُنہوں نے اللہ کے مقابل کچھ سفارشی بنا رکھے ہیں۔

مَا لِلظّٰلِمِيْنَ مِنْ حَمِيْمٍ وَّ لَا شَفِيْعٍ يُّطَاعُ ۝۱۸ (پ24، المؤمن:18)

ترجمہ: اور ظالموں کا نہ کوئی دوست نہ کوئی سفارشی جس کا کہا مانا جائے۔

فَمَا تَنْفَعُهُمْ شَفَاعَةُ الشّٰفِعِيْنَ ۝۴۸ (پ29، المدثر:48)

ترجمہ: تو انہیں سفارشیوں کی سفارش کام نہ دے گی۔

ان تمام آیات میں کفار کی شفاعت، بتوں کی شفاعت اور جبری شفاعت کا انکار ہے۔ لہٰذا ان آیات کا انبیا، اولیا یا نیک مومنوں کی شفاعت سے کوئی تعلق نہیں۔

ضابطہ نمبر 2: جن آیات میں شفاعت کا ثبوت ہے وہاں اللہ کی اجازت سے وجاہت و محبت کی بنیاد پر اس کے محبوب بندوں کی مومنوں کے حق میں ہونے والی شفاعت مراد ہے۔

مَنْ ذَا الَّذِيْ يَشْفَعُ عِنْدَهٗۤ اِلَّا بِاِذْنِهٖ ؕ (پ3، البقرۃ:255)

ترجمہ: وہ کون ہے جو اس کے یہاں سفارش کرے بے اس کے حکم کے۔

لَا یَمۡلِکُوۡنَ الشَّفَاعَۃَ اِلَّا مَنِ اتَّخَذَ عِنۡدَ الرَّحۡمٰنِ عَہۡدًا ﴿۸۷﴾ (پ16، مریم:87)

ترجمہ: لوگ شفاعت کے مالک نہیں مگر وہی جنہوں نے رحمٰن کے پاس قرار کر رکھا ہے۔

وَلَا یَشۡفَعُوۡنَ ۙ اِلَّا لِمَنِ ارۡتَضٰی (پ17، الانبیاء:28)

ترجمہ: اور شفاعت نہیں کرتے مگر اس کے لئے جسے وہ پسند فرمائے۔

یَوۡمَئِذٍ لَّا تَنۡفَعُ الشَّفَاعَۃُ اِلَّا مَنۡ اَذِنَ لَہُ الرَّحۡمٰنُ وَرَضِیَ لَہٗ قَوۡلًا ﴿۱۰۹﴾ (پ16، طٰہٰ:109)

ترجمہ: اُس دن کسی کی شفاعت کام نہ دے گی مگر اس کی جسے رحمٰن نے اذن دے دیا ہے اور اُس کی بات پسند فرمائی۔

ان آیات میں مسلمانوں کی شفاعت مراد ہے جو اللہ کے پیارے بندے کریں گے۔

ضابطہ نمبر 3: جن آیات میں "خلود" کے ساتھ کفر و شرک کے علاوہ کسی گناہ کا ذکر ہے وہاں مکثِ طویل یعنی لمبے عرصے تک جہنم میں رہنا مراد ہے، نہ کہ ہمیشہ جہنم میں رہنا، کیونکہ نصوص شرعیہ اور لغت کے مطابق خلود تابید کو مستلزم نہیں، بالآخر کفر و شرک کے علاوہ کسی بھی درجہ کا گناہ گار مشیتِ الٰہی سے ضرور بخشا جائے گا اور ایسے افراد کی شفاعت بھی مغفرت کی طرح ضرور ممکن ہو گی۔

ضابطہ نمبر 4: جن آیات میں خلود کے ساتھ کفر و شرک کا ذکر ہو وہاں ہمیشہ جہنم میں رہنا مراد ہو گا۔ ایسے شخص کی نہ مغفرت ہو گی نہ شفاعت۔

ضابطہ نمبر 5: جہاں قتل کے ساتھ خلود کا ذکر ہے وہاں تابید اس صورت میں مراد ہو گی کہ مؤمن کا قتل حلال سمجھ کر کیا جائے، کیونکہ یہ کفر ہے، ورنہ تابید نہیں، بلکہ مکثِ طویل مراد ہو گا اور قتل گناہ کبیرہ شمار ہو گا۔ یہ اصول تمام گناہوں کے لیے عام ہے۔

ذیل میں ان تین ضابطوں سے متعلق چند آیات ملاحظہ کیجیے:

وَمَنْ يَّقْتُلْ مُؤْمِنًا مُّتَعَمِّدًا فَجَزَآؤُهٗ جَهَنَّمُ خٰلِدًا فِيْهَا وَغَضِبَ اللّٰهُ عَلَيْهِ وَلَعَنَهٗ وَاَعَدَّ لَهٗ عَذَابًا عَظِيْمًا ﴿۹۳﴾

(پ5، النساء:93)

ترجمہ: اور جو کوئی مسلمان کو جان بوجھ کر قتل کرے تو اس کا بدلہ جہنم ہے کہ مدتوں اس میں رہے اور اللہ نے اس پر غضب کیا اور اس پر لعنت کی اور اس کے لیے تیار رکھا بڑا عذاب۔

كَمَثَلِ الشَّيْطٰنِ اِذْ قَالَ لِلْاِنْسَانِ اكْفُرْ فَلَمَّا كَفَرَ قَالَ اِنِّيْ بَرِيْٓءٌ مِّنْكَ اِنِّيْٓ اَخَافُ اللّٰهَ رَبَّ الْعٰلَمِيْنَ ﴿۱۶﴾ فَكَانَ عَاقِبَتَهُمَآ اَنَّهُمَا فِي النَّارِ خَالِدَيْنِ فِيْهَا وَذٰلِكَ جَزٰٓؤُا الظّٰلِمِيْنَ ﴿۱۷﴾

(پ28، الحشر:16-17)

ترجمہ: شیطان کی کہاوت جب اُس نے آدمی سے کہا کفر کر پھر جب اس نے کفر کر لیا بولا میں تجھ سے الگ ہوں میں اللہ سے ڈرتا ہوں جو سارے جہان کا رب تو ان دونوں کا انجام یہ ہوا کہ وہ دونوں آگ میں ہیں ہمیشہ اس میں رہیں اور ظالموں کی یہی سزا ہے۔

وَالَّذِيْنَ لَا يَدْعُوْنَ مَعَ اللّٰهِ اِلٰهًا اٰخَرَ وَلَا يَقْتُلُوْنَ النَّفْسَ الَّتِيْ حَرَّمَ اللّٰهُ اِلَّا بِالْحَقِّ وَلَا يَزْنُوْنَ وَمَنْ يَّفْعَلْ ذٰلِكَ يَلْقَ اَثَامًا ﴿۶۸﴾ يُّضٰعَفْ لَهُ الْعَذَابُ يَوْمَ الْقِيٰمَةِ وَيَخْلُدْ فِيْهٖ مُهَانًا ﴿۶۹﴾

(پ19، الفرقان:68-69)

ترجمہ: اور وہ جو اللہ کے ساتھ کسی دوسرے معبود کو نہیں پوجتے اور اس جان کو جس کی اللہ نے حرمت رکھی ناحق نہیں مارتے اور بدکاری نہیں کرتے اور جو یہ کام کرے وہ سزا پائے گا بڑھایا جائے گا اُس پر عذاب قیامت کے دن اور ہمیشہ اس میں ذلت سے رہے گا۔

اِنَّ الَّذِیۡنَ کَفَرُوۡا وَ ظَلَمُوۡا لَمۡ یَکُنِ اللّٰہُ لِیَغۡفِرَ لَہُمۡ وَ لَا لِیَہۡدِیَہُمۡ طَرِیۡقًا ﴿۱۶۸﴾ اِلَّا طَرِیۡقَ جَہَنَّمَ خٰلِدِیۡنَ فِیۡہَاۤ اَبَدًا ؕ وَ کَانَ ذٰلِکَ عَلَی اللّٰہِ یَسِیۡرًا ﴿۱۶۹﴾ (پ6، النساء:168-169)

ترجمہ: بے شک جنہوں نے کفر کیا اور حد سے بڑھے اللہ ہر گز انہیں نہ بخشے گا نہ انہیں کوئی راہ دکھائے مگر جہنم کا راستہ کہ اس میں ہمیشہ ہمیشہ رہیں گے اور یہ اللہ کو آسان ہے۔

اِنَّ اللّٰہَ لَعَنَ الۡکٰفِرِیۡنَ وَ اَعَدَّ لَہُمۡ سَعِیۡرًا ﴿ۙ۶۴﴾ خٰلِدِیۡنَ فِیۡہَاۤ اَبَدًا ۚ لَا یَجِدُوۡنَ وَلِیًّا وَّ لَا نَصِیۡرًا ﴿ۚ۶۵﴾ (پ22، الاحزاب:64-65)

ترجمہ: بے شک اللہ نے کافروں پر لعنت فرمائی اور ان کے لیے بھڑکتی آگ تیار کر رکھی ہے اس میں ہمیشہ رہیں گے اس میں نہ کوئی حمایتی پائیں گے نہ مددگار۔

شبہ اور اس کی توضیح

مسئلہ شفاعت کے حوالے سے ایک شبہ اور اس کی توضیح بیان کی جارہی ہے، ملاحظہ کیجیے:

شبہ 1: جس شخص کے لیے بخشش مقدر ہو چکی ہے تو اس کو شفاعت سے کیا فائدہ ہو گا؟ کیونکہ جو تقدیر میں لکھا ہے وہ تو بغیر شفاعت کے بھی ہو سکتا ہے۔ اسی طرح جس شخص کے لیے بخشش مقدر ہی نہ ہوئی تو شفاعت اس کی مشکل کشائی کا ذریعہ کس طرح بنے گی؟

توضیح: یہ شبہ محض ایک وہم ہے، اگر یہ درست ہو تو اعمالِ شرعیہ کی تکلیف بلکہ تمام دینی و دنیاوی کوششیں باطل و بے فائدہ ہو جائیں گی، کیونکہ یہ صورت ہر جگہ جاری کی جاسکتی ہے، مثلاً نماز کے بارے میں کوئی کہہ سکتا ہے کہ اگر کسی کے لیے بخشش مقدر کر دی گئی ہے تو نماز نہ پڑھنے سے اسے کیا نقصان ہو گا؟ اور اگر بخشش مقدر میں ہی نہیں تو نماز پڑھنے سے کیا فائدہ حاصل ہو گا؟ اس شبہ کا حل یہ ہے کہ ہم مجرم کی بخشش کو تقدیر میں

ایک شرط کے ساتھ معلق مانیں، وہ یہ کہ اگر کوئی مقرب ہستی کسی کے جرم کی معافی چاہے تو اللہ معاف فرمادے گا، کیونکہ ناکامی اور کامیابی جریدۂ تقدیر میں اس شرط کے ساتھ معلق ہیں کہ اگر فلاں شخص ایمان لائے گا اور نیک عمل کرے گا تو وہ کامیاب ہو گا اور اگر برے کام کرے گا تو ناکامی کا شکار ہو گا۔

اس کو مزید یوں سمجھیے کہ اللہ تعالیٰ نے اشیاء کو اسباب کے ساتھ پیدا کیا ہے لہٰذا ہر چیز کا وجود اس کے اسباب کے ساتھ ہی وابستہ ہے؛ اگرچہ اللہ تعالیٰ چاہے تو وہ اشیاء کو بغیر اسباب کے بھی پیدا فرما سکتا ہے، مثلاً اگر ایک آدمی دوسرے کو قتل کر دے تو یہ سمجھا جائے گا کہ اللہ تعالیٰ نے مقتول کی موت قاتل کے فعل کے سبب پیدا فرمائی تھی، حالانکہ وہ چاہتا تو اس کی موت قتل کے سبب سے نہ ہوتی۔ اب اگر کوئی کہے کہ "مقتول کی موت تقدیر میں ثابت تھی، قاتل کا اس میں کچھ دخل نہیں، لہٰذا قاتل سے قصاص طلب کرنے کی ضرورت نہیں۔" ظاہر ہے، اس کی یہ بات کسی بھی طرح قابلِ توجہ یا لائقِ سماعت نہیں ہو گی۔ اسی طرح اگر کوئی کہے: "فلاں کی بخشش تقدیر میں ثابت تھی، شفاعت کرنے والے کا اس میں کوئی دخل نہیں ہے۔" تو بالکل اسی طرح یہ بات بھی قابلِ توجہ نہیں ہو گی۔[1]

شفاعت کے انکار کا حکم

شفاعت حق ہے اور نفس شفاعت کا انکار بلکہ اس میں توقف کرنا بھی کفر ہے،[2] شفاعت کا مطلقاً انکار کرنے والا کافر ہے۔[3] البتہ یہ تکفیر کفر لزومی کے قبیل سے ہے، یعنی فقہائے کرام

(1) تحقیق الفتویٰ، ص 83 تا 85 مترجم۔ (2) المعتقد المنتقد، ص 250۔
(3) فتاویٰ شارح بخاری، 3/379۔

کے نزدیک شفاعت کا منکر کافر ہے۔ تکفیر کلامی یہاں مراد نہیں [1] [2]۔

البتہ اگر کوئی شخص نفس شفاعت کا قائل ہو لیکن اس کی مختلف صورتیں بنا کر ان کی غلط تشریح کرے، مثلاً شفاعت بالوجاہت میں دھونس اور دھمکی کو مؤثر مان کر اس کا انکار کرے، یا شفاعت بالمحبۃ میں محبوب کی محبت سے مجبور ہو کر اس کی بات ماننے کو قبولیت شفاعت کی بنیاد بنائے، یا شفاعت کو محض رفع درجات تک محدود مانے تو ایسا شخص گمراہ ہے۔ [3]

1. حاشیہ مجموعہ رسائلِ فضلِ رسول، ص 231- البحر الرائق، 1 / 611۔
2. اقوالِ کفریہ دو قسم کے ہیں: (1) کفرِ التزامی: وہ یہ ہے کہ ضروریاتِ دین میں سے کسی چیز کا صراحۃً خلاف کرے اگرچہ خود کو مسلمان کہے، اور اس کی بات میں ایسے کسی معنیٰ کی گنجائش نہ ہو جو قائل کو کفر سے بچالے۔ کفر التزامی قطعاً اجماعاً کفر ہے۔ (2) کفرِ لزومی: وہ یہ ہے کہ کوئی بات عینِ کفر نہ ہو لیکن کفر کی طرف لے جانے والی ہو، اور اس میں کسی معنیٔ صحیح کا بھی احتمال ہو۔ لزومِ کفر کی صورت میں بھی فقہائے کرام نے حکمِ کفر دیا ہے، لیکن متکلمین سکوت کرتے ہیں اور فرماتے ہیں کہ "جب تک التزام کی صورت نہ ہو قائل کو کافر کہنے سے سکوت کیا جائے گا" اور متکلمین کے اسی مذہب میں زیادہ احتیاط ہے۔ (فتاویٰ رضویہ، 15 / 431 ماخوذاً- فتاویٰ امجدیہ، 4 / 512 تا 513 ماخوذاً)
3. بہارِ شریعت، 1 / 72، حصہ: 1 ماخوذاً۔

مشق

1-شفاعت کا لغوی مفہوم اور اصطلاحی معنی بیان کیجیے۔

2-شفاعت کی اقسام کا خاکہ پیش کیجیے۔

3-شفاعتِ صُغریٰ پر قرآن وحدیث کی روشنی میں کلام کیجیے۔

4-شفاعتِ اُخرَوی کی تینوں بنیادوں کا ماخذ ذکر کیجیے۔

5-شفاعت کی شرائط وضاحت کے ساتھ لکھیے۔

6-شفاعت کی علتِ غائیہ کو خلاصۃً بیان کیجیے۔

7-شفاعت کی مختلف صورتوں پر روشنی ڈالیے۔

8-شفاعت اور دعا کی مفہومی یکسانیت ذکر کیجیے۔

9-مرتکب کبیرہ کی شفاعت سے متعلق اہل سُنَّت کا مؤقف لکھیے۔

10-فہم قرآن کے ضابطوں کی تمہید سے انکار شفاعت کی کیا وجہ سمجھ آتی ہے؟

11-نفیِ شفاعت اور اثبات شفاعت والی آیات کو سمجھنے کا ضابطہ لکھیے۔

12-خلود نار والی آیات کو سمجھنے کا ضابطہ تحریر کیجیے۔

13-تقدیر کی بنیاد پر نفی شفاعت پر پیدا ہونے والا شبہ اور اس کی توضیح لکھیے۔

14-کفر لزومی اور التزامی کی تعریف بیان کیجیے۔

15-انکار شفاعت کا حکم تفصیلاً تحریر کیجیے۔

دوسرا حصہ

مسائلِ قرآنیہ

نسیمِ حجاز یعنی مکہ و مدینہ سے اٹھنے والے انقلاب کی روح کتاب اللہ اور حدیث رسول میں ہی موجود ہے، یہی نسیم حجاز صدیوں سے گلشنِ اسلام میں بہاریں لٹا رہی ہے، یہی خنک آمیز ہوا فرزندانِ اسلام کے نشاط و اطمینان کا ذریعہ ہے جو طالبینِ حق کو باد مخالف سے ٹکرانے کی ہمت دیتی اور ان میں عنایات ربانی کے حصول کی وسعت پیدا کرتی ہے۔

انقلاب حجازی کی تاب نہ لانے والے بد مذہبوں کو جب کوئی راہ نہیں سوجھتی تو نسیم حجاز میں شک و شبہ کا غبار اڑانے کی جرأت کرتے ہیں اور اپنی کم نظری کے ہاتھوں مجبور ہو کر گلشنِ اسلام میں نقب زنی پر کمربستہ ہو جاتے ہیں؛ یہ گروہ اپنی بد ذوقی کے مارے اسلامی لبادہ اوڑھ کر امت کی خیر خواہی کا راگ الاپتے ہوئے گلشنِ اسلام میں کھلے اُن پھولوں کی خوشبو کا انکار کرتا ہے جن کی مہک صدیوں سے امت کو مسحور کیے ہوئے ہے؛ کبھی چمنستان نبوت کے معجزات کا انکار کرتا ہے، تو کبھی گلستان ولایت کی کرامتوں سے چڑتا ہے اور کبھی اللہ والوں کی عظمتیں اسے کَھلنے لگتی ہیں؛ الغرض فرزندانِ ملت کو ایمان و عرفان کی خوشبو سے معطر کرنے والا گلشنِ اسلام کا جو گل محبت خدا سے فضا کو مہکاتا ہے، یہ اس کم بخت گروہ کو کھٹکنے لگتا ہے۔ اگر یرقان کے بیمار کو ہر چیز پیلی دکھائی دے تو یہ اس کی آنکھوں کا قصور ہے ہر چیز تو زرد نہیں!

کتاب کے اس حصے میں گلشن اسلام کے ایسے ہی کچھ اہم گوشے "مسائل" کی شہ سرخی کے تحت مختلف عنوانات کی صورت میں آیاتِ قرآنیہ کے ساتھ بیان کیے جائیں گے جن کا فی زمانہ یا تو بے عقلی کی وجہ سے انکار کیا جانے لگا ہے یا کم نظر طبقہ وسعت نظری کا نام لیکر ان کو جھٹلاتا ہے۔

پہلا باب

ذات باری تعالیٰ سے متعلق مسائل

پہلی فصل: ذاتِ الٰہی

قرآن پاک میں ذاتِ الٰہی کے حوالے سے کافی وافی بیان موجود ہے۔ کہیں قرآن اپنے مدعا کو مخصوص اصطلاحات کے تحت بیان کرتا ہے اور کہیں مشاہداتِ کائنات کی دعوت دیکر انسان کو معرفتِ الٰہی کے لیے کوشش کرنے کا حکم فرماتا ہے۔

کائنات کا وجود اللہ تعالیٰ کے وجود کی دلیل ہے

مسلمانوں کا عقیدہ ہے کہ پوری کائنات: آسمان زمین، چاند سورج، ستارے سیارے، سمندر رصحرا، پہاڑ ٹیلے اور تمام جمادات، حیوانات اور نباتات سمیت احساسات، خواہشات، افعال اور اعمال وغیرہ ہر چیز کا خالق اللہ تعالیٰ ہے۔ مسلمانوں کا یہ عقیدہ محض مذہبی تعلیمات کا ایک تسلسل ہی نہیں بلکہ ہر انسان کی کامل عقل اور سلیم فطرت کا بنیادی تقاضا بھی ہے۔ اللہ تعالیٰ نے اپنے پاک کلام قرآن مجید میں اسلام کے اس بنیادی نظریہ کو آفاقی مشاہدات، ذاتی احساسات اور بدیہی امور کی طرف توجہ دلا کر بیان کیا ہے، اور ساتھ ہی ساتھ اسے قطعی دلائل سے بھی اس قدر روشن فرمایا ہے کہ ذہین وفطین شخص سے لیکر عام انسان تک کسی کے لیے بھی اس کائنات کے بنانے والے کے وجود کے انکار کی گنجائش نہیں رہتی۔

وجودِ ذاتِ الٰہی پر قرآنی دلیل

اللہ تعالیٰ ارشاد فرماتا ہے:

الَّذِیۡ خَلَقَ سَبۡعَ سَمٰوٰتٍ طِبَاقًا ؕ مَا تَرٰی فِیۡ خَلۡقِ الرَّحۡمٰنِ مِنۡ تَفٰوُتٍ ؕ فَارۡجِعِ الۡبَصَرَ ۙ هَلۡ تَرٰی مِنۡ فُطُوۡرٍ ﴿۳﴾ ثُمَّ ارۡجِعِ الۡبَصَرَ کَرَّتَیۡنِ یَنۡقَلِبۡ اِلَیۡکَ الۡبَصَرُ خَاسِئًا وَّ هُوَ حَسِیۡرٌ ﴿۴﴾

(پ29، الملک: 3-4)

ترجمہ: جس نے سات آسمان بنائے ایک کے اوپر دوسرا تو رحمٰن کے بنانے میں کیا فرق دیکھتا ہے تو نگاہ اٹھا کر دیکھ تجھے کوئی رخنہ (خرابی وعیب) نظر آتا ہے پھر دوبارہ نگاہ اٹھا نظر تیری طرف ناکام پلٹ آئے گی تھکی ماندی۔

اللہ تعالیٰ نے کائنات کی وسعت اور ترتیب کو اس آیت مبارکہ میں بیان فرمایا ہے جو نہ صرف ذات باری تعالیٰ، اس کی کامل صفات، علم و قدرت، زبردست کاریگری اور حکمت کی دلیل ہے بلکہ اس میں وجود باری تعالیٰ کا انکار کرنے والوں کے شکوک وشبہات کا ازالہ بھی ہے۔

منکرین کا شبہ

منکرینِ وجودِ باری یہ کہتے چلے آئے ہیں کہ تمام موجودات کا ظہور کسی خالق و صانع کے بغیر محض اتفاقی طور پر ہوگیا ہے؛ موجوداتِ کائنات کی یہ نظم و ترتیب اور ان کا آپس میں مناسب ربط جس کا ہم روز و شب مشاہدہ کررہے ہیں محض اتفاقی ہے، کسی خالق و صانع کی خلقت اور صنعت کا نتیجہ نہیں!

شبہ کا ازالہ

نفسیاتِ انسانی کے پیشِ نظر اس آیت کے مضمون کی روشنی میں ایسے شبہ کا ازالہ اس طرح ہوتا ہے کہ انسان جب کسی نظام میں وسعت اور ترتیب کا مشاہدہ کرتا ہے تو وہ یہ سمجھنے پر مجبور ہو جاتا ہے کہ اس قدر وسیع اور مرتب نظام خود بخود قائم نہیں ہوا بلکہ کسی نے اسے قائم کیا ہے، اور جہاں کہیں بے ترتیبی دیکھتا ہے تو فوراً سمجھ لیتا ہے کہ یہ بے ترتیبی محض اتفاق ہے اور کچھ نہیں۔

کوہ وبیابان کا مسافر جب کسی صحرا میں ریت کے چھوٹے چھوٹے ٹیلوں سے گزرتا ہے یا کوہستان میں چلتے ہوئے بے ترتیب پڑے پتھر اس کے سامنے آتے ہیں تو ذہن میں بے اختیار یہ تصور ابھرتا ہے کہ ”یہ ریت ٹیلے ہواؤں کے چلنے کی وجہ سے ناہموار صورت میں محض اتفاقی طور پر بن گئے ہیں اور یہ پتھر بارشوں کے باعث پہاڑوں سے ٹوٹ کر بے ترتیبی کے ساتھ اِدھر اُدھر آپڑے ہیں۔“

مُرتَّب نظام وجودِ مُرتّب کا پتا دیتا ہے

اس کے بر خلاف اگر وہ ایک عالی شان عمارت سے گزرے؛ اس کی تعمیر عمدہ ترتیب پر دیکھے اور اس میں ہر قسم کا ساز و سامان نفاست سے رکھا ہوا نظر آئے تو اس کا ذہن ہر گز اس بات کو قبول نہیں کرے گا کہ "یہ بہترین نظم و ترتیب اور ہر چیز کا سلیقے کے ساتھ اپنی جگہ پایا جانا خود بخود ہو گیا ہے، محض اتفاقی طور پر یہ بہترین عمارت از خود تعمیر ہو گئی ہے اور اس کا ساز و سامان ہواؤں کے چلنے اور بارشوں کے ہونے کی وجہ سے اتفاقی طور پر یہاں پہنچ گیا ہے!" بلکہ وہ یہ سمجھنے پر مجبور ہو گا کہ اس عالی شان مکان کی تعمیر و تزئین، اس کے جملہ لوازمات اور کُل ساز و سامان کسی دانشور کی تنظیم و تعمیر کا نتیجہ ہے۔

ہر چیز اللہ تعالیٰ کے وجود کی دلیل ہے

یاد رہے! اوپر ذکر کی گئی ریت کے ٹیلوں اور پتھروں کی بے ترتیبی کی مثال محض سمجھانے کے لیے دی گئی ہے کیونکہ حقیقت یہ ہے کہ بعض اشیاء میں جو ظاہری بے ترتیبی پائی جاتی ہے در حقیقت اس کے پس پردہ ایک زبردست مرتب نظام موجود ہے، کیونکہ بے ترتیبی کا یہ منظر جن اسباب سے متعلق ہے وہ سب اصولِ حکمت اور قوانینِ قدرت کے تحت ہی چل رہے ہیں، مثلاً ہواؤں کا چلنا، پانی کا برسنا، موسموں کا بدلنا، دن اور رات کا گزرنا، سورج کا نکلنا ڈوبنا اور چاند کا اپنی منازل کو طے کرنا وغیرہ سب بہترین ترتیب اور مستحکم نظام کے ساتھ ہے اور یہ سب اصول و قوانین بلکہ سارا نظام از خود دلائل قدرت کا ایک وسیع ترین سلسلہ ہے؛ لہٰذا ہر چیز چاہے مرتَّب ہو یا غیر مرتَّب، ذات باری تعالیٰ کے وجود کی دلیل ہے، اسی لیے اللہ تعالیٰ نے قرآن مجید میں کئی چیزوں کو صراحتاً اپنی معرفت کی دلیل قرار دیا ہے اور ان میں غور و فکر کرنے کا حکم فرمایا ہے۔

نظامِ عالم پر ایک نظر

مضمونِ آیت کو اس تفصیل کے ساتھ ذہن نشین کرکے نظام کائنات پر گہری نظر ڈالیے اور دیکھیے کہ یہ کیسا مضبوط نظام ہے! ہر چیز اپنے لوازمات کے ساتھ کس طرح مربوط ہے! عناصرِ اربعہ (پانی، ہوا، آگ، مٹی) کس شان سے جلوہ گر ہیں! موالیدِ ثلاثہ (حیوانات، نباتات، جمادات) کس طرح ایک دوسرے کی ضروریات پوری کررہے ہیں! جب آپ موجوداتِ کائنات اور ان کے اوصاف کو ملاحظہ کریں گے اور پھر ان میں ایک خاص قسم کے تناسب پر نظر ڈالیں گے تو آپ کی ہر نظر معرفت اور یقین کے جواہر اپنے دامن میں لے کر واپس آئے گی اور آپ بلاتامل کہیں گے کہ ”یہ سب کچھ خالق کائنات ہی کے علم و حکمت اور اسی کی قدرت وصنعت کے جلوے ہیں۔“ اللہ تعالیٰ فرماتا ہے:

صُنْعَ اللّٰهِ الَّذِیْۤ اَتْقَنَ كُلَّ شَیْءٍؕ اِنَّهٗ خَبِیْرٌۢ بِمَا تَفْعَلُوْنَ۝۸۸ (پ20، النمل:88)

ترجمہ: یہ کام ہے اللہ کا جس نے حکمت سے بنائی ہر چیز بے شک اسے خبر ہے تمہارے کاموں کی۔[1]

منکرینِ خدا کے انکار کی حقیقت

اللہ تعالیٰ نے عالمِ ارواح میں تمام روحوں اور نفوس بنی آدم کو جمع کرکے فرمایا: ﴿اَلَسْتُ بِرَبِّكُمْؕ﴾ ترجمہ: ”کیا میں تمہارا رب نہیں“۔ سب کا جواب یہی تھا: ﴿بَلٰىۛ﴾ ترجمہ: ”کیوں نہیں۔“[2] اس لمحے ہر ایک کا بلاشک وتردُّد اللہ تعالیٰ کی رَبوبیت کا اقرار کرنا اس بات کی دلیل ہے کہ اللہ تعالیٰ کی معرفت کا جوہرِ مُقدّس ہر ایک کے اندر موجود ہے؛ یہی وجہ ہے کہ دنیا کا کوئی بھی شخص کسی ٹھوس دلیل کی بنیاد پر اللہ تعالیٰ کے وجود اور اس کی ربوبیت کا انکار نہیں کرسکتا!

(1) مقالات کاظمی، 1/36 تا 40 بتغیر۔ (2) پ9، الاعراف:172۔

مشرک: جب ارواح اللہ تعالیٰ کی معرفت کا جوہرِ مُقدّس لے کر عالمِ ارواح سے عالمِ اَجسام میں آئیں تو ان کا وہی جذبہ اُبھرا جس کے زیرِ اثر روزِ میثاق [1] اللہ تعالیٰ کی ربوبیت کا اقرار کیا تھا؛ یہاں پر بھی وہ اسی کی تلاش میں اٹھیں مگر سعید اور خوش بخت لوگوں کی ارواح کے علاوہ سب نے ٹھوکر کھائی اور ذریعہ تلاش غلط ہونے کی وجہ سے من مانی اشیاء کو اپنا رب اور معبود سمجھ کر شرک میں جا پڑیں، یوں بجائے اللہ تعالیٰ سے قریب ہونے کے دور ہوتی چلی گئیں، انہیں کو "مشرکین" کہا جاتا ہے۔

مشرکین نے وجودِ الٰہی کا انکار نہیں کیا مگر اپنی عقل کے بل پر اس کو تلاش کرنے لگے اور اپنی خواہش کے مطابق اس کو ماننا چاہا تو اوندھے منہ گر پڑے۔ چونکہ خدا تک رسائی کا ذریعہ خود تراشا، جس کی پہچان حاصل کرنی تھی اس کے فراہم کردہ ذرائع یعنی انبیا کو فراموش کر بیٹھے، انبیا کے معجزات و دلائل کا مقابلہ نہ کرسکنے کے باجود انہیں جھٹلایا تو خدا کا وجود مان کر بھی منکر ٹھہرے کیونکہ اس طرح خدا کی ربوبیت کو تسلیم کرنا اسے ماننا نہیں بلکہ اپنی خواہش کو پورا کرنا اور مرضی کا نیا خدا بنانا ہے جو شرک ہے۔

ملحد: انسان جب مبارک پیغمبروں کا دامن چھوڑ کر خدا کی تلاش شروع کردے تو دو ہی صورتیں ہوتی ہیں: (۱) یا تو وہ شخص شرک کی گہری کھائی میں جا گرتا ہے، (۲) یا پھر عقل انسانی سے ماوراہستی خدا تعالیٰ کا سرے سے منکر ہو کر ملحد بن جاتا ہے۔ حالانکہ خالقِ حقیقی

---

(1) میثاق کا معنیٰ ہے "اقرار، عہد و پیمان" روزِ میثاق سے مراد وہ خاص دن ہے جس میں اللہ تعالیٰ نے حضرت آدم علیہ السلام کی پشت سے ان کی اولاد کو نکال کر اپنی ربوبیت کا عہد لیا کہ کیا میں تمہارا رب نہیں؟ سب نے جواب دیا: کیوں نہیں۔ اس دن سب نے اللہ تعالیٰ کی ربوبیت و وحدانیت کا اقرار کیا تھا۔ (مصنف)

کے فطری تصور کا انکار بجائے خود ایک ناممکن امر ہے۔ یہی وجہ ہے کہ ایسا شخص یا تو زمانے کو مؤثر قرار دینے لگتا ہے، یا "کسی نہ کسی" کے لیے وصف خالقیت و قدرت کو کہیں نہ کہیں ضرور تسلیم کرتا ہے، جبکہ در حقیقت اسے تعبیر میں مغالطہ ہو رہا ہوتا ہے کیونکہ وہ اللہ تعالیٰ کی ذات وحدہ لاشریک کے ساتھ مختص کاموں کو دہر یعنی زمانے کی طرف منسوب کرنا شروع کر دیتا ہے یا پھر اپنے ضمیر کی اس آواز کو دبا کر اس بحث کو ہی چھوڑ بیٹھتا ہے اور لامذہبیت کی راہ لے لیتا ہے۔[1]

اللہ تعالیٰ کی ذات سے متعلق بنیادی باتیں

وجود باری تعالیٰ کے حوالے سے تفصیلی کلام کے بعد ذات الٰہی سے متعلق درج ذیل پانچ باتوں کا ذہن نشین ہونا ضروری ہے:

1- واحد: اللہ تعالیٰ ایک ہے، اس کا کوئی شریک نہیں، نہ ذات میں نہ ہی صفات میں۔[2]

2- اول و آخر: اللہ تعالیٰ اول بھی ہے اور آخر بھی؛ اول سے مراد حقیقی اول ہے جس کے لیے ابتدا نہیں، اور آخر سے مراد حقیقی آخر ہے جس کے لیے انتہا نہیں۔[3]

3- واجب الوجود: اللہ تعالیٰ واجب الوجود ہے، یعنی اللہ تعالیٰ کا ہونا ضروری ہے اور نہ ہونا محال ہے۔ وہ اپنے وجود کے لیے کسی کا محتاج نہیں بلکہ اس کی ذات از خود موجود ہے، کوئی سبب، وجہ یا علت اس کے وجود کا ذریعہ نہیں، تمام مخلوق اپنے وجود کے لیے اس کی محتاج ہے اور وہی ہر چیز کا خالق ہے۔ واجب الوجود کا یہ مفہوم اللہ تعالیٰ کی صفات "اول و آخر"

---

(1) مقالات کاظمی، 1/31 تا 34 بتغیر۔
(2) منح الروض الازہر، ص 21۔
(3) تفسیر بحر المحیط، پ 27، الحدید، تحت الآیۃ: 3، 8/216۔

کے ضمن میں موجود ہے۔[1]

4-قدیم: اللہ تعالیٰ کی ذات وصفات قدیم ہیں، یعنی اللہ تعالیٰ اپنی صفات کے ساتھ ہمیشہ سے ہے اور ہمیشہ رہے گا؛ ازلی و ابدی کے بھی یہی معنیٰ ہیں۔[2] اگر اللہ تعالیٰ کی ذات کو قدیم نہ مانا جائے تو اس کا یہ مطلب ہو گا کہ اسے عدم سے وجود میں آنے کے لیے کسی چیز کی محتاجی تھی، وہ ملی ہے تو وجود ملا ہے، اس طرح اللہ تعالیٰ کا محتاج ہونا لازم آئے گا اور وہ اس سے پاک ہے۔[3]

5-تنزیہ جسمانیت: اللہ تعالیٰ جسم وجسمانیت، ترکیب وجمع اور جہات سے پاک اور موجود بلا مکان ہے؛ نہ وہ کسی جگہ میں اتر کر اس کو بھر سکتا ہے اور نہ ہی کوئی جگہ اس کا احاطہ کر سکتی ہے۔[4]

---

1. منح الروض الازہر، ص23 ماخوذاً- المعتقد المنتقد، ص73 ماخوذاً- بہارِ شریعت، 1/2، حصہ:1۔
2. واجب اور قدیم میں باریک سا فرق ہے؛ واجب کا اطلاق قائم بنفسہ پر ہوتا ہے، یعنی جو از خود قائم ہو، جیسے اللہ تعالیٰ کی ذات۔ اور قدیم کا اطلاق اس پر بھی ہو سکتا ہے جو قائم بنفسہ نہ ہو بلکہ ذات سے متعلق ہو کر قائم ہو، جیسے صفات باری تعالیٰ۔ (مصنف)
3. المعتقد المنتقد، ص76- منح الروض الازہر، ص38- کبری الیقینیات الکونیہ، ص114۔
4. شرح المقاصد، 3/30 تا 31 ملخصاً- فتاویٰ رضویہ، 29/119 تا 120 ملخصاً۔

مشق

1- نسیم حجاز کے ساتھ کس کو تشبیہ دی گئی ہے؟ وضاحت سے بیان کیجیے۔

2- کائنات کا وجود اللہ تعالیٰ کے وجود کی دلیل کس طرح ہے؟

3- منکرین وجود باری تعالیٰ کا شبہ اور اس کی وضاحت لکھیے۔

4- مشرکین، خالق کا اقرار کرتے ہیں؛ ان کے شرک کی بنیادی وجہ کیا ہے؟

5- خالق کائنات کے اقرار کو فطرت کا تقاضا کہا گیا ہے تو ملحد اس کا منکر کیوں ہے؟

6- ذات باری تعالیٰ سے متعلق پانچ ضروری باتیں ذکر کیجیے۔

7- درج ذیل اصطلاحات کی وضاحت کیجیے:

(1) واجب (2) قدیم

(3) عناصرِ اربعہ (4) موالیدِ ثلاثہ

دوسری فصل: توحید

خالقِ حقیقی کا وجود ماننے کی طرح اس کی توحید پر ایمان لانا بھی کائنات کے فطری تقاضوں میں سے ایک تقاضا ہے کہ توحید ہی وہ اصل عظیم ہے جس پر آسمان و زمین قائم ہیں، جن و انس کی تخلیق، رسولوں کی بعثت اور انبیا کا تسلسل اسی کے لیے عمل میں آیا ہے، اور قرآن پاک کی متعدد آیات توحید کے درست بیان اور شرک کے رد پر نازل ہوئی ہیں۔ اسلامی نظامِ حیات میں توحید ہی وہ حدِ فاصل ہے جس کے بعد خدا تعالیٰ کو ماننے والوں کے تین گروہ بن جاتے ہیں:

پہلا گروہ: وہ جو توحید کا درست مفہوم سمجھ کر صراط مستقیم پر گامزن رہتا ہے۔ فی زمانہ یہی جماعت عرف عام میں "مسلمان"، "سنی" یا "اہل السنۃ" جیسے مُقدّس ناموں سے پہچانی جاتی ہے۔

دوسرا گروہ: وہ جو خدا تعالیٰ کے وجود کو کسی نہ کسی طرح تسلیم کرتا ہے، مگر یا تو اس خالق حقیقی کی طرف سے بھیجے جانے والے نبیوں کی تعلیمات کو فراموش کر کے ان ہی کو معبود سمجھنے لگتا ہے، یا پھر انبیائے کِرام کو سرے سے فراموش کر کے اپنی رعونت کے ہاتھوں مجبور ہو کر جو سمجھ آتا ہے اسی کو خدا بنالیتا ہے اور خیر و شر، نفع و نقصان اور طرح طرح کے متضاد امور کے لیے الگ الگ مؤثر تسلیم کرلیتا ہے، یوں شرک کے گڑھے میں جا گرتا ہے۔ فی زمانہ یہ گروہ "مشرک"، "کرسچین" اور اپنے دیگر مذہبی ناموں سے متعارف ہے۔

تیسرا گروہ: وہ جو توحید کا درست مفہوم اور اس کے بنیادی عناصر کو سمجھے بغیر صراط مستقیم پر چلنے کی خواہش رکھتا ہے، یہ ظاہر میں توحید کا بڑا علمبردار دکھتا ہے، حتّٰی کہ اپنی شہرت کی بنیاد ہی توحید کو بنانے میں جُتا رہتا ہے لیکن اس کی آڑ میں نہایت سنگین جرائم کا مرتکب ہو جاتا ہے، توحید کو شرک سے الگ کرنے والی باریکیوں کو فراموش کر کے انبیا و اولیا کی

شان میں نازیبا کلمات کہتا اور ان عظیم ہستیوں کی تعظیم کرنے کی بنا پر صراط مستقیم پر گامزن مسلمانوں پر شرک جیسی ناپاک تہمت لگانا شروع کر دیتا ہے حالانکہ یہ گروہ خود گمراہ و بد دین اور بعض صورتوں میں کفر میں مبتلا لوگوں پر مشتمل ہوتا ہے۔ یہ گروہ "گمراہ"، "بد مذہب" یا اپنے دیگر مشہور مذہبی ناموں سے پہچانا جاتا ہے اور سوادِ اعظم کے مقابلے میں ایک چھوٹے سے طبقے کی نمائندگی کرتا ہے۔

ذیل میں توحید کا معنیٰ اور ان امور کا بیان کیا جائے گا جن کی معرفت نہ ہونے کے سبب دوسرے دو طبقے شرک یا گمراہی میں مبتلا ہوئے:

توحید کا معنیٰ

توحید کا لغوی معنیٰ ہے: "کسی چیز پر ایک ہونے کا حکم لگانا اور کسی چیز کے ایک ہونے کا علم ہونا"۔ اور اہلِ حقیقت کی اصطلاح کے مطابق توحید کا معنیٰ ہے: "ذہن و گمان میں آنے والی ہر چیز سے اللہ کی ذات کو یکتا سمجھنا"۔ [1]

آسان لفظوں میں توحید کا معنیٰ یہ ہے کہ اللہ تعالیٰ کو اس کی ذات اور صفات میں شریک سے پاک ماننا یعنی جیسا اللہ ہے ویسا ہم کسی کو نہ مانیں؛ اگر کوئی کسی دوسرے کے لیے ویسا ہی اعتقاد رکھتا ہے جیسا اللہ تعالیٰ کے لیے رکھتا ہے تو وہ ذات میں شرک کرتا ہے! علم، سمع اور بصر وغیرہ اللہ تعالیٰ کی ذاتی صفات ہیں، ان صفات میں کسی دوسرے کو شریک ٹھہرانے والا مشرک ہو گا۔ [2]

ذاتی صفات میں شرک کا مطلب

اللہ تعالیٰ اپنی ذات اور صفات میں کسی کا محتاج نہیں، یعنی اللہ تعالیٰ کا وجود کسی کا دیا ہوا

(1) التعریفات، ص 51۔ (2) مقالات کاظمی، 3/19 ماخوذاً۔

نہیں بلکہ وہ اپنے وجود میں مستقل ہے، اسی طرح وہ اپنی تمام صفات مثلاً علم (جاننا)، سمع (سننا) اور بصر (دیکھنا) وغیرہ میں بھی مستقل ہے، کسی نے اس کو جاننے، سننے یا دیکھنے کی طاقت نہیں دی۔ جبکہ جتنی بھی مخلوق سننے کی طاقت یا دیکھنے کی صلاحیت رکھتی ہے یا اس کے اندر حیات پائی جاتی ہے وہ خود بخود ان خوبیوں سے بہرہ مند نہیں ہوئی بلکہ وہ سب اللہ تعالیٰ کی عطا کردہ نعمت کی وجہ سے ہے اور کسی بھی مخلوق میں ان اوصاف کا پایا جانا عارضی ہے۔

اگر کوئی شخص کسی بھی اعلیٰ سے اعلیٰ ہستی حتّٰی کہ پیارے آقا صلی اللہ علیہ واٰلہٖ وسلم کے متعلق بھی یہ عقیدہ رکھے کہ وہ از خود اپنا وجود رکھتے ہیں یا آپ کے کسی بھی کمال میں اللہ تعالیٰ کی عطا شامل نہیں تو وہ اپنے قصرِ توحید کو منہدم کرنے والا اور شرک کا مرتکب ہوگا اور جو اللہ تعالیٰ کی عطا سے کسی کے لیے حیات، علم، سماعت یا کسی بھی درجہ کا بڑے سے بڑا کمال تصور کرلے اس کے قصرِ توحید کی بنیاد مضبوط ہوتی چلی جائے گی کہ صفات و کمال میں عطائی اور ذاتی کا یہی فرق شرک کو ختم کر دیتا ہے۔[1]

مراتبِ توحید

توحید کے چار مراتب ہیں:

(1) اللہ تعالیٰ کو واجب الوجود تسلیم کرنا اور اس کے علاوہ کسی کو بھی واجب الوجود نہ ماننا۔

(2) تمام روحانی اور مادّی عالَم کا خالق اللہ تعالیٰ ہی کو جاننا۔

(3) آسمان، زمین اور ان کے درمیان کی چیزوں میں تمام تدابیر اور تصرفات کو اللہ تعالیٰ ہی کی ذات کے ساتھ مخصوص سمجھنا۔

(4) اللہ تعالیٰ کے علاوہ کسی دوسرے کو مستحق عبادت نہ جاننا۔[2]

---

(1) مقالات کاظمی، 3/ 19 تا 23 ملخصاً۔ (2) حجۃ اللہ البالغہ، 1/ 59۔

مشق

1- خدا کو ماننے والے تینوں گروہ کی نشاندہی اور ان کے درمیان فرق کو واضح کیجیے۔

2- توحید کا معنیٰ اور اس کی وضاحت لکھیے۔

3- صفاتِ باری تعالیٰ میں شرک کا مطلب بیان کیجیے۔

4- مراتب توحید کتنے اور کون کون سے ہیں؟

تیسری فصل: شرک

شرک ظلم عظیم ہے جو بخشش ومغفرت سے محرومی کی وجہ اور جہنم کے دائمی عذاب کا سبب ہے، تو یہ کوئی معمولی چیز نہیں کہ بغیر تحقیق کے خود ساختہ شبہات کی بنیاد پر کسی بھی مسلمان کو اس پلیدی میں لتھڑا ہوا قرار دے کر ہمیشہ کے لیے جہنم کی اتھاہ گہرائیوں کا مستحق ٹھہرا دیا جائے اور اس پر مستزاد یہ کہ اپنے ان بے سر وپا شبہات کو قرآنی آیات کا غلط سہارا لیکر دلیلیں دی جائیں۔ یقیناً یہ انتہا درجے کی ناانصافی، سنگین جرم اور گناہ کبیرہ ہے۔ یاد رہے! جو کسی بھی مسلمان پر ناحق شرک کی تہمت لگائے وہ خود دائرۂ اسلام سے خارج ہے۔ اس ضمن میں ایک حدیث پاک کا مفہوم ملاحظہ کیجیے:

مجھے تم پر ایک ایسے آدمی کا اندیشہ ہے جو کثرت سے قرآن پڑھے گا حتّٰی کہ قرآن کی تازگی اس شخص پر دکھائی دینے لگے گی، اس کا ظاہری حلیہ اسلامی ہو گا، جب تک اللہ چاہے گا وہ اسی حالت پر رہے گا، پھر وہ اس نعمت سے محروم ہو جائے گا اور اسلامی حلیہ کو پسِ پشت ڈال دے گا اور اپنے پڑوسی پر تلوار اٹھائے گا اور اس کو شرک کا الزام دے گا۔ حضرت حذیفہ بن یمان رضی اللہ عنہ نے عرض کی: یارسول اللہ! ان دونوں میں سے شرک کے زیادہ قریب کون ہو گا؟ فرمایا: وہی جو شرک کا الزام دے رہا ہو گا۔ (1)

ذیل میں شرک سے متعلق ضروری معلومات درج کی جارہی ہیں۔ ملاحظہ کیجیے:

شرک کی تعریف

اَلْاِشْتِرَاکُ ھُوَ اِثْبَاتُ الشَّرِیْکِ فِی الْاُلُوْھِیَّۃِ بِمَعْنٰی وُجُوْبِ الْوُجُوْدِ کَمَا لِلْمَجُوْسِ اَوْ بِمَعْنٰی اِسْتِحْقَاقِ الْعِبَادَۃِ کَمَا لِعَبَدَۃِ الْاَصْنَامِ (2)

(1) صحیح ابن حبان، 1/149، حدیث: 81۔ (2) شرح العقائد النسفیہ، ص 203۔

یعنی شرک یہ ہے کہ خدا کی اُلوہیت میں کسی کو اس طرح شریک کرنا کہ کسی کو واجبُ الوجود مان لینا، جیسا کہ مجوسیوں کا عقیدہ ہے، یا خدا کے سوا کسی کو عبادت کا حق دار ماننا، جیسا کہ بت پرستوں کا خیال ہے۔

یاد رہے! شرک کی حقیقت اللہ تعالیٰ سے مساوات پر ہے، یعنی جب تک کسی کو ذات، کمال یا تعظیم میں رب کے برابر نہ مانا جائے اس وقت تک شرک نہیں ہو گا۔ اسی لیے قیامت میں کفار اپنے بتوں سے کہیں گے۔

تَاللّٰهِ اِنْ كُنَّا لَفِيْ ضَلٰلٍ مُّبِيْنٍ ﴿۹۷﴾ اِذْ نُسَوِّيْكُمْ بِرَبِّ الْعٰلَمِيْنَ ﴿۹۸﴾
(پ19، الشعرآء:97-98)

ترجمہ: خدا کی قسم بے شک ہم کھلی گمراہی میں تھے جب کہ تمہیں رب العالمین کے برابر ٹھہراتے تھے۔

شرک کی صورتیں

قرآن پاک میں شرک کی درج ذیل پانچ صوتیں بیان کی گئی ہیں:

(1) اللہ کو ایک مان کر اس کی اولاد ماننا	(2) چند مستقل خالق ماننا
(3) زمانہ کو مؤثر ماننا	(4) اللہ کو ایک مان کر اسے تھکن کی وجہ سے معطل ماننا
(5) اللہ کو خالق ومالک مان کر اسے کسی دوسرے کا محتاج ماننا	

اگر ان پانچوں صورتوں کو اچھی طرح سمجھ لیا جائے اور ان کے درمیان موجود باریک فرق کو ملحوظ رکھا جائے تو مشرکین عرب کا شرک بآسانی سمجھ آجائے گا اور ساتھ ساتھ شرک کی درست تشریح معلوم نہ ہونے کی وجہ سے کم علم لوگوں کو مسلمانوں کے اعمال پر شرک کا شبہ ہونے کی حقیقت بھی واضح ہو جائے گی۔

ذیل میں شرک کی مذکورہ صورتیں قرآنی آیات کی روشنی میں اپنے پس منظر کے ساتھ درج کی جارہی ہیں، ملاحظہ کیجیے:

پہلی صورت: کسی کو خدا کا ہم جنس ماننا، جیسے مشرکینِ عرب فرشتوں کو اللہ تعالیٰ کی بیٹیاں مانتے تھے، نیز عیسائی حضرت عیسی علیہ السلام کو اور یہودی حضرت عزیر علیہ السلام کو خدا کا بیٹا مانتے تھے، چونکہ اولاد باپ کی ملک نہیں ہوتی بلکہ باپ کی ہم جنس اور مساوی ہوتی ہے، لہٰذا ان تینوں گروہوں کا خدا کی اولاد ماننا شرک ہے۔ آیات ملاحظہ کیجیے:

وَجَعَلُوْا لِلّٰهِ شُرَكَآءَ الْجِنَّ وَخَلَقَهُمْ وَخَرَقُوْا لَهٗ بَنِيْنَ وَبَنٰتٍۢ بِغَيْرِ عِلْمٍ (پ7، الانعام:100)

ترجمہ: اور اللہ کا شریک ٹھہرایا جنوں کو حالانکہ اسی نے ان کو بنایا اور اس کے لیے بیٹے اور بیٹیاں گڑھ لیں جہالت سے۔

وَقَالَتِ الْيَهُوْدُ عُزَيْرُ ابْنُ اللّٰهِ وَقَالَتِ النَّصٰرَى الْمَسِيْحُ ابْنُ اللّٰهِ (پ10، التوبۃ:30)

ترجمہ: اور یہودی بولے عزیر اللہ کا بیٹا ہے اور نصرانی بولے مسیح اللہ کا بیٹا ہے۔

وَقَالُوا اتَّخَذَ الرَّحْمٰنُ وَلَدًا سُبْحٰنَهٗ بَلْ عِبَادٌ مُّكْرَمُوْنَ ﴿۲۶﴾ (پ17، الانبیاء:26)

ترجمہ: اور بولے رحمٰن نے بیٹا اختیار کیا پاک ہے وہ بلکہ بندے ہیں عزت والے۔

اَمِ اتَّخَذَ مِمَّا يَخْلُقُ بَنٰتٍ وَّاَصْفٰكُمْ بِالْبَنِيْنَ ﴿۱۶﴾ (پ25، الزخرف:16)

ترجمہ: کیا اس نے اپنے لیے اپنی مخلوق میں سے بیٹیاں لیں اور تمہیں بیٹوں کے ساتھ خاص کیا۔

ان جیسی بہت سی آیتوں میں شرک کی یہی صورت مراد ہے، یعنی کسی کو رب کی اولاد ماننا۔

دوسری صورت: کسی کو اللہ تعالیٰ کی طرح مستقل خالق مانا جائے، جیسے عرب کے بعض مشرکوں کا عقیدہ تھا کہ "خیر" کا خالق اللہ ہے اور "شر" کا خالق کوئی دوسرا رب ہے؛ اب بھی پارسی[1] یہی مانتے ہیں اور خالقِ خیر کو "یزداں" جبکہ خالقِ شر کو "اہرمن" کہتے ہیں۔ یہ وہی پرانا مشرکانہ عقیدہ ہے۔ بعض مشرکین کہتے تھے کہ ہم اپنے برے اعمال کے خود خالق ہیں، کیونکہ ان کی سوچ یہ تھی کہ بُری چیزوں کا پیدا کرنا برا ہے، لہٰذا اس کا خالق کوئی اور ہونا چاہیے۔ اسی طرح بعض عیسائی تین خالقوں کے قائل تھے جن میں سے ایک حضرت عیسیٰ علیہ السلام کو مانتے تھے۔ چونکہ یہ لوگ اللہ تعالیٰ کے وصفِ خالقیت میں غیر کو شریک کرتے تھے، لہٰذا شرک میں مبتلا تھے۔ آیات ملاحظہ کیجیے:

لَقَدْ كَفَرَ الَّذِيْنَ قَالُوْٓا اِنَّ اللّٰهَ هُوَ الْمَسِيْحُ ابْنُ مَرْيَمَ ؕ (پ6، المائدۃ:17)	ترجمہ: بے شک کافر ہوئے وہ جنہوں نے کہا کہ اللہ مسیح بن مریم ہی ہے۔
لَقَدْ كَفَرَ الَّذِيْنَ قَالُوْٓا اِنَّ اللّٰهَ ثَالِثُ ثَلٰثَةٍ ۘ (پ6، المائدۃ:73)	ترجمہ: بے شک کافر ہیں وہ جو کہتے ہیں اللہ تین خداؤں میں کا تیسرا ہے۔
وَ جَعَلُوْا لِلّٰهِ شُرَكَآءَ الْجِنَّ وَ خَلَقَهُمْ وَ خَرَقُوْا لَهٗ بَنِيْنَ وَ بَنٰتٍۭ بِغَيْرِ عِلْمٍ ؕ (پ7، الانعام:100)	ترجمہ: اور اللہ کا شریک ٹھہرایا جنوں کو حالانکہ اسی نے ان کو بنایا اور اس کے لیے بیٹے اور بیٹیاں گڑھ لیں جہالت سے۔
لَوْ كَانَ فِيْهِمَآ اٰلِهَةٌ اِلَّا اللّٰهُ لَفَسَدَتَا ۚ (پ17، الانبیاء:22)	ترجمہ: اگر آسمان وزمین میں اللہ کے سوا اور خدا ہوتے تو ضرور وہ تباہ ہو جاتے۔

[1] خیر اور شر کے دو الگ الگ خداؤں کا نظریہ رکھنے والا مذہب جس میں آگ کی پوجا کی جاتی ہے۔ "مجوسی" اور "آتش پرست" بول کر بھی یہی مذہب مراد لیا جاتا ہے۔ (مصنف)

هٰذَا خَلْقُ اللّٰهِ فَاَرُوْنِیْ مَاذَا خَلَقَ الَّذِیْنَ مِنْ دُوْنِهٖ (پ21، لقمٰن:11)
ترجمہ: یہ تو اللہ کا بنایا ہوا ہے مجھے وہ دکھاؤ جو اس کے سوا اوروں نے بنایا۔

وَاللّٰهُ خَلَقَكُمْ وَمَا تَعْمَلُوْنَ ﴿۹۶﴾ (پ23، الصّٰفّٰت:96)
ترجمہ: اور اللہ نے تمہیں پیدا کیا اور تمہارے اعمال کو۔

اَللّٰهُ خَالِقُ كُلِّ شَیْءٍ وَّهُوَ عَلٰی كُلِّ شَیْءٍ وَّكِیْلٌ ﴿۶۲﴾ (پ24، الزمر:62)
ترجمہ: اللہ ہر چیز کا پیدا کرنے والا ہے اور وہ ہر چیز کا مختار ہے۔

ان جیسی تمام آیتوں میں اسی قسم کے شرک کا ذکر ہے اور اسی کی تردید ہے۔ اگر یہ مشرک غیر خدا کو خالق نہ مانتے ہوتے تو ان سے یہ مطالبہ کرنا کہ "ان معبودوں کی مخلوق دکھاؤ" درست نہ ہوتا۔

تیسری صورت: زمانہ کو مؤثر مانا جائے اور خدا کی ہستی کا انکار کیا جائے، جیسا کہ بعض مشرکین عرب کا عقیدہ تھا۔ چونکہ یہ طبقہ خدا وحدہ لاشریک کی صفتِ تکوین میں زمانے کو شریک مانتا تھا، لہٰذا شرک میں مبتلا تھا۔ آیت ملاحظہ کیجیے:

وَقَالُوْا مَا هِیَ اِلَّا حَیَاتُنَا الدُّنْیَا نَمُوْتُ وَنَحْیَا وَمَا یُهْلِكُنَآ اِلَّا الدَّهْرُ ۚ وَمَا لَهُمْ بِذٰلِكَ مِنْ عِلْمٍ ۚ (پ25، الجاثیۃ:24)
ترجمہ: اور بولے وہ تو نہیں مگر یہی ہماری دنیا کی زندگی مرتے ہیں اور جیتے ہیں اور ہمیں ہلاک نہیں کرتا مگر زمانہ اور انہیں اس کا علم نہیں۔

دہریوں کی تردید ان تمام آیات سے بھی ہوتی ہے جن میں حکم دیا گیا ہے کہ عالم کے عجائبات میں غور کرو کہ ایسی حکمت والی چیزیں بغیر خالق کے نہیں ہو سکتیں۔ چند آیات دیکھیے:

يُغْشِى الَّيْلَ النَّهَارَ ؕ اِنَّ فِىْ ذٰلِكَ لَاٰيٰتٍ لِّقَوْمٍ يَّتَفَكَّرُوْنَ ۝۳ (پ13،الرعد:3)

ترجمہ: رات سے دن کو چھپا لیتا ہے بے شک اس میں نشانیاں ہیں دھیان کرنے والوں کو۔

وَفِى الْاَرْضِ اٰيٰتٌ لِّلْمُوْقِنِيْنَ ۝۲۰ وَفِىْٓ اَنْفُسِكُمْ ؕ اَفَلَا تُبْصِرُوْنَ ۝۲۱ (پ26،الذٰریٰت:20-21)

ترجمہ: اور زمین میں نشانیاں ہیں یقین والوں کو اور خود تم میں تو کیا تمہیں سوجھتا نہیں۔

اَفَلَا يَنْظُرُوْنَ اِلَى الْاِبِلِ كَيْفَ خُلِقَتْ ۝۱۷ وَاِلَى السَّمَآءِ كَيْفَ رُفِعَتْ ۝۱۸ وَاِلَى الْجِبَالِ كَيْفَ نُصِبَتْ ۝۱۹ وَاِلَى الْاَرْضِ كَيْفَ سُطِحَتْ ۝۲۰ (پ30،الغاشیۃ:17تا20)

ترجمہ: تو کیا اونٹ کو نہیں دیکھتے کیسا بنایا گیا اور آسمان کو کیسا اونچا کیا گیا اور پہاڑوں کو کیسے قائم کئے گئے اور زمین کو کیسے بچھائی گئی۔

اس قسم کی بیسیوں آیات میں دہریوں کی تردید ہے۔

چوتھی صورت: خالق کو ہر چیز کا رب تسلیم کرنا مگر تخلیق کے بعد اس کی طرف تھکاوٹ کو منسوب کر کے اس کو معطل ماننا کہ تخلیق کائنات کے بعد اب وہ کسی کام کا نہیں رہا، لہٰذا اس کی خدائی چلانے والے ہمارے بنائے ہوئے معبود ہیں۔ معاذ اللہ!

اس قسم کے مشرکین بے سروپا باتیں کرتے تھے، مثلاً چھ دن میں آسمان و زمین پیدا ہوئے اور ساتواں دن اللہ تعالیٰ نے تھکن دور کرنے کے لیے رکھا اور اب بھی وہ آرام ہی کر رہا ہے۔ یہ طبقہ اللہ سبحانہ و تعالیٰ کو معاذ اللہ معطل ماننے اور غیر کو اس کی خدائی کے بند و بست میں شریک کرنے کی وجہ سے کفر و شرک میں مبتلا تھا۔ آیات ملاحظہ کیجیے:

اِنَّمَآ اَمۡرُهٗۤ اِذَاۤ اَرَادَ شَيۡـًٔا اَنۡ يَّقُوۡلَ لَهٗ كُنۡ فَيَكُوۡنُ ﴿۸۲﴾ (پ23، یٰسٓ:82)	ترجمہ: اس کا کام تو یہی ہے کہ جب کسی چیز کو چاہے تو اس سے فرمائے ہو جا وہ فوراً ہو جاتی ہے۔
اَوَلَمۡ يَرَوۡا اَنَّ اللّٰهَ الَّذِىۡ خَلَقَ السَّمٰوٰتِ وَالۡاَرۡضَ وَلَمۡ يَعۡىَ بِخَلۡقِهِنَّ بِقٰدِرٍ عَلٰٓى اَنۡ يُّحۡیِۦَ الۡمَوۡتٰى ؕ (پ26، الاحقاف:33)	ترجمہ: کیا انہوں نے نہ جانا کہ وہ اللہ جس نے آسمان اور زمین بنائے اور ان کے بنانے میں نہ تھکا قادر ہے کہ مردے جِلائے (زندہ کرے)۔
اَفَعَيِيۡنَا بِالۡخَلۡقِ الۡاَوَّلِ ؕ بَلۡ هُمۡ فِىۡ لَبۡسٍ مِّنۡ خَلۡقٍ جَدِيۡدٍ ﴿۱۵﴾ (پ26، قٓ:15)	ترجمہ: تو کیا ہم پہلی بار بنا کر تھک گئے بلکہ وہ نئے بننے سے شبہ میں ہیں۔
وَلَقَدۡ خَلَقۡنَا السَّمٰوٰتِ وَالۡاَرۡضَ وَمَا بَيۡنَهُمَا فِىۡ سِتَّةِ اَيَّامٍ ۖ وَّمَا مَسَّنَا مِنۡ لُّغُوۡبٍ ﴿۳۸﴾ (پ26، قٓ:38)	ترجمہ: اور بے شک ہم نے آسمانوں اور زمین کو اور جو کچھ ان کے درمیان ہے چھ دن میں بنایا اور تکان ہمارے پاس نہ آئی۔

اس قسم کے مشرکوں کی تردید میں ایسی کئی آیات ہیں جن میں فرمایا گیا ہے کہ ہمیں عالَم کے بنانے میں کسی قسم کی کوئی تھکاوٹ نہیں پہنچی۔ اس قسم کے مشرک قیامت کے منکر بھی تھے کیونکہ وہ یہ سمجھتے تھے کہ ایک دفعہ دنیا پیدا فرما کر حق تعالیٰ تھک چکا ہے، اب دوبارہ کیسے بنا سکتا ہے! اس لیے فرمایا گیا کہ ہم تو صرف "کُن" سے ہر چیز پیدا فرما دیتے ہیں، تھکن کیسی؟ ہم دوبارہ پیدا کرنے پر بدرجہ اولیٰ قادر ہیں، کیونکہ اعادہ سے ایجاد مشکل ہوتی

ہے، یعنی پہلی مرتبہ بنانا دوسری مرتبہ بنانے سے زیادہ مشکل ہوتا ہے، لیکن اللہ تعالیٰ کے لیے نہ پہلی بار مشکل نہ دوسری بار، اس کے لیے دونوں بار یکساں ہے۔

پانچویں صورت: ہر ذرہ کا خالق ومالک اللہ تعالیٰ ہی کو ماننا مگر ساتھ ساتھ یہ عقیدہ رکھنا کہ وہ اتنی بڑی کائنات کو اکیلا نہیں سنبھال سکتا، لہٰذا اللہ تعالیٰ نے اپنی مجبوری کی وجہ سے بعض بندے عالَم کا نظام سنبھالنے کے لیے چن رکھے ہیں جو بندہ ہونے کے باوجود اس پر دھونس جما سکتے ہیں، یعنی اگر وہ بندے ہم جیسوں کی شفاعت کریں تو رب کو مرعوب ہو کر ماننی پڑے گی، ورنہ اس کا نظام بگڑ جائے گا؛ وہ چاہیں تو ہماری بگڑی بنادیں اور ہماری مشکل کشائی کردیں۔ گویا ان کے نزدیک خدا کی کائنات کا یہ نظام بالکل ایسے ہے جیسے کسی ملک کی اسمبلی کا نظام ہوتا ہے کہ اسمبلی کے ممبرز اگرچہ حاکم نہیں ہوتے مگر ملکی انتظام میں ان کو دخل ہوتا ہے اور ملک ان سب کی تدبیر سے چل رہا ہوتا ہے۔

یہ وہ شرک ہے جس میں عرب کے بہت سے مشرکین گرفتار تھے اور اپنے بتوں، جیسے ودّ، یغوث، لات ومنات اور عزیٰ وغیرہ کو رب کا بندہ ماننے اور سارے عالم کا خالق رب تعالیٰ کو تسلیم کرنے کے بعد بھی مشرک کہلاتے تھے۔

یاد رہے! بیان کردہ عقیدے کے ساتھ کسی کو پکارنا، اس کی شفاعت ماننا، اسے حاجت روا اور مشکل کشا جاننا، اس کے سامنے جھکنا اور اس کی تعظیم کرنا شرک ہے۔

شرک کی اس پانچویں صورت سے متعلق قرآنی آیات ملاحظہ کیجیے:

وَمَا يُؤْمِنُ اَكْثَرُهُمْ بِاللّٰهِ اِلَّا وَهُمْ مُّشْرِكُوْنَ ﴿۱۰۶﴾	ترجمہ: اور ان میں اکثر وہ ہیں کہ اللہ پر یقین نہیں لاتے مگر شرک کرتے ہوئے۔
(پ13، یوسف:106)	

یعنی پانچویں قسم کے شرک میں مبتلا طبقہ خدا کو خالق اور رازق مانتے ہوئے بھی اپنی کم عقلی کی بنیاد پر شرک میں مبتلا ہے۔ مزید آیات ملاحظہ کیجیے:

قُلْ مَنْ يَّرْزُقُكُمْ مِّنَ السَّمَآءِ وَالْاَرْضِ اَمَّنْ يَّمْلِكُ السَّمْعَ وَالْاَبْصَارَ وَمَنْ يُّخْرِجُ الْحَيَّ مِنَ الْمَيِّتِ وَيُخْرِجُ الْمَيِّتَ مِنَ الْحَيِّ وَمَنْ يُّدَبِّرُ الْاَمْرَ ؕ فَسَيَقُوْلُوْنَ اللّٰهُ ۚ فَقُلْ اَفَلَا تَتَّقُوْنَ ﴿۳۱﴾

(پ 11، یونس:31)

ترجمہ: تم فرماؤ تمہیں کون روزی دیتا ہے آسمان اور زمین سے یا کون مالک ہے کان اور آنکھوں کا اور کون نکالتا ہے زندہ کو مردے سے اور نکالتا ہے مردہ کو زندے سے اور کون تمام کاموں کی تدبیر کرتا ہے تو اب کہیں گے کہ اللہ تو تم فرماؤ تو کیوں نہیں ڈرتے۔

وَلَئِنْ سَاَلْتَهُمْ مَّنْ خَلَقَ السَّمٰوٰتِ وَالْاَرْضَ وَسَخَّرَ الشَّمْسَ وَالْقَمَرَ لَيَقُوْلُنَّ اللّٰهُ ۚ فَاَنّٰى يُؤْفَكُوْنَ ﴿۶۱﴾

(پ 21، العنکبوت:61)

ترجمہ: اور اگر تم ان سے پوچھو کس نے بنائے آسمان اور زمین اور کام میں لگائے سورج اور چاند تو ضرور کہیں گے اللہ نے تو کہاں اوندھے جاتے ہیں۔

وَلَئِنْ سَاَلْتَهُمْ مَّنْ نَّزَّلَ مِنَ السَّمَآءِ مَآءً فَاَحْيَا بِهِ الْاَرْضَ مِنْۢ بَعْدِ مَوْتِهَا لَيَقُوْلُنَّ اللّٰهُ ؕ

(پ 21، العنکبوت:63)

ترجمہ: اور جو تم ان سے پوچھو کس نے اتارا آسمان سے پانی تو اس کے سبب زمین زندہ کر دی مرے پیچھے ضرور کہیں گے اللہ نے۔

وَلَئِنْ سَاَلْتَهُمْ مَّنْ خَلَقَ السَّمٰوٰتِ وَالْاَرْضَ لَيَقُوْلُنَّ خَلَقَهُنَّ الْعَزِيْزُ الْعَلِيْمُ ۙ﴿۹﴾

(پ 25، الزخرف:9)

ترجمہ: اور اگر تم ان سے پوچھو کہ آسمان اور زمین کس نے بنائے تو ضرور کہیں گے انہیں بنایا اس عزت والے علم والے نے۔

ان آیات سے معلوم ہوا کہ یہ پانچویں قسم کے مشرک اللہ تعالیٰ کو خالق، مالک، زندہ کرنے والا، مارنے والا، پناہ دینے والا اور عالَم کا مدبر مانتے تھے مگر پھر بھی مشرک تھے یعنی ذات، صفات کا اقرار کرنے کے باوجود مشرک رہے، کیوں؟ اس اہم سوال کا جواب بھی قرآن پاک میں مذکور ہے۔ اللہ تعالیٰ کی ذات وصفات کا اقرار کرنے کے باوجود یہ طبقہ دو وجہ سے مشرک تھا:

(1) یہ لوگ صرف خدا کو عالَم کا مالک نہیں مانتے تھے بلکہ وہ اللہ کے ساتھ ساتھ اپنے خود ساختہ معبودوں کو بھی اس ملکیت میں شریک کرتے تھے۔ چنانچہ ارشاد باری تعالیٰ ہے:

قُلْ لِّمَنِ الْاَرْضُ وَمَنْ فِيْهَآ اِنْ كُنْتُمْ تَعْلَمُوْنَ ﴿٨٤﴾ سَيَقُوْلُوْنَ لِلّٰهِ ۭ قُلْ اَفَلَا تَذَكَّرُوْنَ ﴿٨٥﴾

(پ18، المؤمنون:84-85)

ترجمہ: تم فرماؤ کس کا مال ہے زمین اور جو کچھ اس میں ہے اگر تم جانتے ہو اب کہیں گے کہ اللہ کا تم فرماؤ پھر کیوں نہیں سوچتے۔

قُلْ مَنْ رَّبُّ السَّمٰوٰتِ السَّبْعِ وَرَبُّ الْعَرْشِ الْعَظِيْمِ ﴿٨٦﴾ سَيَقُوْلُوْنَ لِلّٰهِ ۭ قُلْ اَفَلَا تَتَّقُوْنَ ﴿٨٧﴾

(پ18، المؤمنون:86-87)

ترجمہ: تم فرماؤ کون ہے مالک ساتوں آسمانوں کا اور مالک بڑے عرش کا اب کہیں گے یہ اللہ ہی کی شان ہے تم فرماؤ پھر کیوں نہیں ڈرتے۔

قُلْ مَنْۢ بِيَدِهٖ مَلَكُوْتُ كُلِّ شَيْءٍ وَّهُوَ يُجِيْرُ وَلَا يُجَارُ عَلَيْهِ اِنْ كُنْتُمْ تَعْلَمُوْنَ ﴿٨٨﴾ سَيَقُوْلُوْنَ لِلّٰهِ ۭ قُلْ فَاَنّٰى تُسْحَرُوْنَ ﴿٨٩﴾

(پ18 المؤمنون:88-89)

ترجمہ: تم فرماؤ کس کے ہاتھ ہے ہر چیز کا قابو اور وہ پناہ دیتا ہے اور اس کے خلاف کوئی پناہ نہیں دے سکتا اگر تمہیں علم ہو اب کہیں گے یہ اللہ ہی کی شان ہے تم فرماؤ پھر کس جادو کے فریب میں پڑے ہو۔

مشرکین کے جواب میں مذکور "لِلّٰہِ" میں لام ملکیت کا ہے یعنی وہ اللہ کی ملکیت مانتے تھے مگر اکیلے کی نہیں بلکہ ساتھ ہی دوسرے معبودوں کی بھی۔[1] اسی لیے وہ یہ نہ کہتے تھے کہ ملکیت وقبضہ صرف اللہ کا ہے اوروں کا نہیں بلکہ وہ کہتے تھے اللہ کا بھی ہے اور دوسروں کا بھی۔

(2) وہ سمجھتے تھے کہ اللہ اکیلا یہ کام نہیں کرتا بلکہ ہمارے بتوں کی مدد سے کرتا ہے، خود مجبور ہے۔ ان دونوں عقیدوں کی تردید کے لیے یہ آیات نازل ہوئیں:

وَقُلِ الْحَمْدُ لِلّٰهِ الَّذِیْ لَمْ یَتَّخِذْ وَلَدًا وَّ لَمْ یَكُنْ لَّهٗ شَرِیْكٌ فِی الْمُلْكِ وَ لَمْ یَكُنْ لَّهٗ وَلِیٌّ مِّنَ الذُّلِّ وَ كَبِّرْهُ تَكْبِیْرًا ﴿۱۱۱﴾ (پ15، بنی اسرائیل:111)

ترجمہ: اور یوں کہو سب خوبیاں اللہ کو جس نے اپنے لئے بچہ اختیار نہ فرمایا اور بادشاہی میں کوئی اس کا شریک نہیں اور کمزوری سے کوئی اس کا حمایتی نہیں اور اس کی بڑائی بولنے کو تکبیر کہو۔

غور کیجیے! اگر یہ مشرکین مِلک اور قبضہ میں خدا کے سوا کسی کو شریک نہیں مانتے تھے تو یہ تردید کس کی ہو رہی ہے اور یہ کلام کس سے ہو رہا ہے؟

تَاللّٰهِ اِنْ كُنَّا لَفِیْ ضَلٰلٍ مُّبِیْنٍ ﴿۹۷﴾ اِذْ نُسَوِّیْكُمْ بِرَبِّ الْعٰلَمِیْنَ ﴿۹۸﴾ (پ19، الشعرآء:97-98)

ترجمہ: خدا کی قسم ہم کھلی گمراہی میں تھے جب کہ تمہیں رب العالمین کے برابر ٹھہراتے تھے۔

غور کیجیے! اگر یہ مشرک بعینہٖ مسلمانوں کی طرح اللہ تعالیٰ کو ہر شے کا خالق، مالک بلا شرکت غیر مانتے تھے تو برابری کرنے کے کیا معنیٰ ہیں؟ یقیناً ان کی یہ برابری ملکیت میں

---

(1) علم القرآن، ص68۔

تھی۔ مزید فرمایا:

اَمْ لَهُمْ اٰلِهَةٌ تَمْنَعُهُمْ مِّنْ دُوْنِنَا ؕ لَا یَسْتَطِیْعُوْنَ نَصْرَ اَنْفُسِهِمْ وَ لَا هُمْ مِّنَّا یُصْحَبُوْنَ ﴿۴۳﴾ (پ17، الانبیاء:43)

ترجمہ: کیا ان کے کچھ خدا ہیں جو ان کو ہم سے بچاتے ہیں وہ اپنی ہی جانوں کو نہیں بچاسکتے اور نہ ہماری طرف سے ان کی یاری ہو۔

اس آیت میں مشرکین کے اسی عقیدے کی تردید کی گئی ہے کہ ہمارے معبود ہمیں خدا سے مقابلہ کرکے بچاسکتے ہیں۔

وَ یَعْبُدُوْنَ مِنْ دُوْنِ اللّٰهِ مَا لَا یَضُرُّهُمْ وَ لَا یَنْفَعُهُمْ وَ یَقُوْلُوْنَ هٰۤؤُلَآءِ شُفَعَآؤُنَا عِنْدَ اللّٰهِ ؕ (پ11، یونس:18)

ترجمہ: اور اللہ کے سوا ایسی چیز کو پوجتے ہیں جو ان کا نہ کچھ نقصان کرے اور نہ کچھ بھلا اور کہتے ہیں کہ یہ اللہ کے یہاں ہمارے سفارشی ہیں۔

اَمِ اتَّخَذُوْا مِنْ دُوْنِ اللّٰهِ شُفَعَآءَ ؕ قُلْ اَوَ لَوْ كَانُوْا لَا یَمْلِكُوْنَ شَیْــٴًـا وَّ لَا یَعْقِلُوْنَ ﴿۴۳﴾ قُلْ لِّلّٰهِ الشَّفَاعَةُ جَمِیْعًا ؕ (پ24 الزمر:43-44)

ترجمہ: کیا انہوں نے اللہ کے مقابل کچھ سفارشی بنا رکھے ہیں تم فرماؤ کیا اگرچہ وہ کسی چیز کے مالک نہ ہوں اور نہ عقل رکھیں تم فرماؤ شفاعت تو سب اللہ کے ہاتھ میں ہے۔

ان آیات میں مشرکین کے اس عقیدے کی تردید ہے کہ "ہمارے معبود بغیر اذنِ الٰہی دھونس جما کر شفاعت کے ذریعے ہمیں اس کے غضب سے بچاسکتے ہیں کیونکہ وہ رب

تعالیٰ کے ساتھ اس کی ملک میں اور کائنات کا نظام چلانے میں شریک ہیں۔" اسی لیے اس جگہ بتوں کے مالک نہ ہونے اور رب کے مالک ہونے کا ذکر ہے یعنی ملک میں شریک ہونے کی وجہ سے اس کے ہاں کوئی شفیع نہیں ہے۔

سورۂ اخلاص اور تردید شرک

قرآن پاک میں شرک کی یہی پانچ صورتیں بیان ہوئی ہیں جن کو سورۂ اخلاص میں اجمالاً اس طرح بیان کیا گیا ہے:

﴿قُلْ هُوَ اللّٰهُ﴾ میں دہریوں کا رد ہے کہ اللہ تعالیٰ عالَم کا خالق ہے۔

﴿اَحَدٌ ۚ﴾ میں ان مشرکوں کا رد ہے جو عالَم کے دو خالق مستقل مانتے تھے تاکہ عالَم کا کام چلے، نیز نصرانیوں اور ستارہ پرستوں کا بھی رد ہے کہ وہ شرک میں مبتلا ہیں۔

﴿اَللّٰهُ الصَّمَدُ ۚ﴾ میں اللہ کے علاوہ کسی اور کو خالق ماننے والوں کا رد ہے۔

﴿لَمْ يَلِدْ ۙ وَلَمْ يُوْلَدْ ۙ﴾ میں ان مشرکین کا رد ہے جو حضرت عیسیٰ اور حضرت عزیر علیہما السلام کو رب تعالیٰ کا بیٹا یا فرشتوں کو رب تعالیٰ کی بیٹیاں مانتے تھے۔

﴿وَلَمْ يَكُنْ لَّهٗ كُفُوًا اَحَدٌ ۚ﴾ میں ان لوگوں کا رد ہے جو خالق کو تھکا ہوا مان کر مدبرِ عالَم اوروں کو مانتے تھے۔[1]

شبہات اور ان کی توضیحات

بعض لوگ قرآن پاک میں بیان کردہ شرک کی نفی پر مشتمل آیات کا درست مفہوم اور ان کا صحیح محل سمجھنے سے قاصر رہتے ہیں اور خوش عقیدہ مسلمانوں پر خواہ مخواہ شرک کی

[1] تفسیرِ کبیر، پ30، الاخلاص:4، تحت الآیۃ:4، 11 / 365- علم القرآن، ص70-

تہمت لگانے کا گناہ اٹھاتے ہیں۔ ذیل میں ایسے چند ممکنہ شبہات اور ان کی توضیحات بیان کی جارہی ہیں، ملاحظہ کیجیے:

1-شبہ: مشرکین عرب بھی اپنے بتوں کو خدا کے ہاں سفارشی اور خدا تک رسائی کا وسیلہ مانتے تھے اور مسلمان بھی نبیوں اور ولیوں کو شفیع اور وسیلہ مانتے ہیں تو وہ کیوں مشرک ہوگئے اور یہ کیوں مومن رہے؟ ان دونوں میں کیا فرق ہے؟

توضیح: یہ شبہ مشرکین عرب کے شرک کی بنیاد نہ سمجھنے کی وجہ سے پیدا ہوتا ہے۔ یاد رکھیے مشرکین کے شرک اور مسلمانوں کے عمل میں دو طرح فرق ہے:

(1) مشرکین، خدا کے دشمنوں یعنی خود ساختہ بتوں کو سفارشی اور وسیلہ سمجھتے تھے جو حقیقت میں ایسے نہیں تھے جبکہ مومنین اللہ کے محبوبوں کو شفیع اور وسیلہ سمجھتے ہیں جنہیں اللہ نے اس مقام پر فائز فرمایا ہے! لہٰذا وہ کافر ہوئے اور یہ مومن رہے۔ جیسے گنگا کے پانی، بت، ہولی، دیوالی، بنارس [1] کی تعظیم شرک ہے مگر آبِ زمزم، مقامِ ابراہیم، ماہِ رمضان، محرم الحرام، مکہ معظمہ اور مدینہ طیبہ کی تعظیم عین ایمان ہے؛ حالانکہ زمزم اور گنگا جل دونوں ہی پانی ہیں، سنگِ اسود اور بت دونوں ہی پتھر ہیں لیکن پہلے کی تعظیم ایمان ہے اور دوسرے کی شرک، کیونکہ پہلے کی تعظیم مسلمان اپنی مرضی سے نہیں بلکہ اللہ تعالیٰ کے حکم اور اس کے محبوب بندوں کے ساتھ نسبت کی وجہ سے کرتے ہیں جبکہ مشرک ایسی چیزوں کی تعظیم اللہ تعالیٰ کے دشمنوں کے ساتھ نسبت قائم ہونے کی وجہ سے کرتے ہیں۔

(2) مشرک اپنے معبودوں کو خدا کے مقابل دھونس کا شفیع اور جبری وسیلہ مانتے

(1) بنارس ہندو مذہب میں مُقَدَّس شہر مانا جاتا ہے، یہ شہر انڈیا میں دریائے گنگا کے کنارے آباد ہے اور یہاں بکثرت بت خانے موجود ہیں۔ (مصنف)

تھے، جبکہ مومن انبیائے کرام علیہم السّلام اور اولیائے کرام رحمۃ اللہِ علیہم کو محض بندہ سمجھتے ہوئے اعزازی طور پر خدا کے اذن وعطا سے شفیع یا وسیلہ مانتے ہیں۔ اذن اور مقابلہ، ایمان وکفر کا معیار ہے۔

2-شبہ: مشرکینِ عرب کا شرک صرف اس لیے تھا کہ وہ بتوں کو فریادرس، مشکل کشا، شفیع، حاجت روا، دور سے پکار سننے والا، عالمِ غیب اور وسیلہ مانتے تھے؛ وہ انہیں کو خالق، مالک، رازق، قابض، موت وحیات بخشنے والا نہیں مانتے تھے بلکہ اللہ کا بندہ مان کر ہی یہ باتیں ان میں ثابت کرتے تھے، پھر بھی قرآن کے مطابق وہ مشرک ہوئے، کیونکہ انہوں نے مافوق الاسباب کاموں کو مخلوق کے لیے ثابت کیا تھا۔ موجودہ مسلمان بھی انبیا و اولیا کے لیے مذکورہ بالا چیزیں ثابت کرتے ہیں، لہٰذا وہ بھی ان ہی کی طرح شرک کر رہے ہیں، اگرچہ خدا کا بندہ مان کر ہی کریں۔

توضیح: یہ شبہ اذنِ الٰہی اور مقابلہ کا فرق فراموش کرنے اور قرآن کریم ہی کی دیگر آیات سے چشم پوشی کرنے کی وجہ سے پیدا ہوتا ہے۔ یاد رکھیے! جب تک بندے کو رب تعالیٰ کے برابر نہ سمجھا جائے شرک نہیں ہو سکتا۔ مشرکین عرب بتوں کو رب تعالیٰ کے مقابل ان صفتوں سے موصوف کرتے تھے تو مشرک ہوگئے۔ مومن رب تعالیٰ کے اذن سے انہیں محض اللہ کا بندہ جان کر یہ صفات ان کے لیے مانتا ہے، لہٰذا وہ مومن ہی ہے۔ اللہ کے بندوں کے لیے یہ صفات قرآن کریم سے ثابت ہیں، مثلاً

- حضرت عیسیٰ علیہ السلام نے فرمایا: میں اللہ کے اذن سے مردوں کو زندہ، اندھوں کو بینا اور کوڑھیوں کو اچھا کرتا ہوں، مٹی سے بنے پرندے کی شکل میں پھونک مار کر پرندہ

بناتا ہوں اور جو کچھ تم گھر میں کھاؤ یا بچاؤ بتاتا ہوں۔ (1)

❁ حضرت یوسف علیہ السلام نے اپنے بھائیوں سے فرمایا: میری قمیص میرے والد کے چہرے پر ڈال دو، ان کی بینائی لوٹ آئے گی۔ (2)

❁ حضرتِ جبریل علیہ السلام نے حضرت مریم رضی اللہ عنہا سے کہا: میں تمہیں ایک ستھرا بیٹا دینے آیا ہوں۔ (3)

❁ حضرتِ جبریل علیہ السلام کی گھوڑی کی ٹاپ کی خاک نے بے جان بچھڑے میں جان ڈال دی۔ (4)

❁ حضرت موسیٰ علیہ السلام کا عصا آپ کے ہاتھ کی برکت سے لمحے بھر میں زندہ سانپ بنا اور لمحے بھر میں لاٹھی۔ (5)

❁ حضرت سلیمان علیہ السلام کے امتی آنکھ جھپکنے سے پہلے تختِ بلقیس (6) طویل مسافت سے لے آئے۔ (7)

❁ حضرت سلیمان علیہ السلام نے تین میل کے فاصلے سے چیونٹی کی آواز سن لی۔ (8)

❁ حضرت یعقوب علیہ السلام نے کنعان میں بیٹھے بیٹھے حضرت یوسف علیہ السلام کو سات قفلوں سے مقفل مصر کی کوٹھری میں برے ارادے سے بچایا۔ (9)

---

(1) پ 3، اٰلِ عمرٰن: 49۔ (2) پ 13، یوسف: 93۔ (3) پ 16، مریم: 19۔
(4) خازن، پ 16، طٰہٰ، تحت الآیۃ: 87، 3/261۔ (5) پ 9، الاعراف: 107۔
(6) ملکۂ سبا بلقیس کا یہ تخت 80 گز لمبا اور 40 گز چوڑا تھا، یہ سونے، یاقوت، زبرجد اور طرح طرح کے جواہرات و موتیوں سے آراستہ تھا۔ (روح المعانی، پ 19، النمل، تحت الآیۃ: 23، 10/249)
(7) پ 19، النمل: 40۔ (8) تفسیر النسفی، پ 19، النمل، تحت الآیۃ: 18، ص 842۔
(9) تفسیرِ غرائب القرآن، پ 12، یوسف، تحت الآیۃ: 24، 4/77-78 ملتقطاً۔

حضرت ابراہیم علیہ السلام نے لوگوں کو حج کے لیے پکارا اور تا قیامت آنے والے لوگوں کی روحوں نے سن لیا۔[1]

یہ تمام معجزات و کرامات قرآن کریم سے ثابت ہیں اور مافوق الاسباب ہیں بلکہ معجزہ و کرامت تو کہتے ہی اسے ہیں جو اسباب سے وراہو؛ اگر مافوق الاسباب تصرف ماننا شرک ہو تو بیان کردہ ہر معجزہ و کرامت کو ماننا شرک ہو گا۔

فہمِ قرآن کے ضابطے

قرآن کریم میں شرک مختلف معانی کے لیے مذکور ہوا ہے؛ کہیں اعمال کے مقابلے میں آیا ہے اور کہیں ایمان کے لہٰذا کس مقام پر کیا ترجمہ اور مفہوم ہے اس کو سمجھنے کے لیے درج ذیل ضابطے ملاحظہ کیجیے:

ضابطہ نمبر 1: جب شرک کا مقابلہ ایمان سے ہو گا تو شرک سے مراد ہر کفر ہو گا، کیونکہ شرک کفر کی ایک خاص صورت ہے، یعنی ہر شرک کفر ہوتا ہے لیکن ہر کفر شرک نہیں ہوتا بلکہ بعض کفر شرک ہوتے ہیں، جیسے ہندو مشرک بھی ہے اور کافر بھی، لیکن ملحد کافر ہے مشرک نہیں۔ قرآن کریم میں لفظ شرک ایمان کے مقابلے میں آئے تو اس کے عام معنیٰ کی تعیین کرنے کے بعد تفاسیر میں غور و فکر کرکے دیکھا جائے گا کہ آیا یہاں شرک کا عمومی معنیٰ یعنی کفر مراد ہے یا خصوصی معنیٰ یعنی کسی کو اللہ تعالیٰ کا مساوی جاننا؟

عمومی معنیٰ کی مثال ملاحظہ کیجیے:

وَلَعَبْدٌ مُّؤْمِنٌ خَيْرٌ مِّنْ مُّشْرِكٍ (پ2، البقرۃ:221)

ترجمہ: اور بے شک مسلمان غلام مشرک سے اچھا۔

---

[1] تفسیرِ قرطبی، الجزء الثانی عشر، پ17، الحج، تحت الآیۃ:27، 6/29۔

وَ لَا تُنْكِحُوا الْمُشْرِكِيْنَ حَتّٰى يُؤْمِنُوْا ؕ (پ2، البقرة:221)
ترجمہ: اور مشرکوں کے نکاح میں نہ دو جب تک وہ ایمان نہ لائیں۔

اِنَّ اللّٰهَ لَا يَغْفِرُ اَنْ يُّشْرَكَ بِهٖ وَ يَغْفِرُ مَا دُوْنَ ذٰلِكَ لِمَنْ يَّشَآءُ ۚ (پ5، النساء:48)
ترجمہ: بے شک اللہ اسے نہیں بخشتا کہ اس کے ساتھ کفر کیا جائے اور کفر سے نیچے جو کچھ ہے جسے چاہے معاف فرما دیتا ہے۔

ان تمام آیات میں شرک سے مراد کفر ہے کیونکہ مومن ہر کافر سے بہتر ہے۔ مومنہ کا کسی کافر مرد سے نکاح جائز نہیں۔[1] کوئی بھی کفر جس پر انسان کا خاتمہ ہو وہ بخشا نہیں جائے گا۔[2] اگر یہاں شرک کے معنیٰ صرف بت پرستی کیے جائیں تو غلط ہو گا۔

خصوصی معنیٰ کی مثالیں ملاحظہ کیجیے:

حَنِيْفًا وَّ مَاۤ اَنَا مِنَ الْمُشْرِكِيْنَ ۚ (پ7، الانعام:79)
ترجمہ: اسی کا ہو کر اور میں مشرکوں میں نہیں۔

جَعَلَا لَهٗ شُرَكَآءَ فِيْمَاۤ اٰتٰىهُمَا ۚ (پ9، الاعراف:190)
ترجمہ: انہوں نے اس کی عطا میں اس کے ساجھی (شریک) ٹھہرائے۔

وَ مَا يُؤْمِنُ اَكْثَرُهُمْ بِاللّٰهِ اِلَّا وَ هُمْ مُّشْرِكُوْنَ (پ13، یوسف:106)
ترجمہ: اور ان میں اکثر وہ ہیں کہ اللہ پر یقین نہیں لاتے مگر شرک کرتے ہوئے۔

اِنَّ الشِّرْكَ لَظُلْمٌ عَظِيْمٌ (پ21، لقمٰن:13)
ترجمہ: بے شک شرک بڑا ظلم ہے۔

---

1. روح البیان، پ2، البقرة، تحت الآیۃ:221، 1/ 345۔
2. روح المعانی، پ4، النساء، تحت الآیۃ:48، 3/ 68۔

ضابطہ نمبر 2: جب شرک کا مقابلہ اعمال سے ہوگا تو شرک سے مراد مشرکوں جیسا کام کرنا ہوگا، نہ کہ حقیقی شرک یا کفر۔ آیت ملاحظہ کیجیے:

وَ اَقِیْمُوا الصَّلٰوةَ وَ لَا تَكُوْنُوْا مِنَ الْمُشْرِكِیْنَ ۙ(۳۱) (پ21، الروم:31)

ترجمہ: اور نماز قائم رکھو اور مشرکوں سے نہ ہو۔

اس آیت اور اس حدیث "مَنْ تَرَكَ الصَّلٰوةَ فَقَدْ كَفَرَ جس نے نماز چھوڑی تو بے شک اس نے کفر کیا۔"[1] کا یہ مطلب نہیں کہ نماز نہ پڑھنا کفر یا شرک ہے، بلکہ مراد یہ ہے کہ نماز نہ پڑھنا مشرکوں اور کافروں جیسا کام ہے اور بہت بڑا گناہ ہے۔[2]

---

(1) صحیح ابن حبان، 3/13، حدیث: 1461۔

(2) فیض القدیر، 6/132، تحت الحدیث: 8587 - تفسیر نور العرفان، پ21، الروم، تحت آیۃ: 31، ص650۔

مشق

1- شرک کی تعریف اور اس کی وضاحت لکھیے۔

2- شرک کی کتنی اور کون کون سی صورتیں ہیں؟ مختصراً بیان کیجیے۔

3- شرک کی پانچویں صورت اور ﴿فَالْمُدَبِّرٰتِ اَمْرًا﴾ میں کیا فرق ہے؟

4- سورۂ اخلاص کا خلاصہ تردیدِ شرک کے تناظر میں پیش کیجیے۔

5- شرک کا معنٰی کب کفر ہوگا اور کب نہیں؟ آیات کے تناظر میں واضح کیجیے۔

6- مشرکین بتوں کو خدا کے یہاں سفارشی مان کر کافر ہوئے اور مسلمان صالحین کو شفیع مان کر مؤمن رہے، اس کی وجہ بیان کیجیے۔

7- مشرکین اپنے بتوں کے لیے مافوق الاسباب امور ثابت کرتے ہیں اور مسلمان انبیا و اولیا کے لیے بطور معجزہ و کرامات یہ چیزیں ثابت مانتے ہیں لیکن وہ کافر ہیں اور یہ مؤمن ہیں، وجہ فرق کیا ہے؟

چوتھی فصل: عبادت

"عبادت" بندے کی اپنے معبود کے ساتھ حد درجہ وابستگی، اسی پر توکل اور کمال بلکہ اکمل درجہ کی عاجزی وانکساری کے ساتھ اسی کے سامنے سر تسلیم خم کرنے سے عبارت ہے؛ کسی بھی مسلمان کا اپنے رب تعالیٰ کے لیے ایسا تذلل وتواضع اختیار کرنا محض اپنے پروردگار سے محبت اور اس کی ناراضی کے خوف کی وجہ سے ہوتا ہے؛ یہ عبد و معبود کا وہ خالص رشتہ ہے جس میں بال برابر بھی غیر کی شرکت نہ بندہ قبول کرتا ہے، نہ ہی معبود منظور کرتا ہے، لہٰذا کسی بھی مسلمان کے بارے میں یہ گمان کرنا کہ وہ اللہ تعالیٰ کے علاوہ کسی اور کو معبود سمجھ کر اس کی تعظیم کر رہا ہے یا اس کے سامنے عاجزی وانکساری کر رہا ہے بلکہ اسے غیر اللہ کی عبادت کا نام ہی دیدینا، سخت ناانصافی، بغضِ شیطانی اور انتہائی بے ہودہ تہمت ہے؛ مزید یہ کہ اپنی اس نازیبا حرکت اور گھٹیا خیال پر فکری یتیمی کی وجہ سے قرآنی آیات کا صحیح مفہوم فراموش کر کے انہیں بطور دلیل پیش کرنا، خبثِ باطنی کا اعلیٰ ثبوت ہے۔

ذیل میں عبادت کا درست مفہوم اور اس سے متعلق اصول وضوابط بیان کیے جا رہے ہیں۔

عبادت کی تعریف

هُوَ فِعْلُ الْمُكَلَّفِ عَلٰى خِلَافِ هَوٰى نَفْسِهٖ تَعْظِيْمًا لِرَبِّهٖ۔ (1)

یعنی مکلف کا اپنے رب کی تعظیم کے لیے اپنی ذاتی خواہش کے خلاف کام کرنا عبادت ہے۔

اَلْعُبُوْدِيَّةُ إِظْهَارُ التَّذَلُّلِ وَ الْعِبَادَةُ أَبْلَغُ مِنْهَا لِأَنَّهَا غَايَةُ التَّذَلُّلِ وَ لَا يَسْتَحِقُّهَا إِلَّا مَنْ لَهٗ غَايَةُ الْإِفْضَالِ وَهُوَ اللّٰهُ تَعَالٰى۔ (2)

یعنی عبودیت اظہارِ تذلل کو کہتے ہیں اور عبادت اظہارِ تذلل کے اعلیٰ درجے کو کہا جاتا ہے اور اس کا مستحق وہی ہے جو انتہائی تعظیم کا مستحق ہو اور وہ اللہ ہے۔

(1) التعریفات، ص 105۔ (2) مفردات الفاظ القرآن، ص 542۔

عبادت کی بنیاد کسی کو الٰہ یعنی مستحق عبادت سمجھ کر اس کی انتہائی تعظیم کرنے اور اس کے سامنے انتہائی عاجزی کرنے پر ہے؛ یعنی معبود کی ایسی تعظیم کی جائے جس سے زیادہ تعظیم ناممکن ہو اور اس کے سامنے ایسی عاجزی کی جائے جس سے نیچے کوئی درجہ تصور نہ کیا جاسکے، اسی لیے عبادت میں یہ شرط ہے کہ عبادت کرنے والا معبود کو الٰہ اور خود کو اس کا بندہ سمجھے، یوں جو بھی تعظیم یا عاجزی وہ کرے گا عبادت کہلائے گی۔

عبادت، تعظیم اور اطاعت میں فرق

عبادت، اطاعت اور تعظیم میں نہایت باریک فرق ہے، بعض لوگ اس نازک فرق کا اعتبار نہیں کرتے اور ہر تعظیم بلکہ ہر اطاعت کو عبادت کہہ کر اللہ کی برگزیدہ ہستیوں کی تعظیم اور پاکیزہ ہستیوں سے نسبت رکھنے والی چیزوں کے ادب کو شرک سمجھنے لگتے ہیں، اور یوں کم عقلی کی وجہ سے سارے مسلمانوں کو کافر و مشرک کہہ دیتے ہیں، اس لیے نہایت غور سے ان تینوں کا درست مفہوم ملاحظہ کیجیے:

1- عبادت: اس کی تفصیل مذکور ہو چکی کہ عبادت کی بنیاد کسی کو الٰہ یعنی مستحق عبادت سمجھنے پر ہے جو انتہائی تعظیم یا انتہائی عاجزی کو مستلزم ہے، لہٰذا کسی کی ایسی تعظیم جو اس کو مستحق عبادت سمجھ کر نہ کی جائے، ہرگز عبادت نہیں ہو سکتی۔

2، 3- اطاعت و تعظیم: کسی کو مستحق عبادت سمجھے بغیر اللہ کا بندہ مانتے ہوئے تعظیم کرنا اور اطاعت کرنا مثلاً نبی، ولی، باپ، استاد، پیر، حاکم اور بادشاہ کو بندہ سمجھتے ہوئے ان کی تعظیم کرنا اور اطاعت کرنا۔

اطاعت و تعظیم اللہ تعالیٰ اور بندوں سب کی ہو سکتی ہے، لیکن عبادت صرف اللہ تعالیٰ ہی کی ہو سکتی ہے، بندوں کی نہیں۔ اگر بندوں کی عبادت کی تو شرک ہو گا اور اگر تعظیم کی تو جیسا بندہ ویسا اس کی تعظیم کا حکم۔

قرآن پاک میں لفظ "عبادت" و "اطاعت" کا استعمال

قرآن پاک میں لفظ "عبادت" کے ساتھ ہمیشہ "اللہ"، "رب" یا "الٰہ" کا ذکر ہوتا ہے اور "اطاعت و تعظیم" کے الفاظ کے ساتھ ساتھ اللہ تعالیٰ کا ذکر بھی ہوتا ہے اور نبی، ماں باپ اور حاکم کا ذکر بھی ہوتا ہے۔ چنانچہ ذیل میں وہ چند آیات ملاحظہ کیجیے جن میں لفظ عبادت یا اس کے مشتقات مذکور ہیں:

يَاَيُّهَا النَّاسُ اعْبُدُوْا رَبَّكُمُ الَّذِيْ خَلَقَكُمْ وَالَّذِيْنَ مِنْ قَبْلِكُمْ (پ1، البقرة:21)	ترجمہ: اے لوگو اپنے رب کو پوجو جس نے تمہیں اور تم سے اگلوں کو پیدا کیا۔
قَالُوْا نَعْبُدُ اِلٰهَكَ وَ اِلٰهَ اٰبَآىِٕكَ اِبْرٰهٖمَ وَ اِسْمٰعِيْلَ وَ اِسْحٰقَ اِلٰهًا وَّاحِدًا ۚ (پ1، البقرة:133)	ترجمہ: بولے ہم پوجیں گے اسے جو خدا ہے آپ کا اور آپ کے والدوں ابراہیم واسمٰعیل واسحاق کا ایک خدا۔
مَا قُلْتُ لَهُمْ اِلَّا مَاۤ اَمَرْتَنِيْ بِهٖۤ اَنِ اعْبُدُوا اللّٰهَ رَبِّيْ وَ رَبَّكُمْ ۚ (پ7، المائدة:117)	ترجمہ: میں نے تو ان سے نہ کہا مگر وہی جو مجھے تو نے حکم دیا تھا کہ اللہ کو پوجو جو میرا بھی رب اور تمہارا بھی رب۔
وَ قَضٰى رَبُّكَ اَلَّا تَعْبُدُوْۤا اِلَّاۤ اِيَّاهُ وَ بِالْوَالِدَيْنِ اِحْسَانًا ؕ (پ15، بنی اسرائیل:23)	ترجمہ: اور تمہارے رب نے حکم فرمایا کہ اس کے سوا کسی کو نہ پوجو اور ماں باپ کے ساتھ اچھا سلوک کرو۔

ان تمام آیات میں عبادت کے ساتھ صرف اللہ تعالیٰ کا ذکر ہے، لیکن قرآن کریم میں اطاعت و تعظیم کے الفاظ کے ساتھ اللہ تعالیٰ، بندوں اور دیگر مقدسات کا ذکر بھی ہے، ملاحظہ کیجیے:

أَطِيعُوا اللَّهَ وَأَطِيعُوا الرَّسُولَ وَأُولِي الْأَمْرِ مِنكُمْ ۖ (پ5، النساء:59)

ترجمہ: حکم مانو اللہ کا اور حکم مانو رسول کا اور ان کا جو تم میں حکومت والے ہیں۔

مَنْ يُطِعِ الرَّسُولَ فَقَدْ أَطَاعَ اللَّهَ ۖ (پ5، النساء:80)

ترجمہ: جس نے رسول کا حکم مانا بے شک اس نے اللہ کا حکم مانا۔

وَمَنْ يُعَظِّمْ شَعَائِرَ اللَّهِ فَإِنَّهَا مِنْ تَقْوَى الْقُلُوبِ ﴿٣٢﴾ (پ17، الحج:32)

ترجمہ: اور جو اللہ کے نشانوں کی تعظیم کرے تو یہ دلوں کی پرہیزگاری سے ہے۔

عبادت کی قسمیں

باریک بینی سے دیکھا جائے تو دینِ اسلام میں عبادت کا تصور بہت وسیع ہے اسی لیے عبادت کی مختلف اعتبارات سے متعدد قسمیں بن سکتی ہیں مثلاً مال کے اعتبار سے عبادت کی اقسام جیسے صدقات واجبہ و نافلہ وغیرہ۔ جان کے اعتبار سے عبادت کی اقسام جیسے روزہ، جہاد وغیرہ۔ بدن کے اعتبار سے عبادت کی اقسام جیسے نماز، حج وغیرہ۔ اس کے علاوہ بھی کئی اعتبارات تصور کر کے عبادت کی اقسام کو درج کیا جاسکتا ہے۔ لیکن یہاں پر عبادت کی دو بنیادی قسمیں بیان کی جائیں گی:

(1) بلاواسطہ عبادت (2) بالواسطہ عبادت

(1) بلاواسطہ عبادت: وہ عبادت جس کا تعلق براہِ راست رب تعالیٰ سے ہو، کسی بندے سے نہ ہو، مثلاً نماز، روزہ، حج، زکوٰۃ اور جہاد وغیرہ کہ بندہ ان کاموں سے صرف رب تعالیٰ کو راضی کرنے کی نیت کرتا ہے، کسی بندے کی رضا کا اس میں کوئی دخل نہیں ہوتا۔

(2) بالواسطہ عبادت: وہ عبادت جس کا تعلق براہ راست رب تعالیٰ سے نہ ہو، مثلاً والدین کی فرماں برداری، نبی کریم صلی اللہ علیہ واٰلہٖ وسلم پر درود شریف پڑھنا، اہلِ قرابت کے حقوق کی ادائیگی وغیرہ، یعنی کوئی بھی جائز کام جو اللہ تعالیٰ کو راضی کرنے کی نیت سے کیا جائے تو وہ عبادت بن جاتا ہے اور اس پر ثواب ملتا ہے؛ حتّٰی کہ جو اپنے بیوی بچوں کو کما کر اس لیے کھلائے کہ یہ رسول اللہ کی سنت ہے اور اللہ تعالیٰ اس سے راضی ہوتا ہے تو یہ کمانا بھی عبادت ہے۔ بلکہ جو خدا کا رزق اس لیے کھائے کہ رب تعالیٰ کا حکم ہے "﴿كُلُوْا وَاشْرَبُوْا﴾[1] ترجمہ: کھاؤ اور پیو" اور یہ کھانا ادائے فرض کا ذریعہ بنے گا تو اس کا کھانا بھی عبادت ہے، یہی وجہ ہے کہ مجاہد فی سبیل اللہ کا کھانا، پینا، سونا، جاگنا سب عبادت ہوتا ہے۔

نبی کریم صلی اللہ علیہ واٰلہٖ وسلم پر جان ومال قربان کرنا، آپ کی ولادت کی خوشی منانا، نعلین شریف کو بوسہ دینا، محفل نعت سجانا، بزرگان دین کے اعراس منانا اور ان کی قبروں پر پھول چڑھانا بھی حقیقت میں بالواسطہ عبادت ہی ہے کہ یہ سارے کام اللہ تعالیٰ کی رضا کے لیے ہی کیے جاتے ہیں۔

فہم قرآن کے ضابطے

قرآن پاک میں لفظ "عبادت" جہاں جہاں مذکور ہوا ہے وہاں براہِ راست اللہ تعالیٰ کی عبادت کا حکم ہے یا پھر مشرکین کو باطل معبودوں کی پوجا ترک کرکے ایک معبود حقیقی کی عبادت کی طرف متوجہ کیا گیا ہے۔ البتہ ایسا ضرور ہے کہ ایک ہی عمل کو کسی مقام پر تعظیم کے طور پر بیان کیا گیا ہے اور اسی عمل کو دوسری جگہ عبادت کے معنٰی میں ذکر کیا گیا ہے، اس طرح کی آیات کو سمجھنے کے لیے بنیادی ضابطہ خوب اچھی طرح ذہن نشین کرلیجیے:

[1] پ 1، البقرۃ:60۔

ضابطہ نمبر 1: قرآن پاک میں جو عمل اللہ تعالیٰ کے لیے بیان کیا گیا ہو اور دوسری جگہ وہی عمل غیر خدا کے لیے مذکور ہو تو اللہ تعالیٰ کے لیے بیان کیا گیا عمل عبادت کے طور پر ہو گا اور غیر خدا کے لیے تعظیم کے طور پر ہو گا، مثلاً قرآن پاک میں فرشتوں کو حکم ہوا کہ حضرت آدم علیہ السلام کو سجدہ کریں تو اس سے سجدہ عبادت نہیں بلکہ سجدہ تعظیمی مراد ہے، اور جہاں غیر خدا کو سجدہ کرنے سے منع کیا گیا ہے وہاں سجدہ عبادت مراد ہے۔ آیات ملاحظہ کیجیے:

وَ اِذْ قُلْنَا لِلْمَلٰٓىٕكَةِ اسْجُدُوْا لِاٰدَمَ فَسَجَدُوْٓا اِلَّآ اِبْلِیْسَ (پ1، البقرۃ:34)

ترجمہ: اور یاد کرو جب ہم نے فرشتوں کو حکم دیا کہ آدم کو سجدہ کرو تو سب نے سجدہ کیا سوائے ابلیس کے۔

وَ رَفَعَ اَبَوَیْهِ عَلَى الْعَرْشِ وَ خَرُّوْا لَهٗ سُجَّدًا (پ13، یوسف:100)

ترجمہ: اور اپنے ماں باپ کو تخت پر بٹھایا اور وہ سب اس کے لیے سجدے میں گرے۔

ان آیتوں سے معلوم ہوا کہ فرشتوں نے حضرت آدم علیہ السّلام کو سجدہ کیا اور حضرت یوسف علیہ السّلام کے بھائیوں نے انہیں سجدہ کیا۔ یہ سجدۂ تعظیمی تھا، نہ کہ سجدۂ عبادت، کیونکہ اللہ کریم کا ارشاد ہے:

لَا تَسْجُدُوْا لِلشَّمْسِ وَ لَا لِلْقَمَرِ وَ اسْجُدُوْا لِلّٰهِ (پ24، حٰمٓ السجدۃ:37)

ترجمہ: سجدہ نہ کرو سورج کو اور نہ چاند کو اور اللہ کو سجدہ کرو۔ (آیتِ سجدہ)

اس طرح کی بہت سی آیتوں میں سجدہ کرنے سے منع کیا گیا ہے بلکہ اسے کفر قرار دیا ہے۔ یاد رہے! بندوں کو عبادت کا سجدہ نہ پہلے کسی امت میں جائز تھا، نہ اس امت میں جائز ہے بلکہ یہ ہمیشہ سے شرک ہے، البتہ سجدۂ تعظیمی پچھلی امتوں میں جائز تھا، جبکہ اس امت

میں یہ بھی حرام ہے، یہی وجہ ہے کہ اگر کسی کو سجدۂ تعظیمی کیا گیا تو وہ حرام کہلائے گا، شرک نہیں۔ (1)

شبہات اور ان کی توضیحات

بعض لوگ خدا اور بندے کی تعظیم میں الوہیت اور عدم الوہیت کے بنیادی فرق کو فراموش کر دیتے ہیں یا از خود عبادت کی تعریف بنا کر مسلمانوں کے تعظیماً کیے گئے عمل کو مُعَظَّم لَہٗ کی عبادت قرار دینا شروع کر دیتے ہیں۔ یہاں ایسی ہی غلطی کی بنیاد پر پیدا ہونے والے شبہات کی وضاحت کی جائے گی۔

1- شبہ: کسی کو حاجت روا اور مشکل کشا سمجھ کر اس کی تعظیم کرنا عبادت ہے اور اس کے سامنے جھکنا بندگی ہے۔

توضیح: پہلی بات تو یہ ہے کہ یہ شبہ تب پیدا ہوتا ہے جب بانیت عبادت کی جانے والی تعظیم اور بغیر نیت عبادت کی جانے والی تعظیم میں فرق ملحوظ نہ رکھا جائے۔ دوسری بات یہ ہے کہ بالفرض اس شبہ کو تسلیم کر لیں تو نتائج بہت مختلف ہو جائیں گے اور حیاتِ مدنیہ گزارنے والے لوگوں میں شاید ہی کوئی مسلمان بچے گا۔ عام حالات میں انسان اپنی بہت ساری پریشانیاں ریاستی اداروں کے ذمہ داران اور بعض اوقات سربراہان مملکت کے سامنے رکھتا ہے، اس کی بنیاد ہی یہ ہوتی ہے کہ وہ حُکَّامِ وقت کو مشکل کشا یعنی پریشانی دور کرنے والا ہی سمجھ رہا ہوتا ہے، اور ظاہر ہے وہ ان کی تعظیم بھی کرتا ہے، عاجزی وانکساری سے بھی پیش آتا ہے، تو کیا یہ کہا جاسکتا ہے کہ وہ شخص حُکَّامِ وقت کی عبادت کر رہا ہے؟ ہر گز نہیں۔ اسی

(1) تفسیرِ عزیزی، پ 1، البقرۃ، تحت الآیۃ:34، 1 / 224 تا 225 ملتقطاً۔

طرح ڈاکٹر، حکیم، استاد یا اپنے سے بڑے عہدے پر فائز شخص کی بھی تعظیم کی جاتی ہے، کیونکہ ان سے کام نکلتے رہتے ہیں، اس کو ہرگز عبادت نہیں کہا جاتا اور نہ ہی کسی قسم کی بندگی سے تعبیر کیا جاتا ہے۔

2-شبہ: کسی کے اندر مافوق الاسباب تصرف کرنے کی طاقت مان کر اس کی تعظیم کرنا عبادت ہے اور یہی شرک ہے۔

توضیح: یہ بھی غلط ہے، کیونکہ فرشتے مافوق الاسباب تصرف کرتے ہیں؛ جان نکالتے ہیں، ماں کے پیٹ میں بچہ بناتے ہیں، بارش برساتے ہیں اور عذابِ الٰہی لاتے ہیں، ان کے لیے یہ قوت قرآن وسنت سے ثابت ہے، تو کیا فرشتوں کی تعظیم کرنا ان کی عبادت ہو گا؟ یقیناً نہیں۔

اللہ کی عطا سے نبی کریم صلی اللہ علیہ واٰلہٖ وسلم نے انگلیوں سے پانی کے چشمے جاری فرمائے، [1] چاند دو ٹکڑے کر دیا، [2] ڈوبا ہوا سورج واپس بلالیا، [3] درختوں اور جانوروں سے اپنی گواہی دلوائی۔ [4] اسی طرح اللہ کی عطا سے حضرت عیسیٰ علیہ السّلام نے مردے زندہ کیے، اندھوں کو بینا کیا اور کوڑھ کے مریضوں کو اچھا کیا۔ [5] یہ سارے کام مافوق الاسباب ہی ہیں اور یہ حضرات اس کی طاقت بھی رکھتے ہیں تو یقیناً ان کے لیے مافوق الاسباب تصرف کرنے کی طاقت مان کر تعظیم کرنا ہرگز عبادت نہیں ہو گا، کیونکہ یہ سب اللہ کے بندے ہیں اور مافوق الاسباب پر تصرف کی طاقت بھی انہیں اللہ کی طرف سے ہی ملی ہے، اسی کے اذن وارادے سے یہ حضرات تصرف فرماتے ہیں۔

---

(1) بخاری، 2/493، حدیث:3572۔ (2) بخاری، 2/579، حدیث:3868۔
(3) مشکل الآثار، 1/7، الجزء الثانی، حدیث:1207۔
(4) دارمی، 1/22، حدیث:16-دلائل النبوۃ للبیہقی، 6/36۔ (5) پ 3، اٰلِ عمرٰن:49۔

مشق

1-عبادت کی تعریف کیجیے اور عبادت وعبودیت میں فرق واضح کیجیے۔

2-عبادت اور تعظیم میں واضح فرق تحریر کیجیے اور بتایئے یہ فرق ملحوظ نہ رکھا جائے تو کیا خرابی لازم آئے گی؟

3-عبادت کی بیان کردہ اقسام کی روشنی میں 10 لائنوں پر مضمون تحریر کیجیے۔

4- قرآن پاک میں ایک ہی عمل کہیں اللہ تعالیٰ اور مخلوق دونوں کے لیے مذکور ہوا ہے، جیسے سجدہ، تو ایسی آیات کو سمجھنے کا ضابطہ کیا ہے؟

5-مخلوق کے لیے مافوق الاسباب چیزوں پر قدرت ماننے سے شرک لازم کیوں نہیں آتا؟

پانچویں فصل: دعا

دعا بندے کے اللہ تعالیٰ پر توکل کرتے ہوئے عاجزی کے ساتھ اس سے ہر سوال کرنے سے عبارت ہے۔ دعا درحقیقت بندے اور اس کے خالق و مالک اللہ تعالیٰ کے درمیان کلام، راز و نیاز اور بندگی کے اظہار کا ہی ایک ذریعہ ہے۔ بندہ دعا کے ذریعے اللہ تعالیٰ کی بارگاہ میں اپنی حاجات و ضروریات پیش کرتا ہے اور اس کی عظمت و الوہیت کا اقرار کرتے ہوئے اپنے عجز و نیاز اور پستی کا اظہار کرتا ہے۔ دعا کا کامل درجہ یہ ہے کہ بندہ ایک نمک کے دانے کا سوال بھی صرف اور صرف اللہ تعالیٰ سے ہی کرے، کسی اور کی طرف اس کی نظر نہ جائے۔[1] البتہ اگر کوئی اللہ تعالیٰ کے کسی پیارے کے سامنے اسے اللہ کا بندہ سمجھتے ہوئے اپنا مدعا بیان کرے تو اس میں بھی کوئی مضائقہ نہیں، یہ بالکل جائز عمل ہے جو قرآن و حدیث سے ثابت ہے؛ بہت سے کور نظر لوگ اللہ والوں کو پکارنے اور ان سے اپنی حاجات طلب کرنے کو شرک سمجھتے ہیں جو قرآنی آیات کو نہ سمجھنے کی وجہ سے ہوتا ہے یا پھر اللہ والوں کے مقام و مرتبے کو قصداً فراموش کر کے ان سے بغض و عناد کا شاخسانہ ہوتا ہے۔ قرآن پاک میں لفظ دعا اور اس کے دیگر مشتقات مختلف معانی میں استعمال ہوئے ہیں جن کے درست مفاہیم کو سمجھ لیا جائے تو قرآنی مدعا بہت آسانی سے سمجھ آسکتا ہے۔

ذیل میں دعا سے متعلق مختلف آیات کے درست معانی و مفاہیم اور ان سے متعلق آنے والے وساوس وشبہات کے جوابات بیان کیے جا رہے ہیں، ملاحظہ کیجیے:

18

(1) ترمذی، 5 / 349، حدیث: 3624- فضائلِ دعا، ص 179۔

لفظ "دعا" کا لغوی و اصطلاحی معنیٰ

دعا کا لغوی معنیٰ پکارنا ہے اور اصطلاحی معنیٰ عبادت ہے؛ قرآن پاک میں یہ لفظ دونوں معنیٰ میں استعمال ہوا ہے، جیسے لغت میں لفظ "صلوٰۃ" کا معنیٰ دعا ہے اور عرفی و اصطلاحی معنیٰ نماز ہے۔ قرآن پاک میں ہے:

وَ اَقِیْمُوا الصَّلٰوۃَ (پ 1، البقرۃ: 43) ترجمہ: اور نماز قائم رکھو۔

اس آیت میں لفظ صلوۃ سے نماز مراد ہے۔ اور

خُذْ مِنْ اَمْوَالِهِمْ صَدَقَةً تُطَهِّرُهُمْ وَ تُزَكِّيْهِمْ بِهَا وَ صَلِّ عَلَيْهِمْ ؕ اِنَّ صَلٰوتَكَ سَكَنٌ لَّهُمْ ؕ وَ اللّٰهُ سَمِيْعٌ عَلِيْمٌ ﴿۱۰۳﴾ (پ 11، التوبۃ: 103)

ترجمہ: اے محبوب ان کے مال میں سے زکوٰۃ تحصیل (وصول) کرو جس سے تم انہیں ستھرا اور پاکیزہ کر دو اور ان کے حق میں دعائے خیر کرو بے شک تمہاری دعا ان کے دلوں کا چین ہے اور اللہ سنتا جانتا ہے۔

اس آیت میں صلوٰۃ سے دعا مراد ہے۔

لفظ دعا کے قرآنی معانی

قرآن پاک میں دعا کا لفظ اپنے مشتقات کے ساتھ پانچ معنیٰ میں مذکور ہوا ہے:

(1) پکارنا (2) بلانا (3) مانگنا یا دعا کرنا (4) تمنا یا آرزو کرنا (5) پوجنا یعنی معبود سمجھ کر پکارنا۔

یہاں بطور نمونہ دعا کے ان پانچ معانی پر مشتمل چند آیات پیش کی جا رہی ہیں، ملاحظہ کیجیے: ارشاد باری تعالیٰ ہے:

1-پکارنا:

وَالرَّسُوْلُ يَدْعُوْكُمْ فِيْٓ اُخْرٰىكُمْ (پ4،آلِ عمرٰن:153)	ترجمہ: اور دوسری جماعت میں ہمارے رسول تمہیں پکار رہے تھے۔
لَا تَجْعَلُوْا دُعَآءَ الرَّسُوْلِ بَيْنَكُمْ كَدُعَآءِ بَعْضِكُمْ بَعْضًا (پ18،النور:63)	ترجمہ: رسول کے پکارنے کو آپس میں ایسا نہ ٹھہرالو جیسا تم میں ایک دوسرے کو پکارتا ہے۔
اُدْعُوْهُمْ لِاٰبَآىٕهِمْ هُوَ اَقْسَطُ عِنْدَ اللّٰهِ (پ21،الاحزاب:5)	ترجمہ: انہیں ان کے باپ ہی کا کہہ کر پکارو یہ اللہ کے نزدیک زیادہ ٹھیک ہے۔

ان جیسی تمام آیات میں "دعا" بمعنیٰ پکارنا ہے۔

2-بلانا:

وَادْعُوْا شُهَدَآءَكُمْ مِّنْ دُوْنِ اللّٰهِ (پ1،البقرۃ:23)	ترجمہ: اور اللہ کے سوا اپنے سب حمایتیوں کو بلالو۔
وَلْتَكُنْ مِّنْكُمْ اُمَّةٌ يَّدْعُوْنَ اِلَى الْخَيْرِ (پ4،آلِ عمرٰن:104)	ترجمہ: اور تم میں ایک گروہ ایسا ہونا چاہیے کہ بھلائی کی طرف بلائیں۔
اُدْعُ اِلٰى سَبِيْلِ رَبِّكَ بِالْحِكْمَةِ وَالْمَوْعِظَةِ الْحَسَنَةِ (پ14،النحل:125)	ترجمہ: اپنے رب کی راہ کی طرف بلاؤ پکی تدبیر اور اچھی نصیحت سے۔

ان جیسی آیات میں "دعا" بمعنیٰ بلانا ہے۔

3- مانگنا یا دعا کرنا:

اُدْعُوْا رَبَّكُمْ تَضَرُّعًا وَّ خُفْيَةً ؕ

ترجمہ: اپنے رب سے دعا کرو گڑگڑاتے اور آہستہ۔ (پ8، الاعراف:55)

اِنَّ رَبِّیْ لَسَمِیْعُ الدُّعَآءِ ﴿۳۹﴾

ترجمہ: بے شک میرا رب دعا سننے والا ہے۔ (پ13، ابراہیم:39)

رَبَّنَا وَ تَقَبَّلْ دُعَآءِ ﴿۴۰﴾

ترجمہ: اے ہمارے رب اور میری دعا سن لے۔ (پ13، ابراہیم:40)

ان جیسی تمام آیات میں "دعا" بمعنیٰ دعا مانگنا ہے۔

4- تمنا یا آرزو کرنا:

وَ لَكُمْ فِیْهَا مَا تَشْتَهِیْۤ اَنْفُسُكُمْ وَ لَكُمْ فِیْهَا مَا تَدَّعُوْنَ ﴿۳۱﴾ؕ

ترجمہ: اور تمہارے لیے ہے اس میں جو تمہارے جی چاہے اور تمہارے لیے اس میں جو مانگو۔ (پ24، حٰمۤ السجدۃ:31)

اس آیت میں "دعا" بمعنیٰ آرزو کرنا، چاہنا، خواہش کرنا ہے۔

5- پوجنا یعنی معبود سمجھ کر پکارنا:

اِنَّ الَّذِیْنَ تَدْعُوْنَ مِنْ دُوْنِ اللّٰهِ عِبَادٌ اَمْثَالُكُمْ

ترجمہ: بے شک وہ جن کو تم اللہ کے سوا پوجتے ہو تمہاری طرح بندے ہیں۔ (پ9، الاعراف:194)

وَّ اَنَّ الْمَسٰجِدَ لِلّٰهِ فَلَا تَدْعُوْا مَعَ اللّٰهِ اَحَدًا ﴿۱۸﴾ۙ

ترجمہ: اور یہ کہ مسجدیں اللہ ہی کی ہیں تو اللہ کے ساتھ کسی کی بندگی نہ کرو۔ (پ29، الجن:18)

وَ مَنْ اَضَلُّ مِمَّنْ يَّدْعُوْا مِنْ دُوْنِ اللّٰهِ مَنْ لَّا يَسْتَجِيْبُ لَهٗۤ اِلٰى يَوْمِ الْقِيٰمَةِ وَ هُمْ عَنْ دُعَآىِٕهِمْ غٰفِلُوْنَ۝۵ (پ26،الاحقاف:5)

ترجمہ: اور اس سے بڑھ کر گمراہ کون جو اللہ کے سوا ایسوں کو پوجے جو قیامت تک اس کی نہ سنیں اور انہیں ان کی پوجا کی خبر تک نہیں۔

ان جیسی وہ تمام آیات جن میں غیر خدا کی دعا کو شرک و کفر کہا گیا ہے یا اس پر جھڑکا گیا ہے ان سب میں "دعا" بمعنیٰ عبادت ہے اور "يَدْعُوْنَ" کے معنیٰ ہیں "وہ پوجتے ہیں"۔ ان آیات میں دعا بمعنیٰ عبادت لینا قرآن کریم کی ان آیات کی روشنی میں ہے جہاں دعا کے ساتھ عبادت یا الٰہ کا لفظ مذکور ہے۔ آیات مفسِرہ ملاحظہ کیجیے:

هُوَ الْحَیُّ لَاۤ اِلٰهَ اِلَّا هُوَ فَادْعُوْهُ مُخْلِصِیْنَ لَهُ الدِّیْنَ ؕ اَلْحَمْدُ لِلّٰهِ رَبِّ الْعٰلَمِیْنَ۝۶۵ قُلْ اِنِّیْ نُهِیْتُ اَنْ اَعْبُدَ الَّذِیْنَ تَدْعُوْنَ مِنْ دُوْنِ اللّٰهِ (پ24،المؤمن:65-66)

ترجمہ: وہی زندہ ہے اس کے سوا کسی کی بندگی نہیں تو اسے پوجو نرے اسی کے بندے ہوکر سب خوبیاں اللہ کو جو سارے جہان کا رب تم فرماؤ میں منع کیا گیا ہوں کہ انہیں پوجوں جنہیں تم اللہ کے سوا پوجتے ہو۔

اس آیت میں "لَاۤ اِلٰهَ اِلَّا هُوَ" اور "اَنْ اَعْبُدَ" نے واضح کر دیا کہ یہاں دعا سے "پوجنا" مراد ہے، نہ کہ محض "پکارنا"۔

وَ قَالَ رَبُّكُمُ ادْعُوْنِیْۤ اَسْتَجِبْ لَكُمْ ؕ اِنَّ الَّذِیْنَ یَسْتَكْبِرُوْنَ عَنْ عِبَادَتِیْ سَیَدْخُلُوْنَ جَهَنَّمَ دٰخِرِیْنَ۝۶۰ (پ24،المؤمن:60)

ترجمہ: اور تمہارے رب نے فرمایا مجھ سے دعا کرو میں قبول کروں گا بے شک وہ جو میری عبادت سے اونچے کھنچتے (تکبر کرتے) ہیں عنقریب جہنم میں جائیں گے ذلیل ہو کر۔

یہاں دعا سے مراد دعا مانگنا ہے، محض پکارنا مراد نہیں، اور دعا بھی عبادت ہے، اسی لیے آگے عبادت کا ذکر ہوا۔

وَ مَنْ اَضَلُّ مِمَّنْ یَّدْعُوْا مِنْ دُوْنِ اللّٰهِ مَنْ لَّا یَسْتَجِیْبُ لَهٗۤ اِلٰى یَوْمِ الْقِیٰمَةِ وَ هُمْ عَنْ دُعَآىٕهِمْ غٰفِلُوْنَ۝ وَ اِذَا حُشِرَ النَّاسُ كَانُوْا لَهُمْ اَعْدَآءً وَّ كَانُوْا بِعِبَادَتِهِمْ كٰفِرِیْنَ۝٦

(پ26، الاحقاف: 5-6)

ترجمہ: اور اس سے بڑھ کر گمراہ کون جو اللہ کے سوا ایسوں کو پوجے جو قیامت تک اس کی نہ سنیں اور انہیں ان کی پوجا کی خبر تک نہیں اور جب لوگوں کا حشر ہوگا وہ ان کے دشمن ہوں گے اور ان سے منکر ہو جائیں گے۔

یہاں بھی دعا سے مراد پکارنا نہیں بلکہ پوجنا یعنی معبود سمجھ کر پکارنا مراد ہے، کیونکہ ساتھ ہی ان کے اس فعل کو عبادت کہا گیا ہے۔

ان آیات سے ایسی تمام آیات کی تفسیر ہو گئی جن میں غیر خدا کی دعا کو شرک فرمایا گیا ہے اور واضح ہو گیا کہ وہاں دعا سے مراد پوجنا یا دعا مانگنا ہے اور دعا بھی عبادت ہے۔ اگر غیر خدا کو محض پکارنا شرک ہوتا تو جن آیتوں میں پکارنے کا حکم دیا گیا ہے اُن میں اور اِن آیات میں ٹکراؤ ہوتا، یہی وجہ ہے کہ عام مفسرین ان ممانعت والی آیات میں دعا کا معنیٰ عبادت کرتے ہیں۔

فہمِ قرآن کے ضابطے

قرآن پاک میں ہر جگہ دعا کا معنیٰ "پکارنا"، "بلانا"، یا "ندا" کرنا کیا جائے تو کئی آیات میں تعارض لازم آئے گا، کیونکہ بہت سی آیات میں غیر خدا کی عبادت کو شرک قرار دیتے ہوئے وہاں دعا کا ذکر ہوا ہے، اسی طرح بہت ساری آیات میں دعا بمعنیٰ پکارنے اور بلانے کا

حکم ہے۔ ذیل میں ایسی آیات کا درست مفہوم سمجھنے کے کچھ ضابطے بیان کیے جا رہے ہیں جہاں لفظ دعا مختلف معانی میں استعمال ہوا ہے:

ضابطہ نمبر 1: قرآن کریم میں جہاں کہیں غیر خدا کو پکارنے سے منع فرمایا جائے یا پکارنے والوں کی برائی بیان ہو یا دعا کے بعد دشمنِ خدا کا ذکر ہو یا دعا کا فاعل کافر ہو یا دعا پر اللہ تعالیٰ کی ناراضی کا اظہار ہو یا دعا کرنے والوں کو کافر، مشرک یا گمراہ قرار دیا گیا ہو یا پھر اللہ تعالیٰ سے دعا کا ذکر ہو تو وہاں دعا سے معبود سمجھ کر پکارنا، پوجنا اور عبادت کرنا مراد ہو گا نہ کہ محض ندا کرنا یا پکارنا۔ آیات ملاحظہ کیجیے:

هُوَ الْحَيُّ لَآ اِلٰهَ اِلَّا هُوَ فَادْعُوْهُ (پ24، المؤمن:65)
ترجمہ: وہی زندہ ہے اس کے سوا کسی کی بندگی نہیں تو اسے پوجو۔

وَ مَنْ اَضَلُّ مِمَّنْ يَّدْعُوْا مِنْ دُوْنِ اللّٰهِ مَنْ لَّا يَسْتَجِيْبُ لَهٗۤ اِلٰى يَوْمِ الْقِيٰمَةِ (پ26، الاحقاف:5)
ترجمہ: اور اس سے بڑھ کر گمراہ کون جو اللہ کے سوا ایسوں کو پوجے جو قیامت تک اس کی نہ سنیں۔

وَّ اَنَّ الْمَسٰجِدَ لِلّٰهِ فَلَا تَدْعُوْا مَعَ اللّٰهِ اَحَدًا ﴿۱۸﴾ (پ29، الجن:18)
ترجمہ: اور یہ کہ مسجدیں اللہ ہی کی ہیں تو اللہ کے ساتھ کسی کی بندگی نہ کرو۔

ضابطہ نمبر 2: جہاں غیر خدا کو پکارنے کا حکم ہے یا اس پکارنے پر ناراضی کا اظہار نہیں ہے تو اس سے بلانا یا پکارنا ہی مراد ہو گا۔ آیات ملاحظہ کیجیے:

اُجِيْبُ دَعْوَةَ الدَّاعِ اِذَا دَعَانِ (پ2، البقرۃ:186)
ترجمہ: دعا قبول کرتا ہوں پکارنے والے کی جب مجھے پکارے۔

اُدْعُوْا رَبَّكُمْ تَضَرُّعًا وَّ خُفْيَةً (پ8،الاعراف:55)	ترجمہ: اپنے رب سے دعا کرو گڑگڑاتے اور آہستہ۔
وَادْعُوْا مَنِ اسْتَطَعْتُمْ مِّنْ دُوْنِ اللّٰهِ (پ11،یونس:38)	ترجمہ: اور اللہ کو چھوڑ کر جو مل سکیں سب کو بلا لاؤ۔
اُدْعُوْهُمْ لِاٰبَآىِٕهِمْ (پ21،الاحزاب:5)	ترجمہ: انہیں ان کے باپ ہی کا کہہ کر پکارو۔

یہ ضابطے لازمی خیال میں رکھنے چاہئیں، ورنہ بہت سارے مقامات پر شرک کا وہم ہونے لگے گا، ظاہر ہے بندہ جتنا ہی ماہر کیوں نہ ہو اگر فہمِ قرآن کے ضابطے ملحوظ نہیں رکھے گا تو ہمیشہ ٹھوکر ہی کھائے گا کہ سورما چنا بھاڑ نہیں پھوڑ سکتا! یہی وجہ ہے کہ بعض سورماؤں کو مساجد میں صلوٰۃ و سلام، یا بزرگانِ دین کے اعراس کی محافل پر بھی شرک کا شبہ ہونے لگتا ہے بلکہ بعض کج فہم لوگ ان معمولات کو شرک ہی قرار دیدیتے ہیں۔

ضابطہ نمبر 3: جن آیات میں فرمایا گیا کہ "غیر خدا کے نام پر پکارا ہوا جانور حرام ہے" وہاں ذبح کے وقت کسی کا نام پکارنا مراد ہے۔ آیات ملاحظہ کیجیے:

وَمَآ اُهِلَّ بِهٖ لِغَيْرِ اللّٰهِ (پ2،البقرۃ:173)	ترجمہ: اور وہ جانور جو غیرِ خدا کا نام لے کر ذبح کیا گیا۔
وَمَا ذُبِحَ عَلَى النُّصُبِ (پ6،المائدۃ:3)	ترجمہ: اور جو کسی تھان (باطل معبودوں کے مخصوص نشانات) پر ذبح کیا گیا۔
وَمَا لَكُمْ اَلَّا تَاْكُلُوْا مِمَّا ذُكِرَ اسْمُ اللّٰهِ عَلَيْهِ (پ8،الانعام:119)	ترجمہ: اور تمہیں کیا ہوا کہ اس میں سے نہ کھاؤ جس پر اللہ کا نام لیا گیا۔

ضابطہ نمبر 4: جن آیات میں فرمایا گیا کہ غیر خدا کے نام پر پکارا ہوا جانور حرام نہیں ہے بلکہ حلال ہے وہاں زندگی کی حالت میں کسی کا نام پکارنا مراد ہوتا ہے، جیسے بتوں کے نام پر چھوڑا ہوا جانور، زید کی بکری اور عبدالرحیم کی گائے وغیرہ۔ آیات ملاحظہ کیجیے:

مَاجَعَلَ اللّٰهُ مِنۡۢ بَحِيۡرَةٍ وَّلَا سَآئِبَةٍ وَّلَا وَصِيۡلَةٍ وَّلَا حَامٍ ۙ وَّلٰكِنَّ الَّذِيۡنَ كَفَرُوۡا يَفۡتَرُوۡنَ عَلَى اللّٰهِ الۡكَذِبَ ؕ	ترجمہ: اللہ نے مقرر نہیں کیا ہے کان چرا ہوا اور نہ بجار اور نہ وصیلہ اور نہ حامی[1] ہاں کافر لوگ اللہ پر جھوٹا افترا باندھتے ہیں۔ (پ7، المائدۃ:103)

یہ جانور جو اس آیت میں مذکور ہوئے مشرکین عرب کی طرف سے بتوں کے نام پر چھوڑے جاتے تھے، یعنی زندگی میں ان پر غیر خدا کا نام پکارا جاتا تھا اور مشرکین انہیں حرام سمجھتے تھے، ان کے حرام سمجھنے کی تردید اس آیت میں کر دی گئی ہے اور انہیں حلال فرمایا گیا ہے، لہٰذا آج مشرکین کے چھوڑے ہوئے جانور حلال ہیں، اللہ کے نام پر ذبح کرو اور کھاؤ۔

اگر مسلمان، بزرگانِ دین کے نام پر کوئی جانور پالیں، انہیں بزرگوں کی طرف منسوب کریں اور قربانی کے وقت اس جانور کو اللہ تعالیٰ کا نام لیکر ہی ذبح کریں تو وہ جانور بالکل حلال ہے، جیسے گیارہویں شریف کی نیاز کے لیے پالا گیا غوث پاک کی طرف منسوب جانور وغیرہ۔

شبہات اور ان کی توضیحات

بعض لوگوں کے ذہنوں میں ایک بات جم جاتی ہے کہ بس قرآن پاک میں غیر خدا کو پکارنے سے منع کیا گیا ہے، لہٰذا کسی بھی صورت میں یہ جائز نہیں ہو سکتا۔ یہ لوگ دیگر قرآنی آیات کو یا تو سرے سے ہی فراموش کر دیتے ہیں یا پھر ان میں طرح طرح کی

[1] ان جانوروں کی وضاحت صفحہ 217 پر ملاحظہ کیجیے۔

تاویلات کرکے زبردستی اپنے حق میں کرنے کی کوشش کرتے ہیں، ایسے لوگ اکثر تو شبہات میں مبتلا ہوتے ہیں، جبکہ بعض بدنصیب قصداً ماننے کے لیے تیار نہیں ہوتے اور بھول جاتے ہیں کہ ہمارے اس نظریے سے کیا کیا خرابیاں لازم آئیں گی۔ بہرحال ہٹ دھرمی کا کوئی جواب نہیں دیا جاسکتا البتہ شکوک وشبہات کو وضاحت کے ذریعے ختم کرنے کی کوشش ضرور کی جاسکتی ہے۔ یہاں پر غیر خدا کو پکارنے سے متعلق شبہات مع توضیحات بیان کیے جارہے ہیں، ملاحظہ کیجیے:

1- شبہ: لفظ دعا کے جو معانی بیان کیے گئے ہیں اور انہیں لغوی و اصطلاحی معنیٰ کی طرف تقسیم کرکے جو تفصیلی گفتگو کی گئی ہے درحقیقت یہ اپنے مؤقف کو ثابت کرنے کی کوشش ہے۔ جن آیات میں دعا کو عبادت کے معنیٰ میں لیا گیا ہے، وہاں دعا کا لغوی معنیٰ یعنی پکارنا ہی مقرر کیا جائے تو غیر خدا کو پکارنے کی ممانعت ہی ثابت ہوتی ہے جو حقیقت میں شرک ہے۔

توضیح: اگر دعا کا معنیٰ پکارنا ہی مقرر کرلیا جائے تب بھی ان آیات سے یہ ثابت نہیں ہوگا کہ غیر خدا کو پکارنا شرک ہے، کیونکہ پکارنے کی بہت سی نوعیتیں ہیں جن میں سے ایک یہ ہے کہ ”کسی کو خدا سمجھ کر پکارا جائے“، ممانعت والی آیات کا یہی مطلب ہے کہ کسی کو خدا سمجھ کر پکارنا شرک ہے۔ اس کی تصریح قرآن پاک کی اس آیت میں موجود ہے:

وَمَنْ یَّدْعُ مَعَ اللّٰهِ اِلٰهًا اٰخَرَ لَا بُرْهَانَ لَهٗ بِهٖ فَاِنَّمَا حِسَابُهٗ عِنْدَ رَبِّهٖ (پ18، المؤمنون:117)

ترجمہ: اور جو اللہ کے ساتھ کسی دوسرے خدا کو پوجے جس کی اس کے پاس کوئی سند نہیں تو اس کا حساب اس کے رب کے یہاں ہے۔

2- شبہ: ممانعت والی آیتوں میں پکارنا ہی مراد ہے اور اس کا مطلب ہے کہ ”کسی کو دور سے

یہ سمجھ کر پکارنا کہ وہ سن رہا ہے" یقیناً یہ شرک ہے۔

توضیح: یہ بالکل غلط ہے، کیونکہ قرآن پاک کی ان آیتوں میں دور و نزدیک کا کوئی ذکر نہیں ہے۔ نیز یہ قید خود قرآن کی اپنی تفسیر کے بھی خلاف ہے، لہٰذا مردود ہے۔ ذرا غور کیجیے کہ اگر دور سے پکارنا شرک ہو تو بہت ساری مقدس ہستیوں پر شرک کا حکم لگے گا، مثلاً

(1) مسلمانوں کے دوسرے خلیفہ حضرت عمر رضی اللہ عنہ نے مدینہ منورہ سے صحابی رسول حضرت ساریہ رضی اللہ عنہ کو پکارا، حالانکہ وہ نہاوند میں تھے جو مدینہ منورہ سے ایک ماہ کی مسافت پر ہے۔[1]

(2) حضرت ابراہیم علیہ السلام نے کعبۃ اللہ المشرفہ کی تعمیر کے بعد تمام دور کے لوگوں کو پکارا اور تمام روحوں نے جو قیامت تک پیدا ہونے والی تھیں انہوں نے سن لیا۔[2]

(3) نمازی حضور صلی اللہ علیہ وآلہٖ وسلم کو نماز میں پکارتے ہیں: "اَلسَّلَامُ عَلَیْكَ اَیُّهَا النَّبِیُّ یعنی اے نبی! آپ پر سلام ہو۔" اگر اس کو شرک قرار دیا جائے تو نمازی کی نماز تو بعد میں ختم ہو گی، اس کا ایمان پہلے ختم ہو جائے گا۔

(4) آج کے ترقی یافتہ دور میں ہزاروں میل دور بیٹھے شخص کو پکارا بھی جاتا ہے بلکہ باقاعدہ اس سے بات چیت بھی کی جاتی ہے، حتّٰی کہ اس کی تصویر تک دیکھی جاتی ہے، تو کیا اس کو شرک سے تعبیر کریں گے؟ ہو سکتا ہے کسی کے ذہن میں آئے کہ یہ تو مشین کے ذریعے دور کے لوگوں کو پکارا جاتا ہے جو ایک سبب ہے اور سبب کے تحت دور سے سننا شرک نہیں، تو عرض یہ ہے کہ شرک ہونے کے لیے سبب ہونے یا نہ ہونے کی قید ذاتی اختراع ہے جس کا قرآن و حدیث میں کوئی ثبوت نہیں، دوسرا یہ کہ اگر سبب کی قید کو

(1) دلائل النبوۃ للبیہقی، 6/370 – مشکاۃ المصابیح، 2/401، حدیث: 5954۔
(2) تفسیرِ قرطبی، الجزء الثانی عشر، پ 17، الحج، تحت الآیۃ: 27، 6/29۔

مان لیا جائے تو نبوت وولایت کے نور کی طاقت بھی تو ایک سبب ہے اور آپ کے نزدیک سبب کے تحت دور سے سننا شرک نہیں، لہٰذا اسے بھی شرک نہیں ہونا چاہیے۔

3- شبہ: ممانعت والی آیات میں مردوں کو پکارنے سے منع کیا گیا ہے، لہٰذا مرے ہوئے لوگوں کو یہ سمجھ کر پکارنا کہ وہ سن رہے ہیں، شرک ہے۔

توضیح: شرک ہر حالت میں شرک ہوتا ہے، ایسا نہیں کہ مردہ کو پکارنا شرک ہو اور زندہ کو پکارنا ایمان کا حصہ! قرآن پاک میں غیر خدا کو پکارنے کی ممانعت پر مشتمل آیات میں زندہ مردہ یا حاضر غائب کی کوئی تقسیم اور قید بیان نہیں کی گئی، لہٰذا ان آیات کو فوت شدہ لوگوں کو پکارنے کی ممانعت پر محمول کرنا غلط ہے۔ نیز فوت شدگان کو پکارنا کوئی اچھنبے کی بات بھی نہیں کہ اس کی کئی مثالیں موجود ہیں۔ چنانچہ

- ہمیں حکم ہے کہ قبرستان جا کر یوں سلام کریں: اَلسَّلَامُ عَلَيْكُمْ يَا أَهْلَ الْقُبُوْرِ وَيَغْفِرُ اللهُ لَنَا وَلَكُمْ أَنْتُمْ لَنَا سَلَفٌ وَنَحْنُ بِالْأَثَرِ یعنی اے قبر والو! تم پر سلام ہو، اللہ ہماری اور تمہاری مغفرت فرمائے، تم ہم سے پہلے پہنچے اور ہم تمہارے پیچھے آنے والے ہیں۔ (1)
- حضرت ابراہیم علیہ السلام نے ذبح شدہ پرندوں کو پکارا اور انہوں نے سن لیا۔ (2)
- حضرت صالح اور حضرت شعیب علیہما السلام نے قوم کو ان کی ہلاکت کے بعد پکارا؛ حضرت شعیب علیہ السلام کا قصہ اس طرح بیان ہوا:

فَتَوَلّٰى عَنْهُمْ وَ قَالَ یٰقَوْمِ لَقَدْ اَبْلَغْتُكُمْ رِسٰلٰتِ رَبِّیْ وَ نَصَحْتُ لَكُمْۚ فَكَیْفَ اٰسٰى عَلٰى قَوْمٍ كٰفِرِیْنَ۠ ﴿۹۳﴾

(پ9، الاعراف: 93)

ترجمہ: تو شعیب نے ان سے منہ پھیرا اور کہا اے میری قوم میں تمہیں اپنے رب کی رسالت پہنچا چکا اور تمہارے بھلے کو نصیحت کی تو کیونکر غم کروں کافروں کا۔

(1) فتاویٰ ہندیہ، 5/350۔ (2) پ3، البقرۃ: 260۔

جبکہ حضرت صالح علیہ السلام کا واقعہ اللہ پاک نے یوں بیان فرمایا:

فَاَخَذَتْهُمُ الرَّجْفَةُ فَاَصْبَحُوْا فِیْ دَارِهِمْ جٰثِمِیْنَ ﴿۷۸﴾ فَتَوَلّٰى عَنْهُمْ وَ قَالَ یٰقَوْمِ لَقَدْ اَبْلَغْتُكُمْ رِسَالَةَ رَبِّیْ وَ نَصَحْتُ لَكُمْ وَ لٰكِنْ لَّا تُحِبُّوْنَ النّٰصِحِیْنَ ﴿۷۹﴾

(پ8،الاعراف:78-79)

ترجمہ: تو انہیں زلزلہ نے آلیا تو صبح کو اپنے گھروں میں اوندھے رہ گئے تو صالح نے ان سے منہ پھیرا اور کہا اے میری قوم بے شک میں نے تمہیں اپنے رب کی رسالت پہنچادی اور تمہارا بھلا چاہا مگر تم خیر خواہوں کے غرضی (پسند کرنے والے) ہی نہیں۔

ان دونوں آیتوں میں "فَتَوَلّٰى" کی "فاء" سے معلوم ہوا کہ ان دونوں پیغمبروں کا یہ خطاب قوم کی ہلاکت کے بعد تھا۔ (1)

❁ ہمارے پیارے نبی صلی اللہ علیہ والہ وسلم نے بدر کے دن مرے ہوئے ابوجہل، ابولہب، امیہ ابن خلف وغیرہ کفار کو پکارا اور حضرت فاروق اعظم رضی اللہ عنہ کے عرض کرنے پر فرمایا: تم ان مردوں سے زیادہ نہیں سنتے۔ (2)

اگر مردوں کو پکارنا شرک ہے تو انبیائے کرام علیہم السّلام کے پکارنے کا کیا جواب ہو گا!

(1) تفسیرِ خازن، پ8، الاعراف، تحت الآیۃ:79، 2/113-زاد المسیر فی علم التفسیر، پ8، الاعراف، تحت الآیۃ:93، 3/233۔ (2) بخاری، 3/11، حدیث:3976۔

مشق

1- تمہید کی روشنی میں فلسفہ دعا پر کلام کیجیے۔

2- لفظ دعا کا لغوی واصطلاحی و معنیٰ بیان کیجیے۔

3- لفظ دعا قرآن پاک میں کتنے اور کون کون سے معانی میں آیا ہے؟ آیات بھی ذکر کیجیے۔

4- کلمہ دعا کا معنیٰ "عبادت" اور "ندا" کب لیا جائے گا؟

5- غیر خدا کے نام پر پکارا ہوا جانور کب حرام ہو گا اور کب حلال؟

6- غیر اللہ کو پکارنے کا مطلقا انکار کرنے والے کس بنیادی غلطی کا شکار ہیں؟

7- کیا دور سے پکارنا یا مردوں کو یہ سمجھ کر پکارنا کہ وہ سنتے ہیں، شرک ہے؟ اگر نہیں تو اس سے متعلق شبہات کی مفصل وضاحت کیجیے۔

دوسرا باب

انبیائے کرام علیہم السّلام سے متعلق مسائل

پہلی فصل: مراتب انبیا

ایک مسلمان کے لیے جس طرح خدا پر ایمان لانا ضروری ہے اسی طرح اس کے تمام نبیوں اور رسولوں پر ایمان لانا بھی ضروری ہے، کسی بھی نبی یا رسول کا انکار کرنا یا کسی غیر نبی کو نبی مان لینا کفر ہے۔ یہی وجہ ہے کہ یہودی اہل کتاب ہونے کے باوجود کلمۃ اللہ حضرت عیسیٰ علیہ السلام اور سَیّدِ الانبیا حضرت محمد مصطفےٰ صلی اللہ علیہ وآلہٖ وسلم کی نبوت کا انکار کرنے کی وجہ سے کافر ہیں، نصاریٰ حضور سَیّدِ عالم صلی اللہ علیہ وآلہٖ وسلم کی نبوت کے منکر ہونے کی وجہ سے کافر ہیں اور قادیانی چاہے وہ مرزائی ہوں یا لاہوری، وہ غلام احمد قادیانی کو نبی ماننے کی وجہ سے کافر ہیں۔

قرآن کریم میں انبیائے کِرام علیہمُ السّلام کے درمیان فرق کرنے سے منع فرمایا گیا ہے، جیسا کہ درج ذیل آیت ہے:

وَالَّذِیْنَ اٰمَنُوْا بِاللّٰهِ وَرُسُلِهٖ وَلَمْ یُفَرِّقُوْا بَیْنَ اَحَدٍ مِّنْهُمْ (پ6، النساء:152)

ترجمہ: اور وہ جو اللہ اور اس کے سب رسولوں پر ایمان لائے اور ان میں سے کسی پر ایمان میں فرق نہ کیا۔

حالانکہ دیگر آیات میں یہ مضمون موجود ہے کہ رسولوں کے درمیان فرق ہے۔ جیسا کہ ارشاد باری تعالیٰ ہے:

تِلْكَ الرُّسُلُ فَضَّلْنَا بَعْضَهُمْ عَلٰى بَعْضٍ ۘ مِنْهُمْ مَّنْ كَلَّمَ اللّٰهُ وَرَفَعَ بَعْضَهُمْ دَرَجٰتٍ ؕ (پ3، البقرۃ:253)

ترجمہ: یہ رسول ہیں کہ ہم نے ان میں ایک کو دوسرے پر افضل کیا ان میں کسی سے اللہ نے کلام فرمایا اور کوئی وہ ہے جسے سب پر درجوں بلند کیا۔

وَمَآ اَرْسَلْنٰكَ اِلَّا رَحْمَةً لِّلْعٰلَمِيْنَ ۝۱۰۷

ترجمہ: اور ہم نے تمہیں نہ بھیجا مگر رحمت سارے جہان کے لئے۔ (پ17، الانبیاء:107)

فہم قرآن کے ضابطے

ایسی آیات کے اصل مفہوم کو سمجھنے کے لیے درج ذیل ضابطے ملاحظہ کیجیے:

ضابطہ نمبر 1: جن آیات میں رسولوں کے درمیان فرق کرنے سے منع کیا گیا ہے وہاں تین باتوں میں سے کوئی ایک بات مراد ہو گی:

(1) ایمان میں فرق کرنا مراد ہو گا۔

(2) اپنی ذاتی رائے سے فرق کرنا مراد ہو گا۔

(3) توہین آمیز فرق کرنا مراد ہو گا۔

دو آیات ملاحظہ کیجیے:

لَا نُفَرِّقُ بَيْنَ اَحَدٍ مِّنْ رُّسُلِهٖ (پ3، البقرة:285)

ترجمہ: یہ کہتے ہوئے کہ ہم اس کے کسی رسول پر ایمان لانے میں فرق نہیں کرتے۔

اِنَّ الَّذِيْنَ يَكْفُرُوْنَ بِاللّٰهِ وَرُسُلِهٖ وَيُرِيْدُوْنَ اَنْ يُّفَرِّقُوْا بَيْنَ اللّٰهِ وَرُسُلِهٖ وَيَقُوْلُوْنَ نُؤْمِنُ بِبَعْضٍ وَّنَكْفُرُ بِبَعْضٍ ۙ وَّيُرِيْدُوْنَ اَنْ يَّتَّخِذُوْا بَيْنَ ذٰلِكَ سَبِيْلًا ۝۱۵۰ (پ6، النساء:150)

ترجمہ: وہ جو اللہ اور اس کے رسولوں کو نہیں مانتے اور چاہتے ہیں کہ اللہ سے اس کے رسولوں کو جدا کر دیں اور کہتے ہیں ہم کسی پر ایمان لائے اور کسی کے منکر ہوئے اور چاہتے ہیں کہ ایمان و کفر کے بیچ میں کوئی راہ نکال لیں۔

اس دوسری آیت نے پہلے والی آیات کی بھی تفسیر کر دی کہ رسولوں میں فرق کرنے

سے مراد ایمان کا فرق ہے یعنی بعض کو ماننا اور بعض کا انکار کرنا، یہ کفر ہے، کیونکہ مؤمن کے لیے تمام نبیوں اور رسولوں پر ایمان لانا ضروری ہے۔

ضابطہ نمبر 2: جن آیات میں رسولوں کے درمیان فرق کا ذکر ہے وہاں درجات و مراتب کا فرق مراد ہے۔ آیات ملاحظہ کیجیے:

وَمَاۤ اَرْسَلْنٰكَ اِلَّا رَحْمَةً لِّلْعٰلَمِیْنَ ﴿۱۰۷﴾ (پ17، الانبیاء:107)	ترجمہ: اور ہم نے تمہیں نہ بھیجا مگر رحمت سارے جہان کے لئے۔
تِلْكَ الرُّسُلُ فَضَّلْنَا بَعْضَهُمْ عَلٰى بَعْضٍ ۘ مِنْهُمْ مَّنْ كَلَّمَ اللّٰهُ وَ رَفَعَ بَعْضَهُمْ دَرَجٰتٍ ؕ (پ3، البقرۃ:253)	ترجمہ: یہ رسول ہیں کہ ہم نے ان میں ایک کو دوسرے پر افضل کیا ان میں کسی سے اللہ نے کلام فرمایا اور کوئی وہ ہے جسے سب پر درجوں بلند کیا۔

ان آیات میں رسولوں کے درمیان درجات و مراتب کا فرق مراد ہے کہ بعض انبیا و رسل بعض سے افضل ہیں اور ہمارے نبی سب سے افضل ہیں۔

شبہات اور ان کی توضیحات

1 - شبہ: بعض احادیث میں نبی کریم صلی اللہ علیہ والہ وسلم نے خود کو حضرت یونس علیہ السلام پر فضیلت دینے سے منع فرمایا ہے، مثلاً: مَا يَنْبَغِي لِعَبْدٍ أَنْ يَّقُولَ أَنَا خَيْرٌ مِنْ يُونُسَ بْنِ مَتّٰى یعنی کسی شخص کے لیے یہ کہنا جائز نہیں کہ میں حضرت یونس بن متی سے بہتر ہوں۔[1] ایک روایت میں ہے: جس نے یہ کہا کہ میں یونس بن متی علیہ السلام سے بہتر ہوں تو اس نے جھوٹ

[1] بخاری، 3/222، حدیث: 4631۔

کہا۔[1] جبکہ ایک حدیث میں ارشاد ہے: أَنَا سَيِّدُ وَلَدِ آدَمَ يَوْمَ الْقِيَامَةِ[2] یعنی میں اولادِ آدم کا سردار ہوں۔ ان احادیث میں تضاد معلوم ہوتا ہے، اس کی وضاحت کیا ہے؟

توضیح: قرآن پاک کی آیات یا احادیث مبارکہ کا درست مفہوم صرف آیات و احادیث کا احاطہ کرلینے سے سمجھ نہیں آتا، خصوصاً اس وقت کہ جب چند آیات یا مختلف احادیث میں باہم تضاد نظر آرہا ہو، اس کے لیے متعلقہ موضوع پر آیات و احادیث جمع کرنے کے بعد اسلام اور شارع اسلام علیہ السلام کے مزاج اور آیات و احادیث کا وقت نزول وورود بھی پیش نظر رکھنا ہوتا ہے اور یہ ہر کس وناکس کے بس کی بات نہیں، لہٰذا جب کبھی ایسے مقامات پیش نظر ہوں تو ان کے تحت عُلَمائے امت کی تشریحات دیکھنا بے حد ضروری ہے، کیونکہ عُلَمائے ربانیین مزاجِ اسلام کی روشنی میں ایسے مقامات کی وہ تشریح فرماتے ہیں جو تشفی و طمانینت کا سبب بنتی ہے۔ ذیل میں عُلَمائے ربانیین کے کلام کی روشنی میں مذکورہ شبہ کی توضیحات درج کی جارہی ہیں ملاحظہ کیجیے:

1- حضور صلی اللہ علیہ والہٖ وسلم کا یہ فرمان تواضع و انکسار کی وجہ سے تھا اور اس سے تکبر و عجب کی نفی مقصود تھی۔

3- حدیث کا مطلب یہ ہے کہ کسی نبی کی اس طرح فضیلت بیان کرنا منع ہے جس سے دیگر انبیا کی شان میں تنقیص کا شائبہ ہو۔

4- قرآنِ پاک میں حضرت یونس علیہ السّلام کے لیے اس طرح کے کلمات ذکر کیے گئے ہیں جن سے کسی جاہل کے دل میں ان کے مقام و مرتبے کی کمی کا خیال آسکتا ہے، اسی لیے حدیث میں حضرت یونس علیہ السّلام کا خاص ذکر کیا گیا ہے۔ دو آیات ملاحظہ کیجیے:

---

(1) بخاری، 3/211، حدیث:4604۔ (2) مسلم، ص962، حدیث:5940۔

وَ ذَا النُّوۡنِ اِذۡ ذَّهَبَ مُغَاضِبًا فَظَنَّ اَنۡ لَّنۡ نَّقۡدِرَ عَلَیۡهِ (پ17، الانبیاء:87)

ترجمہ: اور ذوالنون کو (یاد کرو) جب چلا غصہ میں بھرا تو گمان کیا کہ ہم اس پر تنگی نہ کریں گے۔

اِذۡ اَبَقَ اِلَی الۡفُلۡكِ الۡمَشۡحُوۡنِ (پ23، الصّٰفّٰت:140)

ترجمہ: جب کہ بھری کشتی کی طرف نکل گیا۔

5- حدیث کا مطلب یہ ہے کہ انبیائے کرام کو ایک دوسرے پر صفتِ نبوت و رسالت میں فضیلت دینا منع ہے، کیونکہ اس صفت میں سب برابر ہیں، البتہ! دیگر کمالات و خصوصیات میں انبیا کے مختلف درجات ہیں کہ قرآن پاک میں ہے:

تِلۡكَ الرُّسُلُ فَضَّلۡنَا بَعۡضَهُمۡ عَلٰی بَعۡضٍ ۘ مِنۡهُمۡ مَّنۡ كَلَّمَ اللّٰهُ وَ رَفَعَ بَعۡضَهُمۡ دَرَجٰتٍ ؕ (پ3، البقرة:253)

ترجمہ: یہ رسول ہیں کہ ہم نے ان میں ایک کو دوسرے پر افضل کیا ان میں کسی سے اللہ نے کلام فرمایا اور کوئی وہ ہے جسے سب پر درجوں بلند کیا۔

6- حدیث میں موجود ضمیر "اَنَا" سے قائل خود مراد ہے، نبی پاک صلی اللہ علیہ واٰلہٖ وسلم مراد نہیں، لہٰذا اس کا معنی یہ ہوگا کہ کوئی عالم یا ولی کتنے ہی اعلیٰ مقام پر پہنچ گیا ہو وہ یہ گمان نہ کرے کہ وہ حضرت یونس علیہ السّلام سے بہتر ہو گیا، کیونکہ وہ نبی ہیں اور نبی کا درجہ افضل و اعلیٰ ہی ہوتا ہے۔[1]

پانچ افضل رسول

انبیائے کِرام علیہمُ السّلام کے مختلف درجات ہیں؛ بعض کو بعض پر فضیلت ہے اور سب

[1] شرح الشفا، 1/482تا489 ملخصاً۔

سے افضل ہمارے آقا و مولیٰ سیّد المرسلین صلی اللہ علیہ واٰلہٖ وسلم ہیں، آپ کے بعد سب سے بڑا مرتبہ حضرت ابراہیم خلیل اللہ علیہ السّلام کا ہے، پھر حضرت موسیٰ علیہ السّلام، پھر حضرت عیسیٰ علیہ السّلام اور پھر حضرت نوح علیہ السّلام کا ہے۔ ان حضرات کو مرسلین "اُولو العزم" کہتے ہیں اور یہ پانچوں حضرات باقی تمام انبیاو مرسلین اِنس وملک و جن و جمیع مخلوقاتِ الٰہی سے افضل ہیں۔[1]

مشق

1- یہود و نصاریٰ اور قادیانیوں کے کفر کی کیا وجہ بیان کی گئی ہے؟

2- اولو العزم رسولوں کی تعداد اور نام ترتیب وار لکھیے۔

3- انبیائے کرام کے مابین فرق کرنے یا نہ کرنے سے متعلق آیات کا ضابطہ تحریر کیجیے۔

4- حضرت یونس علیہ السّلام اور حضور خاتم النبیین صلی اللہ علیہ واٰلہٖ وسلم کے فرامین سے متعلق شبہ اور اس کی مفصل توضیح بیان کیجیے۔

[1] لوامع الانوار البہیۃ، 2/299 تا 300 ملخصاً- بہارِ شریعت، 1/52، حصہ: 1- تکمیل الایمان، ص 124 تا 125۔

دوسری فصل: نبی و قرآن کی ہدایت

ہدایت ایک نور ہے اور کفر و گمراہی اندھیرا؛ جو شخص ہدایت کے نور سے مستفیض ہو گا، اللہ تعالیٰ اس کو جانتا ہے اور وہ اللہ تعالیٰ کے ارادے سے ہی ہدایت پائے گا، اور جو کفر و گمراہی کے اندھیروں میں بھٹکتا رہا، اس نے اپنے اختیار سے اس سنسان وادی کا رخ کیا اور اللہ تعالیٰ کو اس کا بھی علم ہے، اللہ تعالیٰ نے اس کے اختیار کو اپنے ارادے سے بر قرار رکھا ہے، لہٰذا کوئی بھی شخص ہدایت و گمراہی کے لیے مجبور نہیں ہے بلکہ ہر ایک کو اختیار ہے جو چاہے کرے۔ اللہ تعالیٰ صرف بندے کے اختیار کو بر قرار رکھتا ہے اور اپنی ازلی صفت علم سے اس کو جانتا ہے۔

اللہ تعالیٰ کے کسی بندے کو ہدایت دینے یا گمراہ کرنے کا یہی مطلب ہے کہ بندہ اللہ تعالیٰ کے ارادہ فرمانے سے مجبور محض ہو کر ہدایت و گمراہی کا مستحق نہیں ہوتا بلکہ اس میں بندے کا اپنا دخل ہوتا ہے وہ حکیم مطلق محض بندے کے اختیار کو اپنے ارادے سے بر قرار رکھتا ہے اور اللہ تعالیٰ کے اسی ارادے کو بنیاد بنا کر کہا جاتا ہے کہ اللہ نے ہدایت عطا فرمائی یا اللہ نے گمراہ فرما دیا۔ اگر اللہ تعالیٰ کا ارادہ اور مرضی نہ ہو تو کوئی شخص ہدایت نہیں پا سکتا۔

فہم قرآن کے ضابطے

قرآن پاک میں جہاں کہیں ہدایت دینے کی نسبت نبی کریم صلی اللہ علیہ واٰلہٖ وسلم یا قرآن کریم کی طرف کی گئی ہے یا ان سے اس کی نفی فرمائی گئی ہے وہ بھی اللہ تعالیٰ کی مرضی اور ارادے کے تحت ہی ہے، لہٰذا ذیل میں ان آیات کے حوالے سے دو ضابطے بیان کیے جا رہے ہیں، ملاحظہ کیجیے:

ضابطہ نمبر 1: جن آیات میں نبی کریم علیہ السلام کے ہدایت دینے کی نفی کی گئی ہے وہاں اللہ

کی مرضی کے خلاف ہدایت دینا مراد ہے کہ کوئی اپنے اختیار سے گمراہی اختیار کرلے اور اللہ تعالیٰ بندے کے اختیار کو اپنے ارادے سے برقرار رکھے اور نبی کریم علیہ السلام اسے ہدایت دیں یہ ناممکن ہے۔ مثلاً

لَيۡسَ عَلَيۡكَ هُدٰٮهُمۡ وَلٰـكِنَّ اللّٰهَ يَهۡدِىۡ مَنۡ يَّشَآءُ‌ؕ (پ3،البقرۃ:272)

ترجمہ: انہیں راہ دینا تمہارے ذمہ لازم نہیں ہاں اللہ راہ دیتا ہے جسے چاہتا ہے۔

وَاِنۡ كَانَ كَبُرَ عَلَيۡكَ اِعۡرَاضُهُمۡ فَاِنِ اسۡتَطَعۡتَ اَنۡ تَبۡتَغِىَ نَفَقًا فِى الۡاَرۡضِ اَوۡ سُلَّمًا فِى السَّمَآءِ فَتَاۡتِيَهُمۡ بِاٰيَةٍ‌ ؕ وَلَوۡ شَآءَ اللّٰهُ لَجَمَعَهُمۡ عَلَى الۡهُدٰى فَلَا تَكُوۡنَنَّ مِنَ الۡجٰهِلِيۡنَ ۝۳۵ (پ7،الانعام:35)

ترجمہ: اور اگر ان کا منہ پھیرنا تم پر شاق گزرا ہے تو اگر تم سے ہو سکے تو زمین میں کوئی سرنگ تلاش کرلو یا آسمان میں زینہ پھر ان کے لیے نشانی لے آؤ اور اللہ چاہتا تو انہیں ہدایت پر اکٹھا کر دیتا تو اے سننے والے تو ہرگز نادان نہ بن۔

اِنَّكَ لَا تَهۡدِىۡ مَنۡ اَحۡبَبۡتَ وَلٰـكِنَّ اللّٰهَ يَهۡدِىۡ مَنۡ يَّشَآءُ‌ ۚ وَهُوَ اَعۡلَمُ بِالۡمُهۡتَدِيۡنَ ۝۵۶ (پ20،القصص:56)

ترجمہ: بے شک یہ نہیں کہ تم جسے اپنی طرف سے چاہو ہدایت کر دو ہاں اللہ ہدایت فرماتا ہے جسے چاہے اور وہ خوب جانتا ہے ہدایت والوں کو۔

ان تمام آیات میں اللہ کی مرضی کے خلاف ہدایت دینا مراد ہے، یہ نہ نبی سے ممکن ہے اور نہ قرآن سے۔

ضابطہ نمبر 2: جن آیات میں نبی کریم صلی اللہ علیہ واٰلہٖ وسلم یا قرآن پاک کے ہدایت دینے کا ذکر ہے وہاں اللہ تعالیٰ کے اذن سے ہدایت دینا مراد ہے۔ آیات ملاحظہ کیجیے:

شَهۡرُ رَمَضَانَ الَّذِیۡۤ اُنۡزِلَ فِیۡهِ الۡقُرۡاٰنُ هُدًی لِّلنَّاسِ وَ بَیِّنٰتٍ مِّنَ الۡهُدٰی وَ الۡفُرۡقَانِ ۚ (پ2،البقرۃ:185)

ترجمہ: رمضان کا مہینہ جس میں قرآن اترا لوگوں کے لیے ہدایت اور رہنمائی اور فیصلہ کی روشن باتیں۔

اِذۡ بَعَثَ فِیۡهِمۡ رَسُوۡلًا مِّنۡ اَنۡفُسِهِمۡ یَتۡلُوۡا عَلَیۡهِمۡ اٰیٰتِهٖ وَ یُزَکِّیۡهِمۡ وَ یُعَلِّمُهُمُ الۡکِتٰبَ وَ الۡحِکۡمَةَ ۚ (پ4،اٰلِ عمرٰن:164)

ترجمہ: کہ ان میں انہیں میں سے ایک رسول بھیجا جو ان پر اس کی آیتیں پڑھتا ہے اور انہیں پاک کرتا اور انہیں کتاب وحکمت سکھاتا ہے۔

اِنَّ هٰذَا الۡقُرۡاٰنَ یَهۡدِیۡ لِلَّتِیۡ هِیَ اَقۡوَمُ (پ15،بنی اسرائیل:9)

ترجمہ: بیشک یہ قرآن وہ راہ دکھاتا ہے جو سب سے سیدھی ہے۔

وَ اِنَّكَ لَتَهۡدِیۡۤ اِلٰی صِرَاطٍ مُّسۡتَقِیۡمٍ ﴿۵۲﴾ (پ25،الشوریٰ:52)

ترجمہ: اور بے شک تم ضرور سیدھی راہ بتاتے ہو۔

ان آیات اور ان جیسی تمام آیات جن میں نبی کریم صلی اللہ علیہ واٰلہٖ وسلم یا قرآن پاک کو ہادی فرمایا گیا ہے، وہاں اللہ کی مرضی سے راہ دکھانا مراد ہے۔

مشق

1- ہدایت دینے یا گمراہ کرنے کی نسبت اللہ تعالیٰ کی طرف ہو تو اس کا کیا معنیٰ ہوتا ہے؟

2- نبی اور قرآن کے ہدایت دینے اور نہ دینے سے متعلق آیات کو سمجھنے کا ضابطہ بتائیے۔

تیسری فصل: انبیا کا نفع و نقصان کا مالک ہونا

نفع و نقصان کا حقیقی مالک اللہ تعالیٰ ہی ہے، اس کی مرضی کے بغیر کوئی بھی شے یا شخص نہ نفع بخش ہو سکتا ہے نہ نقصان دہ؛ اگر اللہ چاہے تو اشیاء کی تاثیرات بدل دے، نقصان دہ کو نفع بخش بنا دے اور نفع دینے والی چیز نقصان دینے لگ جائے، ہر چیز اپنی تمام تر تاثیرات کے ساتھ اللہ تعالیٰ ہی کے زیرِ حکم ہے۔

وہ کریم رب جس طرح اشیاء کی تاثیرات بدلنے پر قادر ہے اسی طرح اپنے محبوب بندوں کو نفع و نقصان کا مجازی مالک بنانے پر بھی قادر ہے؛ اسی کی عطا سے بندے نفع و نقصان دینے پر قادر ہوتے ہیں اور مردوں کو زندگی دینے کی قدرت وہی اپنے بندوں کو عطا فرماتا ہے۔ اگر کوئی تنگ نظر شخص بندوں کی اس قدرت کو تسلیم نہیں کرتا تو درحقیقت وہ اللہ تعالیٰ کی قدرت میں نقص مانتا ہے کیونکہ کوئی بھی شخص اللہ تعالیٰ کی عطا کے بغیر نفع و نقصان کی ترسیل پر قادر نہیں ہو سکتا اور یقیناً اللہ تعالیٰ اپنے بندوں کو اس پر قدرت دینے پر قادر ہے۔

فہم قرآن کے ضابطے

قرآن کریم میں دونوں طرح کی آیات موجود ہیں کہ بعض میں نفع و نقصان کا مالک ہونے کی بندوں سے نفی کی گئی ہے اور بعض میں اس کو ثابت کیا گیا ہے۔ ذیل میں ایسی آیات کو سمجھنے کے دو ضابطے ذکر کیے جا رہے ہیں، ملاحظہ کیجیے:

ضابطہ نمبر 1: جن آیات میں یہ پیغمبران برحق اپنی ذات سے نفع کا مالک ہونے کی نفی کریں وہاں اللہ کی مرضی کے بغیر ملکیت مراد ہوتی ہے۔ آیات ملاحظہ کیجیے:

قُلْ لَّآ اَمْلِكُ لِنَفْسِیْ نَفْعًا وَّ لَا ضَرًّا اِلَّا مَا شَآءَ اللّٰهُ (پ9،الاعراف:188)
ترجمہ: تم فرماؤ میں اپنی جان کے بھلے بُرے کا خود مختار نہیں مگر جو اللہ چاہے۔

وَمَآ اُغْنِیْ عَنْكُمْ مِّنَ اللّٰهِ مِنْ شَیْءٍ (پ13،یوسف:67)
ترجمہ: اور میں تمہیں اللہ سے بچا نہیں سکتا۔

مَا كَانَ یُغْنِیْ عَنْهُمْ مِّنَ اللّٰهِ مِنْ شَیْءٍ اِلَّا حَاجَةً فِیْ نَفْسِ یَعْقُوْبَ قَضٰىهَا (پ13،یوسف:68)
ترجمہ: وہ کچھ انہیں اللہ سے بچا نہ سکتا ہاں یعقوب کے جی کی ایک خواہش تھی جو اس نے پوری کرلی۔

ان تمام آیات سے مراد یہ ہے کہ اللہ پاک کے اذن کے بغیر کوئی کچھ نہیں کر سکتا، ہر چیز میں اس کی اجازت کی حاجت ہے۔

ضابطہ نمبر 2: جن آیات میں نبی کریم علیہ السلام کے کچھ دینے کا یا غنی کرنے کا ذکر ہو وہاں اللہ کی عطا سے یہ کام کرنا مراد ہوتا ہے۔ آیات ملاحظہ کیجیے:

وَلَوْ اَنَّهُمْ رَضُوْا مَآ اٰتٰىهُمُ اللّٰهُ وَرَسُوْلُهٗ (پ10،التوبۃ:59)
ترجمہ: اور کیا اچھا ہوتا اگر وہ اس پر راضی ہوتے جو اللہ و رسول نے ان کو دیا۔

اَغْنٰىهُمُ اللّٰهُ وَرَسُوْلُهٗ مِنْ فَضْلِهٖ (پ10،التوبۃ:74)
ترجمہ: اللہ و رسول نے انہیں اپنے فضل سے غنی کر دیا۔

وَاِذْ تَقُوْلُ لِلَّذِیْۤ اَنْعَمَ اللّٰهُ عَلَیْهِ وَاَنْعَمْتَ عَلَیْهِ اَمْسِكْ عَلَیْكَ زَوْجَكَ (پ22،الاحزاب:37)
ترجمہ: اور اے محبوب یاد کرو جب تم فرماتے تھے اس سے جسے اللہ نے نعمت دی اور تم نے اُسے نعمت دی کہ اپنی بی بی اپنے پاس رہنے دے۔

ان آیات میں رسول کے دینے یا غنی کرنے سے مراد اللہ کے حکم اور اس کے اذن سے یہ کام کرنا ہے کہ رسول اللہ صلی اللہ علیہ واٰلہٖ وسلم کا فضل کرنا یا نعمتیں دینا اللہ کے اذن سے ہوتا ہے۔

مشق

1- فصل کی تمہید کا چند لائنوں میں خلاصہ لکھیے۔

2- بندوں کے نفع دینے اور نہ دینے سے متعلق آیات کو سمجھنے کا ضابطہ لکھیے۔

تیسرا باب

متفرق مسائل

پہلی فصل: ایصالِ ثواب / نذر و نیاز

ابتدائے اسلام سے آج تک مسلمانوں میں کسی نہ کسی طرح ایصالِ ثواب کا تصور موجود رہا ہے، دورِ رسالت میں تلاوتِ قرآن یا صدقہ وخیرات کرنے کی صورت میں تھا یعنی وہ کام جن پر ثواب ملتا ہے۔ اور آج بھی قرآن خوانی اور نعت خوانی کی محفل یا کھانا سامنے رکھ کر سورتیں پڑھ کر اسے تیجہ، دسواں وغیرہ کے نام دینے یا مخصوص جانور کو کسی بزرگ کی طرف سے قربان کرنے کی صورت میں موجود ہے اور یہ بھی ثواب کے ہی کام ہیں، نیز عبادات بدنیہ وعبادات مالیہ کا ثواب بھی ان کو پہنچتا ہے۔ بہر صورت اس میں شرعی اصول وقوانین کے مطابق کوئی مضائقہ نہیں۔

نیز اس کی ایک نظیر دعا بھی ہے کہ یہ زندہ کی طرف سے مردہ کے لیے یا ایک کی طرف سے دوسرے کو فائدہ پہنچانا ہی ہے اور قرآن کریم کی متعدد آیات میں زندوں کی دعا مُردوں کے لیے، انبیا کی دعا اگلی پچھلی امتوں کے لیے، ملائکہ کی دعا اہلِ زمین کے لیے اور اولاد کی دعا والدین کے لیے اس قدر متعدد طریقوں سے مذکور ہوئی ہے جس کے بعد صاحبِ عقل وفہم کے لیے کسی تردد کی گنجائش نہیں رہتی۔ یہ سب کچھ تعلیم ہی کے لیے ہے جس سے ظاہر ہوتا ہے کہ مسلمانوں کا اپنے گزرے ہوئے بزرگوں، مقتداؤں، عزیزوں اور دوستوں کو ہمیشہ نیک دعاؤں میں یاد رکھنا منشائے ربانی ہے اور موجبِ تحسین ورضائے رحمانی ہے۔ اگر دعا سے وفات پا جانے والوں کو فائدہ نہ ہوتا یا ایک کا عمل دوسرے کے لیے مفید نہ ہوتا تو اسے بطور مدح ذکر نہیں کیا جاتا۔

ذیل میں ایصال ثواب اور نذر سے متعلق کلام درج کیا جا رہا ہے، ملاحظہ کیجیے:

ایصالِ ثواب کا معنیٰ و مفہوم

ایصال کا معنیٰ ہے: "پہنچانا" اور ثواب کا معنیٰ ہے: "کسی نیک عمل کے نتیجہ میں ملنے والی جزا"[(1)] اس جزا کو "نیکی" بھی کہہ دیا جاتا ہے۔

اصطلاح میں کسی بھی عمل کا ثواب مسلمان افراد تک پہنچانے کو "ایصالِ ثواب" کہتے ہیں، اس عمل کو عرفِ عام میں "فاتحہ اور نذر و نیاز" بھی کہہ دیا جاتا ہے۔

نذر و نیاز کا معنیٰ و مفہوم

"نذر" عربی زبان کا لفظ ہے اور "نیاز" فارسی زبان کا، دونوں کا معنیٰ ایک ہی ہے۔ شرعی نذر و نیاز (منت) اللہ پاک کے ساتھ ہی خاص ہے مگر عرف میں بڑے اور بزرگ کی خدمت میں کسی چیز کے پیش کرنے یا انہیں ایصالِ ثواب کرنے کو بھی از راہِ ادب "نذر و نیاز" کہتے ہیں۔ نذر کے یہ معنیٰ مسلمانوں میں رائج ہیں۔[(2)]

نذر (منت) کی اصطلاحی تعریف

وہ عبادتِ مقصودہ جو جنسِ واجب سے ہو اور خود بندے پر واجب نہ ہو مگر بندے نے اپنے قول سے اسے اپنے ذمہ واجب کر لیا ہو، مثلاً یہ کہنا کہ میرا یہ کام ہو جائے تو دس رکعت نفل ادا کروں گا، اسے "نذرِ شرعی" کہتے ہیں۔[(3)]

نذرِ شرعی اور شرک

نذرِ شرعی عبادت ہے، غیر خدا کے لیے نہیں ہو سکتی۔ نذر کے شرک ہونے کے لیے ضروری ہے کہ کسی کو خدا یا خدا کے برابر سمجھ کر نذر مانی جائے۔

نذرِ شرعی اللہ تعالیٰ کے لیے خاص ہے جیسے "میں اللہ تعالیٰ کے لیے اتنے نفل پڑھوں

(1) لسان العرب، 1/507-التوقیف علی مہمات التعریف، ص117۔
(2) فتاویٰ امجدیہ، 2/309 ماخوذاً۔ (3) فتاویٰ امجدیہ، 2/312 ماخوذاً۔

گا" یا "میرا فلاں کام ہو جائے تو میں اتنے روزے رکھوں گا" یا "مجھ پر اللہ تعالیٰ کے لیے جانور ذبح کرنا ہے" وغیرہ جبکہ بزرگان دین کے لیے نذر ماننا "شرعی منت" نہیں بلکہ یہ "عرفی منت" کہلاتی ہے جس میں بزرگان دین کے ایصال ثواب کے لئے کوئی منت مانی جاتی ہے کہ مثلاً "میرا یہ کام ہو گیا تو میں فلاں مزار پر جا کر یا حضور غوث پاک کے نام کی نیاز کروں گا"۔

نذر ماننے والا جس کی نذر مان رہا ہے اگر اسے محض اللہ کا بندہ سمجھتا ہے اور ایصالِ ثواب کو رحمتِ الٰہی کے نزول کا ذریعہ جانتا ہے تو یہ "نذرِ عرفی" ہے جو کسی طرح بھی شرک نہیں بلکہ مسلمانوں میں رائج ایک مستحسن امر ہے۔

غیر اللہ کی نذر

اگر کوئی غیر اللہ کے لیے نذرِ شرعی مانے یعنی غیر اللہ کی اُلوہیت کا قائل ہو کر اس کی نذر مانے تو یہ فعل اگرچہ شرک ہو گا مگر جس چیز سے متعلق نذر مانی جار ہی ہے وہ چیز حلال ہی رہے گی اس کو حرام سمجھنا اور اس کے کھانے کو حرام جاننا کفار کا طریقہ ہے۔ چنانچہ

کفار چار قسم کے جانوروں پر اپنے بتوں کی نذر مانتے اور ان سے کسی قسم کا فائدہ اٹھانا اپنے لیے حرام جانتے تھے: (1) بحیرہ (2) سائبہ (3) وصیلہ (4) حام۔[1] اسی طرح کھیتوں

[1] زمانۂ جاہلیت میں کفار کا یہ دستور تھا کہ جو اونٹنی پانچ مرتبہ بچے جنتی اور آخری مرتبہ اس کے نَر ہوتا اس کا کان چیر دیتے پھر نہ اس پر سواری کرتے، نہ اس کو ذبح کرتے، نہ پانی اور چارے پر سے ہنکاتے، اس کو "بحیرہ" کہتے۔ جب سفر پیش ہوتا یا کوئی بیمار ہو جاتا تو یہ نذر کرتے کہ اگر میں سفر سے بخیریت واپس آؤں یا تندرست ہو جاؤں تو میری اونٹنی "سائبہ" یعنی "بِجار" ہے اور اس سے بھی نفع اٹھانا بحیرہ کی طرح حرام جانتے اور اس کو آزاد چھوڑ دیتے۔ بکری جب سات مرتبہ بچے جَن چکتی اور ساتواں بچہ "نَر" ہوتا تو اس کو مرد کھاتے اور اگر "مادہ" ہوتا یا نر مادہ دونوں ہوتے تو بکریوں میں چھوڑ دیتے اور کہتے کہ یہ اپنے بھائی سے مل گئی، اس کو "وصیلہ" نام دیتے۔ جب نَر اُونٹ سے دس گیابھ حاصل ہو جاتے تو اس کو چھوڑ دیتے نہ اس پر سواری کرتے، نہ اس سے کام لیتے، نہ اس کو چارے پانی پر سے روکتے اس کو "حامی" کہتے۔ (تفسیر النسفی، پ7، المائدۃ، تحت الآیۃ:103، ص306)

پر اپنے بتوں کی نذر مانتے اور کچھ حصہ بتوں کے نام پر نامزد کر دیتے پھر انہیں کھانا یا تو بالکل حرام سمجھتے یا ان کے کھانے میں یہ پابندی لگاتے کہ صرف مرد کھا سکتے ہیں، عورتیں نہیں کھا سکتیں یا فلاں کھا سکتا ہے اور فلاں نہیں۔ ان نظریات کی اللہ تعالیٰ نے تردید فرمائی۔ آیات ملاحظہ کیجیے:

اِنَّمَا حَرَّمَ عَلَيۡكُمُ الۡمَيۡتَةَ وَالدَّمَ وَلَحۡمَ الۡخِنۡزِيۡرِ وَمَاۤ اُهِلَّ بِهٖ لِغَيۡرِ اللّٰهِ‌ۚ

(پ2، البقرۃ:173)

ترجمہ: اس نے یہی تم پر حرام کیے ہیں مردار اور خون اور سور کا گوشت اور وہ جانور جو غیر خدا کا نام لے کر ذبح کیا گیا۔

مَا جَعَلَ اللّٰهُ مِنۡۢ بَحِيۡرَةٍ وَّلَا سَآئِبَةٍ وَّلَا وَصِيۡلَةٍ وَّلَا حَامٍ‌ ۙ وَّلٰـكِنَّ الَّذِيۡنَ كَفَرُوۡا يَفۡتَرُوۡنَ عَلَى اللّٰهِ الۡكَذِبَ‌ؕ

(پ7، المائدۃ:103)

ترجمہ: اللہ نے مقرر نہیں کیا ہے کان چِرا ہوا اور نہ بجار اور نہ وصیلہ اور نہ حامی ہاں کافر لوگ اللہ پر جھوٹا افترا باندھتے ہیں۔

وَمَا لَـكُمۡ اَلَّا تَاۡكُلُوۡا مِمَّا ذُكِرَ اسۡمُ اللّٰهِ عَلَيۡهِ

(پ8، الانعام:119)

ترجمہ: اور تمہیں کیا ہوا کہ اس میں سے نہ کھاؤ جس پر اللہ کا نام لیا گیا۔

وَقَالُوۡا هٰذِهٖۤ اَنۡعَامٌ وَّحَرۡثٌ حِجۡرٌ ‌ۖ لَّا يَطۡعَمُهَاۤ اِلَّا مَنۡ نَّشَآءُ بِزَعۡمِهِمۡ

(پ8، الانعام:138)

ترجمہ: اور بولے یہ مویشی اور کھیتی روکی ہوئی ہے اسے وہی کھائے جسے ہم چاہیں اپنے جھوٹے خیال سے۔

وَحَرَّمُوۡا مَا رَزَقَهُمُ اللّٰهُ افۡتِرَآءً عَلَى اللّٰهِ‌ؕ

(پ8، الانعام:140)

ترجمہ: اور حرام ٹھہراتے ہیں وہ جو اللہ نے انہیں روزی دی اللہ پر جھوٹ باندھنے کو۔

قُلْ مَنْ حَرَّمَ زِيْنَةَ اللّٰهِ الَّتِيْٓ اَخْرَجَ لِعِبَادِهٖ وَالطَّيِّبٰتِ مِنَ الرِّزْقِ ؕ (پ8،الاعراف:32)

ترجمہ: تم فرماؤ کس نے حرام کی اللہ کی وہ زینت جو اس نے اپنے بندوں کے لئے نکالی اور پاک رزق۔

وَلَا تَقُوْلُوْا لِمَا تَصِفُ اَلْسِنَتُكُمُ الْكَذِبَ هٰذَا حَلٰلٌ وَّهٰذَا حَرَامٌ لِّتَفْتَرُوْا عَلَى اللّٰهِ الْكَذِبَ ؕ (پ14،النحل:116)

ترجمہ: اور نہ کہو اسے جو تمہاری زبانیں جھوٹ بیان کرتی ہیں یہ حلال ہے اور یہ حرام ہے کہ اللہ پر جھوٹ باندھو۔

یہ چند آیات بطورِ نمونہ پیش کی گئی ہیں، اس مضمون کی قرآن پاک میں اور بھی آیات ہیں جن میں کفار کے ان باطل نظریات کی پُرزور تردید کی گئی ہے اور کسی حلال کو حرام کہنے کو "افتراء علی اللہ" یعنی اللہ پر جھوٹ باندھنے سے تعبیر کیا گیا ہے، کفار کے نظریات کے مطابق جو چیزیں حرام تھیں قرآن پاک میں ان کو پاکیزہ رزق فرمایا گیا ہے، نیز بتوں کے نام پر چھوڑے ہوئے جانوروں سے متعلق یہ حکم بیان ہوا ہے کہ انہیں اللہ کے نام پر ذبح کر کے کھایا جاسکتا ہے۔ جب بتوں کو معبود سمجھ کر ان کی نذر ماننے سے کوئی چیز حرام نہیں ہوتی تو بزرگوں کے ایصالِ ثواب کے لیے اللہ کے نام پر ذبح کیے ہوئے جانور کیسے حرام ہو سکتے ہیں؟ یا ان کی نیاز کے لیے کسی پاکیزہ چیز پر اللہ کا کلام پڑھ کر اسے کھانا کیسے حرام ہو سکتا ہے؟ یقیناً ایسی نذر اور ایسا کھانا ہرگز حرام نہیں ہو سکتا بلکہ وہ تو پاک، ستھرا اور بابرکت ہو گا۔

یاد رہے! جانور کو ذبح کرنے سے پہلے اللہ تعالیٰ کے کسی بھی ولی کی طرف منسوب کرنے میں کوئی حرج نہیں کیونکہ وقتِ ذبح اس پر اللہ تعالیٰ ہی کا نام لیا جاتا ہے، لٰہذا اسے حرام کہنا جہالت ہے۔

21

نذرِ عرفی اور قرآن

نذرِ عرفی کا جو مفہوم بیان کیا گیا ہے اس کی موجودہ دور میں بہت سے صورتیں پائی

جاتی ہیں، مثلاً یہ نذر ماننا کہ ”اگر میرا فلاں کام ہو گیا تو میں حضور غوثِ اعظم رحمۃُ اللہِ علیہ کے نام کی دیگ پکاؤں گا یعنی لوگوں کو کھانا کھلاؤں گا اور اس کا ثواب حضور غوثِ اعظم کی روحِ مبارکہ کو ایصال کروں گا“، ایسی نذر میں کوئی حرج نہیں۔ یہ نذر صرف دورِ حاضر میں ہی رائج نہیں بلکہ اس کا سلسلہ دورِ رسالت سے چلا آرہا ہے کہ صحابۂ کرام رضی اللہُ عنہم نے بارگاہِ رسالت میں ایسی نذریں مانی ہیں۔ چنانچہ ارشاد باری تعالیٰ ہے:

وَ مِنَ الْاَعْرَابِ مَنْ یُّؤْمِنُ بِاللّٰهِ وَ الْیَوْمِ الْاٰخِرِ وَ یَتَّخِذُ مَا یُنْفِقُ قُرُبٰتٍ عِنْدَ اللّٰهِ وَ صَلَوٰتِ الرَّسُوْلِؕ اَلَاۤ اِنَّهَا قُرْبَةٌ لَّهُمْؕ سَیُدْخِلُهُمُ اللّٰهُ فِیْ رَحْمَتِهٖؕ اِنَّ اللّٰهَ غَفُوْرٌ رَّحِیْمٌ۠ (۹۹)

(پ 11، التوبہ: 99)

ترجمہ: اور کچھ گاؤں والے وہ ہیں جو اللہ اور قیامت پر ایمان رکھتے ہیں اور جو خرچ کریں اسے اللہ کی نزدیکیوں اور رسول سے دعائیں لینے کا ذریعہ سمجھیں ہاں ہاں وہ ان کے لئے باعث قرب ہے اللہ جلد انہیں اپنی رحمت میں داخل کرے گا بے شک اللہ بخشنے والا مہربان ہے۔

یہ آیت نذر و نیاز کی اصل ہے کیونکہ نذر ماننے والے کا مقصد بھی یہی ہوتا ہے کہ خیرات اللہ تعالیٰ کے لیے ہو اور اس کا ثواب فلاں بزرگ یا میرے فلاں مرحوم کو پہنچے اور ان کی روح خوش ہو۔ نیز اس آیت میں اعراب یعنی گاؤں والوں کے اس عمل کے باوجود انہیں مؤمن فرمایا گیا ہے اور ان کے اس مقصد کو درست قرار دے کر ان سے رحمت کا وعدہ بھی کیا گیا ہے۔[1]

[1] علم القرآن، ص 123۔

احادیث میں مذکور اعمال

احادیث میں بطورِ خاص چند اعمال کے ایصالِ ثواب کا ذکر کیا گیا ہے جس سے یہ بات بالکل واضح ہو جاتی ہے کہ نفسِ ایصالِ ثواب شرعاً جائز ہے، لہٰذا احادیث میں مذکور اعمال کے علاوہ بھی دیگر اعمال کا ایصالِ ثواب کیا جاسکتا ہے کیونکہ بیان کردہ اعمال میں ایصال ثواب کو محدود کرنے کے لیے کوئی شرعی دلیل موجود نہیں۔ احادیث میں ایصال ثواب کے لیے بتائے گئے چند اعمال ملاحظہ کیجیے:

کنواں کھدوانا (1)	غلام آزاد کرنا (2)	حج کرنا (3)	قربانی کرنا (4)	نماز پڑھنا (5)
تلاوتِ قرآن (6)	صدقہ کرنا (7)	تسبیح وتکبیر (8)	روزہ رکھنا (9)	علم نافع (10)

فہم قرآن کے ضابطے

قرآنِ پاک میں جا بہ جا نیک اعمال کی ترغیب دلائی گئی ہے اور ایمان کے بعد نیک اعمال کا ہی ذکر ہوا ہے اور برے اعمال کی مختلف وعیدیں بیان ہوئی ہیں۔ یاد رہے! انسان کے اپنے کیے ہوئے نیک اعمال ہی درحقیقت اس کے لیے سرمایۂ آخرت ہیں، کسی دوسرے کے عمل پر اعتماد کرکے نیک اعمال نہ کرنا بہت بڑی جہالت اور بے وقوفی ہے، لیکن ایسا بالکل نہیں کہ اگر کوئی شخص کسی کو اپنے نیک عمل کا ثواب ایصال کرے تو وہ اسے نہ پہنچے بلکہ جس طرح انسان کو اپنے کیے ہوئے نیک اعمال کا فائدہ ہوتا ہے اسی طرح دوسرے کے ثواب

(1) ابو داود، 2/180، حدیث:1681۔ (2) مصنف ابن ابی شیبۃ، 7/483، حدیث:12209۔
(3) شعب الایمان، 6/205، حدیث:7912۔ (4) مسلم، ص837، حدیث:5091۔
(5) ابو داود، 4/153، حدیث:4308۔ (6) شعب الایمان، 7/16، حدیث:9294۔
(7) معجم اوسط، 5/394، حدیث:7726۔ (8) مسند احمد بن حنبل، 5/142، حدیث:14879۔
(9) بخاری، 1/643، حدیث:1952۔ (10) مسلم، ص684، حدیث:4223۔

ایصال کرنے سے بھی فائدہ ہوتا ہے۔

قرآن پاک میں جہاں دوسروں کے اعمال مفید ہونے کی بظاہر نفی نظر آتی ہے، وہیں ایسی آیات بھی موجود ہیں جن سے دوسروں کے اعمال کا مفید ہونا ثابت ہوتا ہے، لیکن بعض لوگوں نے اثبات ایصال ثواب والی آیات کو فراموش کر کے نفی والی آیات کو بنیاد بنایا اور مسلمانوں کو بہکانے کی کوشش کرنے لگے، جبکہ بعض بد طینت لوگ اس طرح کی آیات کو معاذ اللہ تعارض قرآن کی دلیل بنا کر پیش کرنے لگے۔

ذیل میں ایسی آیات کو سمجھنے کے کچھ ضابطے ذکر کیے جا رہے ہیں۔ ملاحظہ کیجیے:

ضابطہ نمبر 1: جن آیات میں انسان کے لیے صرف اپنے اعمال کے مفید ہونے کا بیان ہے وہاں دو صورتوں میں سے ایک صورت مراد ہوتی ہے:

(1) غیر کے عمل سے سقوط فرائض کی نفی

(2) دوسروں کے اعمال پر انحصار کی نفی

آیات ملاحظہ کیجیے:

لَهَا مَا كَسَبَتْ وَعَلَيْهَا مَا اكْتَسَبَتْ (پ 3، البقرۃ: 286)	ترجمہ: اس کا فائدہ ہے جو اچھا کمایا اور اس کا نقصان ہے جو برائی کمائی۔
وَاَنْ لَّيْسَ لِلْاِنْسَانِ اِلَّا مَا سَعٰى ﴿۳۹﴾ (پ 27، النجم: 39)	ترجمہ: اور یہ کہ آدمی نہ پائے گا مگر اپنی کوشش۔

ان دونوں آیات کا منشا یہ ہے کہ کوئی دوسرے کی طرف سے فرض نماز نہیں پڑھ سکتا یا روزہ نہیں رکھ سکتا، اسی لیے سعی اور کسب کا ذکر ہے۔

ضابطہ نمبر 2: جن آیات میں دوسروں کے اعمال کے مفید ہونے کا بیان ہے ان سے مراد اعمال کا ثواب ہوتا ہے یا مصیبت دور ہونا یا درجے بلند ہونا۔ آیات ملاحظہ کیجیے:

وَ كَانَ تَحْتَهٗ كَنْزٌ لَّهُمَا وَ كَانَ اَبُوْهُمَا صَالِحًا فَاَرَادَ رَبُّكَ اَنْ یَّبْلُغَاۤ اَشُدَّهُمَا وَ یَسْتَخْرِجَا كَنْزَهُمَا (پ16، الکہف:82)

ترجمہ: اور اس کے نیچے ان کا خزانہ تھا اور ان کا باپ نیک آدمی تھا تو آپ کے رب نے چاہا کہ وہ دونوں اپنی جوانی کو پہنچیں اور اپنا خزانہ نکالیں۔

وَ الَّذِیْنَ اٰمَنُوْا وَ اتَّبَعَتْهُمْ ذُرِّیَّتُهُمْ بِاِیْمَانٍ اَلْحَقْنَا بِهِمْ ذُرِّیَّتَهُمْ وَ مَاۤ اَلَتْنٰهُمْ مِّنْ عَمَلِهِمْ مِّنْ شَیْءٍ (پ27، الطور:21)

ترجمہ: اور جو ایمان لائے اور ان کی اولاد نے ایمان کے ساتھ ان کی پیروی کی ہم نے ان کی اولاد ان سے ملادی اور ان کے عمل میں انہیں کچھ کمی نہ دی۔

پہلی آیت میں باپ کے نیک ہونے کی وجہ سے اولاد کو فائدہ ہونے کا بیان ہے اور دوسری آیت میں نیک مسلمانوں کی اولاد کے جنت میں اپنے والدین کے ساتھ رہنے کا بیان ہے۔

ضابطہ نمبر 3: قرآن پاک میں لفظ "نذر" جہاں باب اِفعال سے یا صفتِ مشبہ کے صورت میں مذکور ہے وہاں ڈرانے کے معنٰی میں ہے۔ اس معنٰی میں اس کی نسبت اللہ پاک کی طرف بھی ہوسکتی ہے اور رسل عظام و علمائے کرام کی جانب بھی۔ آیات ملاحظہ کیجیے:

اِنَّاۤ اَرْسَلْنٰكَ بِالْحَقِّ بَشِیْرًا وَّ نَذِیْرًا (پ22، فاطر:24)

ترجمہ: اے محبوب بے شک ہم نے تمہیں حق کے ساتھ بھیجا خوشخبری دیتا اور ڈر سناتا۔

اَلَمْ یَاْتِكُمْ رُسُلٌ مِّنْكُمْ یَتْلُوْنَ عَلَیْكُمْ اٰیٰتِ رَبِّكُمْ وَ یُنْذِرُوْنَكُمْ لِقَآءَ یَوْمِكُمْ هٰذَا (پ24، الزمر:71)

ترجمہ: کیا تمہارے پاس تمہیں میں سے وہ رسول نہ آئے تھے جو تم پر تمہارے رب کی آیتیں پڑھتے تھے اور تمہیں اس دن کے ملنے سے ڈراتے تھے۔

فَاَنْذَرْتُكُمْ نَارًا تَلَظّٰى ﴿۱۴﴾ ترجمہ: تو میں تمہیں ڈراتا ہوں اس آگ سے جو بھڑک رہی ہے۔ (پ30، اللیل:14)

ضابطہ نمبر 4: جن مقامات پر لفظ "نذر" ثلاثی مجرد سے فعل یا اسم کی صورت میں آیا ہے وہاں اس سے نذرِ شرعی مراد ہوتی ہے۔ آیات ملاحظہ کیجیے:

وَمَاۤ اَنْفَقْتُمْ مِّنْ نَّفَقَةٍ اَوْ نَذَرْتُمْ مِّنْ نَّذْرٍ فَاِنَّ اللّٰهَ یَعْلَمُهٗ (پ3، البقرة:270) ترجمہ: اور تم جو خرچ کرو یا منت مانو اللہ کو اس کی خبر ہے۔

اِنِّیْ نَذَرْتُ لِلرَّحْمٰنِ صَوْمًا فَلَنْ اُكَلِّمَ الْیَوْمَ اِنْسِیًّا ﴿۲۶﴾ (پ16، مریم:26) ترجمہ: میں نے آج رحمٰن کا روزہ مانا ہے تو آج ہرگز کسی آدمی سے بات نہ کروں گی۔

وَلْیُوْفُوْا نُذُوْرَهُمْ وَلْیَطَّوَّفُوْا بِالْبَیْتِ الْعَتِیْقِ ﴿۲۹﴾ (پ17، الحج:29) ترجمہ: اور اپنی منتیں پوری کریں اور اس آزاد گھر کا طواف کریں۔

شبہات اور ان کی توضیحات

بعض لوگ ایصالِ ثواب اور نذر و نیاز کے حوالے سے شکوک و شبہات کا شکار رہتے ہیں، یہاں پر ایسے چند شبہات اور ان کی توضیحات بیان کی جارہی ہیں۔ ملاحظہ کیجیے:

1-شبہ: قرآن پاک کے مطابق بندے کے لیے وہی ہوگا جو اس نے عمل کیا ہے اور جو اس نے کیا ہی نہیں اس کا صلہ اس کو کیسے مل سکتا ہے؟ اگر ایسا ہی ہے تو اس آیت کا کیا مطلب ہوگا؟

وَاَنْ لَّیْسَ لِلْاِنْسَانِ اِلَّا مَا سَعٰى ﴿۳۹﴾ (پ27، النجم:39) ترجمہ: اور یہ کہ آدمی نہ پائے گا مگر اپنی کوشش۔

توضیح: کوئی بھی نظریہ یا مسئلہ کسی بھی آیتِ مبارکہ سے اخذ کرتے ہوئے یہ دیکھنا ضروری ہے کہ مفسرین نے اس آیت سے متعلق کیا باتیں ارشاد فرمائی ہیں؛ کہیں یہ آیت منسوخ تو

نہیں؟ اس کا ظاہری مفہوم دیگر آیات کے مخالف تو نہیں؟ جو مسئلہ اخذ کیا جارہا ہے وہ قرآن و سنت سے ثابت شدہ دیگر مسائل کے خلاف تو نہیں؟ وغیرہ، ظاہر ہے اگر ایسا ہوتا ہے تو زیرِ نظر آیت سے حاصل کیا جانے والا مسئلہ محض ایک باطل خیال سے زیادہ اہمیت نہیں رکھتا ہوگا۔ ایسا ہی معاملہ بیان کردہ آیت سے متعلق ہے کہ بظاہر یہ آیت ایصال ثواب کی نفی پر دلیل معلوم ہوتی ہے لیکن حقیقت اس کے برعکس ہے؛ کیونکہ ایصالِ ثواب کے ثبوت پر دیگر آیات اور احادیث طیبہ بطور دلیل موجود ہیں، نیز والدین کی دعا، ملائکہ کا استغفار اور صالح اولاد کی نیکیوں سے والدین کو فائدہ پہنچنا کثیر احادیث سے ثابت ہے اور امت کے ہر خاص و عام کو معلوم بھی ہے، لہٰذا بیان کردہ آیت سے وہ مفہوم اخذ کرنا جو قرآن و سنت کے خلاف ہے ہرگز درست نہیں۔ یہاں پر بیان کردہ آیت سے متعلق مفسرین کی بیان کردہ پانچ توجیہات ذکر کی جارہی ہیں، ملاحظہ کیجیے:

1- یہ آیت عمل کرنے والے کے ہبہ یعنی ایصال ثواب نہ کرنے کے ساتھ مقید ہے کہ اگر عامل اپنا ثواب ہبہ نہ کرے تو فائدہ نہیں ہوگا، اگر ہبہ کردے تو یقیناً فائدہ ہوگا۔[1]

2- آیت میں مذکور مضمون حضرت ابراہیم اور حضرت موسیٰ علیہما السلام کے صحیفوں کا ہے جیسا کہ آیت کے سیاق و سباق سے معلوم ہوتا ہے۔ امتِ محمدیہ کو ان کے اپنے اعمال کا بھی فائدہ ہوتا ہے اور دوسروں کے ایصال کیے ہوئے اعمال کا بھی۔[2]

3- انسان سے مراد کافر ہے کہ اسے دوسروں کے عمل کا فائدہ نہیں ہوگا۔

4- آیتِ مبارکہ میں اللہ پاک کے نظامِ عدل کا بیان ہے، البتہ نظامِ فضل میں یہ ممکن

(1) فتح القدیر، 3/65- البحر الرائق، 3/105۔
(2) تفسیر البحر المحیط، پ 27، النجم، تحت الآیۃ: 39، 8/164- فتح القدیر، 3/65 ماخوذاً۔

ہے کہ دوسروں کے ایصالِ ثواب کا بھی فائدہ ہو۔

5- آیت میں لام "علیٰ" کے معنیٰ میں ہے یعنی انسان کو کسی کے برے عمل سے نقصان نہیں ہو گا، صرف اپنی بد اعمالی کا نقصان ہو گا۔ [1]

2-شبہ: یہ حدیث شریف ایصالِ ثواب کے مخالف ہے: "لَا يُصَلِّي أَحَدٌ عَنْ أَحَدٍ وَلَا يَصُوْمُ أَحَدٌ عَنْ أَحَدٍ" یعنی کوئی کسی کی طرف سے نہ نماز پڑھے نہ روزہ رکھے۔ [2]

توضیح: اس حدیث شریف میں ایصال ثواب سے منع نہیں کیا جارہا بلکہ اس کا مقصد یہ ہے کہ اگر کوئی شخص نماز اور روزہ کی ادائیگی نہیں کرتا تو ایسا نہیں ہو سکتا کہ اس کے بدلے کی نمازیں اور روزے کوئی دوسرا شخص ادا کر دے، اس طرح نمازیں اور روزے کسی کے ذمہ سے ساقط نہیں ہوتے۔ رہی بات ایصال ثواب کی تو وہ یقیناً کیا جاسکتا ہے لیکن ایصال ثواب سے فرائض و واجبات ذمہ سے ساقط نہیں ہوں گے، البتہ اس کی برکت سے سزا میں تخفیف کی امید کی جاسکتی ہے۔ [3]

3-شبہ: اسلام میں کفار سے مشابہت ممنوع قرار دی گئی ہے اور مروجہ ایصالِ ثواب کے طریقوں میں ہنود سے مشابہت کا عنصر ہے کہ وہ مُردوں کی تیرہویں [4] کرتے ہیں، جبکہ مسلمان تیجہ، سوئم اور چالیسواں وغیرہ کر رہے ہوتے ہیں۔ یہ کیسے جائز ہو سکتا ہے؟

توضیح: کفار سے مشابہت مطلقاً ممنوع نہیں ہے بلکہ اس ممانعت کی چار شرائط ہیں:

---

(1) مرقاۃ المفاتیح، 4/199، تحت الحدیث: 1717- الاختیار لتعلیل المختار، 4/179 تا 180۔

(2) السنن الکبریٰ للنسائی، 2/175، حدیث: 2918۔

(3) بدائع الصنائع، 2/454 ماخوذاً- عمدۃ القاری، 2/598، تحت الحدیث: 216 ماخوذاً۔

(4) ہندو اور سکھ مذہب میں کسی شخص کی موت کے تیرہ دن بعد ہونے والی مذہبی رسم جسے "سرادھ" بھی کہا جاتا ہے۔ (مصنف)

1- مشابہت کی نیت ہو، کیونکہ بیسیوں عبادات اور صدہا معاملات میں اہلِ اسلام اور کفار بظاہر ایک جیسا ہی عمل کرتے ہیں، مثلاً مسلمان روزہ رکھتے ہیں اور ہنود بَرَت رکھتے ہیں، کفار اپنے باطل معبودوں کے لیے سجدہ کرتے ہیں اور اہلِ اسلام بھی اللہ کے لیے سجدہ کرتے ہیں، لیکن اس میں کوئی بھی مشابہت کی نیت نہیں کرتا لہٰذا یہ مشابہتِ ممنوعہ نہیں ہوگی۔

2- کفار کا مذہبی شعار ہو، مثلاً زُنّار[1] باندھنا، صلیب لٹکانا وغیرہ۔

3- وہ فعل کفار کی ایجاد ہو اور ان ہی کے ساتھ خاص ہو چکا ہو، لہٰذا جو کام کفار کی ایجاد نہیں بلکہ انہوں نے کسی کی دیکھا دیکھی اختیار کیا ہو تو ان کی وجہ سے وہ چیز ترک کرنا ضروری نہیں، جیسے عمامہ کی طرز پر سر پر کپڑا باندھنا ہنود میں رائج ہو گیا ہے، لیکن یہ ان کی ایجاد نہیں ہے تو اس کو ترک نہیں کیا جائے گا بلکہ اس کا حکم بطور سنت باقی رہے گا۔

4- وہ عمل بطور شعار اب بھی کفار میں رائج ہو، اس کو ترک نہ کیا گیا ہو، مثلاً طیالسہ[2] پہلے یہود کا دینی شعار تھا اور اب نہیں ہے، لہٰذا اب اس کو اختیار کرنا مباح رہے

---

[1] وہ دھاگا یا ڈوری جو ہندو گلے سے بغل کے نیچے تک ڈالتے ہیں، نیز عیسائی، مجوسی اور یہودی کمر میں باندھتے ہیں۔ (اردو لغت تاریخی اصول پر، 11/162)

[2] طَیالِسَہ جمع ہے طیلسان کی جو تالسان کا معرب ہے، تالسان وہ خاص رومال ہے جس سے سر اور کاندھا ڈھکا جاتا ہے یا کوئی اور خاص لباس۔ طیلسان پہننے سے ممانعت بھی آئی ہے اور حضور انور صلی اللہ علیہ والہٖ وسلم سے اس کا پہننا بھی ثابت ہے، جب تک یہ یہود کا خاص نشان رہا ممنوع رہا، جب اس کا رواج عام ہو گیا تب حضور نے پہنا، تمام لباسوں کا یہ ہی حال ہے کہ جو کفار کی علامت ہوں ان سے بچے اور جب علامت نہ رہیں، مشترک بن جائیں تو ان کا استعمال جائز ہے۔ (مراٰۃ المناجیح، 7/300)

گا۔[1]

بہر حال کسی بھی کام میں کفار کی مشابہت اس وقت منع ہو گی جب مذکورہ شرائط پائی جائیں، ورنہ وہ مشابہت ممنوع نہیں ہو گی، لہٰذا ایصال ثواب کی بیان کردہ صورت میں کفار کے ساتھ جو مشابہت ہے وہ ہرگز ممنوع نہیں، ورنہ بہت سارے کام ممنوع قرار پائیں گے۔

4-شبہ: ہبہ کی تکمیل کے لیے تملیک و قبضہ ضروری ہے اور یہ چیز ایصالِ ثواب میں ممکن نہیں تو ایصالِ ثواب کیسے درست ہو گا؟

توضیح: قبضہ کا تعلق اشیائے محسوسہ سے ہے اور ثواب اشیائے محسوسہ میں سے نہیں ہے، بلکہ امور معنویہ میں سے ہے، تو ثواب میں قبضہ کی بات کرنا ہی درست نہیں! لہٰذا اعمال کا ثواب ایصال کرنے سے ہی تملیک ہو جاتی ہے۔ نیز اعمال کا ثواب خود ایک توقیفی[2] امر ہے، اگر توقیف سے ہی ان کے ایصال کا بھی علم ہو جائے تو کیا قباحت ہے! جبکہ متعدد آیات و احادیث سے اعمال کا ایصال بھی ثابت ہے۔

5-شبہ: تقسیم کرنے سے اشیاء میں کمی ہوتی ہے تو یہ کیسے ممکن ہے کہ ایک عمل کا ثواب بے شمار افراد کو کیا جاسکے؟ نیز ہبہ کرنے سے شے واہب کے پاس نہیں رہتی تو ایک عمل ہبہ کرنے سے اس کا ثواب واہب کے پاس کیسے رہ سکتا ہے؟

توضیح: جس عمل کا ثواب کسی کو ایصال کیا جائے اس کا ثواب عامل کو بھی پورا ملتا ہے اور

---

[1] اصول الرشاد، ص149 تا 153 ملخصاً۔

[2] قرآن و حدیث سے ثابت شدہ وہ امور جن تک انسانی عقل نہ پہنچ سکے انہیں "توقیفی" کہا جاتا ہے، مثلاً ہیئاتِ عبادات، تعیینِ اوقات، تعدادِ رکعات، تعددِ سجدات، وحدتِ رکوع، ترتیبِ افعال، تحدیدِ نصاب، مصارفِ زکوٰۃ، سعی و طواف کے چکر کی تعداد، تکبیرِ تحریمہ، تحلیلِ نماز، تشہد، اذان و اقامت وغیرہ۔ (عمدۃ القاری، 9/656، تحت الحدیث: 2736-رشاقۃ الکلام، ص223 تسہیلاً)

جتنوں کو ایصال کیا جائے انہیں بھی پورا ہی ملتا ہے، کسی کے ثواب میں کمی نہیں ہوتی، کیونکہ اعمال کا ثواب حسی نہیں بلکہ معنوی ہے اور امورِ معنویہ ایک جگہ سے دوسری جگہ منتقل ہونے میں پہلی جگہ سے ختم نہیں ہو جاتے، اس کی بدیہی مثال علم ہے کہ کسی کو سکھانے سے سکھانے والے کا علم ختم نہیں ہوتا بلکہ باقی رہتا ہے، البتہ اعیان میں ایسا نہیں ہے۔

6-شبہ: ایصالِ ثواب کے لیے وقت کا تقرر بدعت ہے، لہٰذا یہ عمل جائز نہیں؟

توضیح: ایصالِ ثواب کا کوئی خاص وقت شریعت نے مقرر نہیں کیا اور وقت مقرر کرنے سے منع بھی نہیں کیا۔ جب ایصال ثواب کی اصل ثابت ہے تو اسے بدعت کہنا بد دیانتی ہے۔ نیز دورِ حاضر میں بے شمار کاموں کے لیے اوقات مقرر کیے جاتے ہیں، مثلاً نماز، شادی بیاہ وغیرہ، البتہ خود مقرر کردہ تاریخ پر ہی اس کام کے کرنے کو ضروری سمجھنا جہالت ہے۔

ایصالِ ثواب کے لیے مُردوں کو نفع رسانی کے پیشِ نظر مسلمان مختلف تاریخیں مقرر کرتے ہیں لیکن اپنی مقرر تاریخ پر ہی ایصال ثواب کرنے کو ضروری نہیں سمجھتے بلکہ ان کے علاوہ بھی ایصال ثواب کرتے ہیں اور یہ تاریخیں مقرر کرنا محض اپنی سہولت کے لیے ہوتا ہے، لہٰذا اس میں کوئی حرج نہیں۔

7-شبہ: ایصال ثواب کے لیے مختلف اعمال جمع کیے جاتے ہیں، مثلاً قرآن پاک کی تلاوت، نعت خوانی، وعظ و نصیحت کی محفل وغیرہ تو کیا اس طرح مختلف اعمال کو جمع کر کے ایصال ثواب کرنے میں حرج نہیں؟

توضیح: یہ مسلمہ بات ہے کہ جو کام علیحدہ علیحدہ کرنا جائز ہوتے ہیں ان کاموں کو مجموعی طور پر کرنا بھی جائز ہوتا ہے، مثلاً قرآن پاک کی تلاوت، نعت خوانی، وعظ و نصیحت وغیرہ سب جائز و مستحب کام ہیں، لہٰذا اگر فاتحہ خوانی یا نذر و نیاز میں ان سب امور کو جمع کر لیا جائے تو یہ

بالکل جائز ہے، اس میں کوئی قباحت نہیں۔ حضرت عمر رضی اللہ عنہ سے پنیر کا حکم پوچھا گیا تو آپ نے فرمایا: پنیر دودھ، پانی اور لباء[1] سے بنایا جاتا ہے تو اسے کھاؤ۔[2]

ایصال ثواب کے انکار کا حکم

ایصال ثواب ضروریات اہلِ سنت میں سے ہے، لہٰذا اس کا انکار گمراہیت ہے۔

[1] لباء کا معنیٰ ہے: "کھیس" یعنی وہ گاڑھا دودھ جو جانوروں کے بچے کی پیدائش کے بعد عام طور پر تین دن تک نکلتا ہے۔ (مصنف)

[2] السنن الکبریٰ للبیہقی، 10/10، حدیث: 19686 - اصول الرشاد، ص 97۔

مشق

1- تمہید کو پیش نظر رکھتے ہوئے فلسفہ ایصال ثواب پر روشنی ڈالیے۔

2- ایصال ثواب اور نذر و نیاز کا معنیٰ و مفہوم، نیز نذر کی اصطلاحی تعریف لکھیے۔

3- غیر اللہ کی نذر کب شرک ہو گی اور کب نہیں؟ وضاحت سے بتائیے۔

4- کفار کن جانوروں کی نذر مانتے تھے؟ نام مع وضاحت لکھیے اور بتائیے اس کا طریقہ کیا تھا؟

5- بتوں کے نام پر چھوڑے ہوئے جانوروں سے متعلق اللہ تعالیٰ نے کیا ہدایات فرمائی ہیں؟

6- نذر عرفی کی وضاحت کیجیے اور قرآن سے اس کی اصل پیش کیجیے۔

7- فہم قرآن کے ضابطے پر لکھی گئی تمہید سے آپ نے کیا سمجھا؟

8- اپنے یا دوسروں کے اعمال کسی کے حق میں مفید ہونے یا نہ ہونے سے متعلق آیات پیش کیجیے اور ان کا ضابطہ لکھیے۔

9- لفظ نذر قرآن میں کس طرح مذکور ہوا ہے؟ نیز اس سے کب کیا معنیٰ لیا جاتا ہے؟ ضابطہ لکھیے۔

10- ﴿وَاَنۡ لَّيۡسَ لِلۡاِنۡسَانِ اِلَّا مَا سَعٰى ۝۳۹﴾ سے پیدا ہونے والا شبہ مع توضیح بیان کیجیے۔

11- ایصال ثواب کے طریقۂ ہنود کے مشابہ ہونے پر پیدا ہونے والا شبہ اور عدم ممانعت کی وجہ مفصل تحریر کیجیے۔

12- ہبہ کی شرط تملیک کے پیش نظر پیدا ہونے والا شبہ مع توضیح بیان کیجیے۔

13- امر توقیفی کی وضاحت کیجیے۔

14- ایصال ثواب پر تقرر وقت کی وجہ سے پیدا ہونے شبہ اور وضاحت تحریر کیجیے۔

15- ایصالِ ثواب کے انکار کا حکم لکھیے۔

دوسری فصل: وسیلہ

اللہ تعالیٰ کی ذات تمام صفاتِ کمال، جلال و جمال کی جامع ہے، وہ غفور و رحیم بھی ہے اور قہار و جبار بھی۔ صفاتِ جبر و قہر کو دیکھتے ہوئے کسی عام بندے کی مجال نہیں ہوتی کہ وہ بار گاہ اُلوہیت میں کلام کرے، اس کی صفاتِ جلال کا تصور ہی جسم پر لرزہ طاری کر دیتا ہے، اسی لیے اس کریم رب نے رحمت و رأفت کے غلبہ کی وجہ سے بندوں کو اپنی اپنی عرضیاں پیش کرنے کے لیے وسیلہ کا راستہ بتایا۔ اسی حکمِ الٰہی کی تعمیل کے لیے ابتدائے اسلام سے آج تک اہلِ ایمان اپنی دعاؤں میں نیک ہستیوں کو وسیلہ بناتے ہیں بلکہ حکمِ الٰہی کے نزول سے پہلے ہی حضرت آدم علیہ السّلام نے اپنی کمالِ فراست سے قبولیتِ دعا کا ایک خاص طریقہ سمجھا اور اللہ کی بار گاہ میں وسیلہ پیش کر کے دعا کی۔ (1)

بزرگ ہستیوں کی مقبولیت نیک اعمال سے زیادہ یقینی ہوتی ہے، اللہ تعالیٰ جس طرح ان کی دعا قبول فرماتا ہے اسی طرح ان کے وسیلے سے کی جانے والی دعا بھی رد نہیں فرماتا، اگرچہ بندہ اللہ پاک کی کمال رحمت کی طرف نظر کرتے ہوئے بلاواسطہ بھی دعا کر سکتا ہے اور کرنی بھی چاہیے، لیکن نیک ہستیوں کو وسیلہ بنانا قبولیتِ دعا کے لیے زیادہ مؤثر ہے۔ (2)
ذیل میں وسیلہ سے متعلق کلام کیا جائے گا، ملاحظہ کیجیے:

وسیلہ کا معنیٰ و مفہوم

”هِيَ مَا يُتَقَرَّبُ بِهِ إِلَى الْغَيْرِ (3) یعنی جس سے کسی کا قرب حاصل کیا جائے اسے وسیلہ کہا جاتا ہے۔“ عرفِ عام میں اللہ کی بار گاہ میں قدر و منزلت والی شے کو قبولیت دعا کا ذریعہ بنانا

(1) مستدرک للحاکم، 3/517، حدیث: 4286- دلائل النبوۃ للبیہقی، 5/489۔
(2) فضائل دعا، ص 71 ماخوذاً۔ (3) التعریفات، ص 176۔

"وسیلہ" اور "توسل" کہلاتا ہے۔ لفظِ وسیلہ اپنے عموم کی وجہ سے اعمالِ صالحہ اور ذواتِ صالحہ دونوں کو شامل ہے۔[1]

وسیلہ کی اقسام

وسیلہ کی بنیادی طور پر دو قسمیں ہیں: (1) وسیلہ ہُدیٰ (2) وسیلہ ہَویٰ

وسیلہ ہُدیٰ: جس وسیلہ کی اللہ پاک نے اجازت دی ہو، مثلاً انبیا و اولیا کا وسیلہ۔

وسیلہ ہَویٰ: جس وسیلہ کی اللہ پاک نے اجازت نہ دی ہو، مثلاً بتوں کا وسیلہ۔[2]

وسیلہ کی پہلی قسم یقیناً حکمِ الٰہی اور ماذون ہے اور دوسری قسم گمراہی ہے۔

فہمِ قرآن کے ضابطے

قرآنِ پاک میں جہاں وسیلہ کا حکم موجود ہے وہیں چند آیات میں اسے کفار و مشرکین کا طریقہ بھی بتایا گیا ہے، بعض لوگ ان آیات کا منشا نہیں سمجھتے یا تجاہلِ عارفانہ کے طور پر عوام الناس کو دھوکا دیتے ہیں اور عداوتِ اولیا کی وجہ سے بزرگانِ دین کے وسیلہ کو شرک کہہ کر گمراہی پھیلاتے ہیں۔ ذیل میں ایسی آیات کو سمجھنے کے لیے کچھ ضابطے ذکر کیے جارہے ہیں، ملاحظہ کیجیے:

ضابطہ نمبر 1: جن آیات سے وسیلہ کا انکار سمجھ آتا ہے وہاں بتوں کا وسیلہ، کفار کے لیے وسیلہ یا عبادت مراد ہے۔ آیت ملاحظہ کیجیے:

مَا نَعْبُدُهُمْ اِلَّا لِيُقَرِّبُوْنَاۤ اِلَى اللّٰهِ زُلْفٰى
(پ23، الزمر:3)

ترجمہ: کہتے ہیں ہم تو انہیں صرف اتنی بات کے لیے پوجتے ہیں کہ یہ ہمیں اللہ کے پاس نزدیک کردیں۔

[1] من عقائد اہل السنۃ، ص 141۔ [2] روح البیان، پ 26، الاحقاف، تحت الآیۃ: 28، 8/486۔

اس سے معلوم ہوا کہ مشرکینِ عرب کے شرک کی دو وجوہات تھیں:

(1) دشمنانِ خدا کو اس تک پہنچنے کا وسیلہ سمجھنا (2) ان بتوں کی عبادت کرنا

ضابطہ نمبر 2: جن آیات میں وسیلہ کا ثبوت ہے وہاں اللہ کے محبوب بندوں کا وسیلہ یا مومنوں کے لیے وسیلہ مراد ہے۔ آیات ملاحظہ کیجیے:

وَلَوْ اَنَّهُمْ اِذْ ظَّلَمُوْٓا اَنْفُسَهُمْ جَآءُوْكَ فَاسْتَغْفَرُوا اللّٰهَ وَاسْتَغْفَرَ لَهُمُ الرَّسُوْلُ لَوَجَدُوا اللّٰهَ تَوَّابًا رَّحِيْمًا ﴿۶۴﴾ (پ5، النساء:64)

ترجمہ: اور اگر جب وہ اپنی جانوں پر ظلم کریں تو اے محبوب تمہارے حضور حاضر ہوں اور پھر اللہ سے معافی چاہیں اور رسول ان کی شفاعت فرمائے تو ضرور اللہ کو بہت توبہ قبول کرنے والا مہربان پائیں۔

وَابْتَغُوْٓا اِلَيْهِ الْوَسِيْلَةَ (پ6، المائدۃ:35)

ترجمہ: اور اس کی طرف وسیلہ ڈھونڈو۔

اُولٰٓئِكَ الَّذِيْنَ يَدْعُوْنَ يَبْتَغُوْنَ اِلٰى رَبِّهِمُ الْوَسِيْلَةَ اَيُّهُمْ اَقْرَبُ وَيَرْجُوْنَ رَحْمَتَهٗ وَيَخَافُوْنَ عَذَابَهٗ ؕ اِنَّ عَذَابَ رَبِّكَ كَانَ مَحْذُوْرًا ﴿۵۷﴾ (پ15، بنی اسرائیل:57)

ترجمہ: وہ مقبول بندے جنہیں یہ کافر پوجتے ہیں وہ آپ ہی اپنے رب کی طرف وسیلہ ڈھونڈتے ہیں کہ ان میں کون زیادہ مقرب ہے اس کی رحمت کی امید رکھتے اور اس کے عذاب سے ڈرتے ہیں بے شک تمہارے رب کا عذاب ڈر کی چیز ہے۔

ان جیسی تمام آیات میں وسیلہ کا ثبوت ہے مگر وہی وسیلہ مراد ہے جو اللہ کے اذن اور اجازت سے اس کا بندہ رب تک پہنچائے۔

شبہات اور ان کی توضیحات

وسیلہ کے اسلامی تصور کو مسخ کر کے کچھ لوگوں نے اس میں شبہات پیدا کرنے کی کوشش کی ہے، ذیل میں ایسے کچھ شبہات اور ان کی توضیحات ذکر کی جارہی ہیں، ملاحظہ کیجیے:

1-شبہ: مشرکینِ عرب اپنے بتوں کو خدا کی بارگاہ میں وسیلہ مانتے تھے اور مسلمان انبیا و اولیا کو وسیلہ مانتے ہیں، لہٰذا جب دونوں کام ایک ہی ہیں تو ایک مؤمن اور دوسرا مشرک کیسے ہوا؟

توضیح: مشرکینِ عرب بتوں کو وسیلہ بنا کر ان کی عبادت کرتے تھے جو یقیناً شرک ہے اور یہ بت کوئی مقربِ بارگاہ نہیں جنہیں وسیلہ بنایا جاسکے، جبکہ اہلِ ایمان اللہ کے محبوب بندوں کو وسیلہ بناتے ہیں جو در حقیقت حکمِ الٰہی ہی کی تعمیل ہے۔ دونوں طرح کے وسیلے میں بہت فرق ہے، ایک بتوں کی تعظیم کی وجہ سے ہے اور دوسرا اللہ کے دیئے ہوئے اعزاز کی وجہ سے۔ گنگا اور زمزم دونوں پانی ہیں لیکن ایک کی تعظیم شرک ہے اور دوسرے کی ایمان، اسی طرح بت اور حجرِ اسود دونوں پتھر ہیں لیکن دونوں کی تعظیم کا حکم علیحدہ ہے۔

2-شبہ: جو افراد اس دنیا سے رخصت ہو گئے ہوں انہیں وسیلہ کیسے بنایا جاسکتا ہے؟ ان میں تو کوئی قوت ہی باقی نہیں؟

توضیح: یہ شبہ در حقیقت استعانت سے متعلق ہے کہ کوئی مرنے کے بعد دوسرے کی مدد کر سکتا ہے یا نہیں، جب یہ بات ثابت ہو جائے کہ کوئی مرنے کے بعد دوسرے کی مدد کرنے کی طاقت رکھتا ہے تو اس کے وسیلہ سے دعا کرنے کا جواز بدرجہ اولیٰ ثابت ہو جائے گا۔

جسم کے مرنے کے بعد روح زندہ ہی رہتی ہے اور اس وقت اس کی طاقت میں مزید اضافہ ہو جاتا ہے کیونکہ اس کے لیے عالمِ غیب اور منازلِ آخرت کے سربستہ راز کھل جاتے

ہیں اور روح ان تمام چیزوں کا مشاہدہ کرتی ہے۔[1] نیز پاکیزہ روح اپنی شرافت کی وجہ سے اہلِ دنیا کو فائدہ بھی پہنچا سکتی ہے، بعض اوقات کوئی اپنے استاذ کو خواب میں دیکھ کر کسی مسئلے کا حل دریافت کرتا ہے تو استاذ اسے حل کر دیتا ہے۔[2] کبھی انسان اپنے والدین کو خواب میں دیکھتا ہے اور ان سے بہت سی چیزوں کے بارے میں سوال کرتا ہے اور وہ اسے درست جوابات دیتے ہیں اور کبھی ایسے دفینے کی خبر دیتے ہیں جس کا کسی کو علم نہیں ہوتا۔[3] اس سے یہ بات یقینی طور پر معلوم ہو جاتی ہے کہ روح کے جسم سے نکلنے کے بعد بھی اس میں قوت باقی رہتی ہے۔[4]

توسل اور فیض یابی کے لیے یہی کافی ہے کہ یہ بزرگ ہستیاں اپنی زندگی میں زبردست ہمت و عزیمت کے ساتھ ناقص افراد کی تکمیل میں مصروف رہ چکی ہوتی ہیں اور بعدِ وصال بھی ان میں اس کا اثر باقی رہتا ہے، یہی وجہ ہے کہ ان کے مزارات لوگوں کے لیے منبعِ انوار ثابت ہوتے ہیں، صاحبانِ نظر اس کا مشاہدہ بھی کرتے ہیں۔[5]

وسیلہ کے انکار کا حکم

وسیلہ ضروریاتِ اہلِ سنت میں سے ہے، لہٰذا اس کا منکر گمراہ ہے۔

1. المطالب العالیۃ للرازی، 7/275۔
2. تفسیرِ کبیر، پ30، النّٰزعٰت، تحت الآیۃ:5، 11/31۔
3. المطالب العالیۃ للرازی، 7/228۔
4. المطالب العالیۃ للرازی، 7/261۔
5. حاشیہ جرجانی علی المطالع، ص14۔

مشق

1-وسیلے کی تمہید کو اپنے لفظوں میں لکھیے۔

2-وسیلے کی تعریف اور اقسام بیان کیجیے۔

3-وسیلے کے ثبوت و نفی پر مشتمل آیات کا ضابطہ تحریر کیجیے۔

4-وسیلے پر پیدا ہونے والے شبہات کا تجزیہ کیجیے۔

5-وسیلے کے انکار کا حکم بیان کیجیے۔

فرہنگ

آ + الف

آلائشوں: گندگیوں
آزُردَہ: رنجیدہ / غمگین
آفاقی مشاہدات: عالمگیر نظارے
اِغلاق: پیچیدگی
ازلی: قدیم / جس کی ابتدا نہ ہو
ابدی: غیر فانی / لازوال / جس کی انتہا نہ ہو
اِستخراجِ اَدِلّہ: دلائل نکالنا
استہزا: تمسخر / مذاق اڑانا
استعداد: فطری قابلیت / صلاحیت
ارتقا پزیر: بڑھنا / اضافہ ہونا
اذن: اجازت
انبیائے تشریعی: نئی شریعت لانے والے نبی
انشائے تخویف و تہدید: ڈرانا دھمکانا
اصنام: بت
اخلاقِ رذیلہ: گھٹیا اخلاق / برے اخلاق
ازراہ لطف و کرم: مہربانی کے طور پر
ارادۂ معصیت: گناہ کا ارادہ
استنباط: نتیجہ اخذ کرنا
اسرائیلی: حضرت یعقوب کی قوم کا فرد / یہودی
انقطاع: منقطع ہونا / کٹنا
اخلاقِ فاضلہ: اچھے اور عمدہ اخلاق
امرِ غیبی: پوشیدہ چیز
اشیائے محسوسہ: وہ چیزیں جنھیں محسوس کیا جا سکے
امورِ معنویہ: وہ اشیاء جن کا خارج میں وجود نہ ہو اور انھیں محسوس نہ کیا جا سکے، جیسے صبر و شکر وغیرہ
اعیان: وہ اشیاء جن کا خارج میں وجود ہو
انحصار: منحصر ہونا، گھرنا، محصور ہونا، سمانا، موقوف ہونا

ب

بحرِ بے کراں: انتہائی وسیع سمندر
بارگاہِ قدس: پاک بارگاہ
بزعم خود: اپنے خیال کے مطابق
بطالتوں: بے ہودگیوں / گمراہیوں
برہانِ رب: اللہ کی روشن اور واضح دلیل
بسیط: مفرد جس کے اجزا نہ ہوں / واحد جس میں تعدد نہ ہو
بالغ نظری: گہری نظر / سمجھ داری
بازیچۂ اطفال: بچوں کا کھیل
برگزیدہ ہستی: پسندیدہ یا مقبول شخصیت

بلا تأمل: بغیر سوچ سمجھے

بادِ مخالف: آگے بڑھنے سے روکنے والی ہوا

بِجار: وہ بیل جو ہندو اپنے کسی مردے کے نام پر داغ دے کر چھوڑ دیتے ہیں۔

بد طینت: بری خصلت والا

ت + پ + ٹ

تلاطُمِ بحر: سمندر کی موجوں کا ٹکرانا

تراشیدہ: بنائی ہوئی / تراشی ہوئی

تنوع: قسم قسم کا ہونا

تنویرات: روشنیاں

تعطیل: صفاتِ باری تعالیٰ کا انکار کرنا

تابید: ابدیت / ہمیشگی

تمثیل: مثال

تثبیت خداوندی: اللہ کی طرف سے عطا کردہ ثابت قدمی

تذلل: عاجزی

تزئین: زیب و زینت / سجاوٹ

تجاہلِ عارفانہ: جان کر انجان بننا

تخفیف: کمی

ترسیل: پہنچانا

توہین آمیز: توہین کرنے والا

تعارض: ٹکراؤ / مخالفت

ٹاپ: گھوڑے کی سُم

پیش رو: قائد / آگے چلنے والا

ج + چ

جبری: زبردستی

جریدۂ تقدیر: وہ صحیفہ جس میں انسان کی تقدیر لکھی ہے

جملہ مکنونات: تمام پوشیدہ باتیں / راز

جلوہ فگن: عکس ڈالنے والا / ظاہر

جسمِ عُنصُری: مادی جسم

جوہرِ مُقدّس: پاکیزہ مادہ

جواہر: قیمتی موتی

جبری: زبردستی

جمادات: بے جان چیزیں

چشم پوشی: نظر انداز کرنا

چمنستان: گلزار / پھولوں کا قطعہ

ح + خ

حرفت: پیشہ

حیاتِ مدنیہ: شہری زندگی

حدِ فاصل: وہ حد جو دو چیزوں کے درمیان آکر ان کو ایک دوسرے سے علیحدہ کر دے۔

خود فریبی: اپنے آپ کو دھوکا دینا

خطرۂ قلبیہ: دل میں آنے والا خیال

خلود: ہمیشگی

خرقِ عادت: خلافِ عادت

خدع: فریب / دھوکا

خُلفِ وعید: کسی سزا کے وعدہ کرنے کے بعد اس کا خلاف کرنا

خِشتِ اوّل: پہلی اینٹ

خود ساختہ: اپنا بنایا ہوا / گھڑا ہوا

خم کرنا: جھکانا

د+ذ

دربارہ قیامت: قیامت کے بارے میں

دینِ قیم: سیدھا دین

دینِ حنیف: حضرت ابراہیم کا دین / دینِ اسلام

تردد و تامل: شک و شبہ

درماندگی: بے چارگی / مجبوری

ذمائم: اخلاقی برائیاں

ذی جسد: جسم والا

ر+ز+ژ

رَکیک مفاہیم: عامیانہ یا گھٹیا مفاہیم

رائے زنی: رائے ظاہر کرنا

رجحانات: میلانات

رَعد و بَرق: بادل کی گرج چمک

رعونت: سرکشی / غرور

رَأفت: مہربانی

راگ الاپنا: اپنی ہی کہے جانا

زمانۂ تعبد: امرِ تعبدی پر عمل کرنے کا وقت

زَلازلِ زمین: زمینی زلزلے

زد: اعتراض

ژالہ باری: اولوں کی بارش

س+ش+ص

سطحِ آب: پانی کا بالائی حصہ

سنگِ میل: وہ پتھر جو راستہ بتانے کے لیے لگائے جاتے ہیں

سکوت: خاموشی

سرمدی: دائمی / ہمیشہ قائم رہنے والا

سُنّتِ الٰہیہ: اللہ کا طریقہ / قانونِ فطرت

سنسان وادی: ویران مقام

سقوط: ذمہ داری کا ختم ہونا

سربستہ: پوشیدہ / مخفی

شستہ بیانی: سلیس اور صاف بیان

شاہ کار: نمونہ

شعار: طریقہ

شائبہ: شبہ / احتمال

صفتِ مؤثرہ: اثر کرنے والی صفت

صفراوی مزاج: وہ شخص جس کے مزاج میں خلطِ صفرا زیادہ ہو / تلخ مزاج

صنعت: کاریگری
صحیفوں: چھوٹی کتابیں جو بعض انبیائے کرام پر نازل ہوئیں
صلیب: عیسائیوں کا مقدس نشان / سولی

ط + ظ

طفولیت: بچکانہ پن
ظنی الافادہ: جس کا فائدہ دینا غیر یقینی ہو

ع

عواطف: رجحانات کا مترادف
عالمِ بالا: روحوں کا جہاں
علاقہ: تعلق / مناسبت
عتاب: ناراضی ظاہر کرنا
علتِ غائیہ: جس کی وجہ سے شے کا وجود ہو
عدمِ محض: صرف معدوم ہونا
عصمت ایزدی: اللہ کی عطا کردہ پاک دامنی
عالمِ ہستی: دنیا
عرضیاں: درخواستیں
عزیمت: قصد و ارادہ
عنصر: اصل / بنیاد
عناصرِ اربعہ: مادی دنیا کے چار بنیادی اجزا پانی، ہوا، آگ، مٹی

ف

فیض رسانی: فائدہ پہنچانا
فیض یابی: فیض لینا / فائدہ حاصل کرنا
فکری یتیمی: سوچ کا یتیم ہونا / سوچ کا گھٹیا ہونا
فریادرس: فریاد کو پہنچنے والا / فریاد سننے والا

ق

قرینہ: علامت / وہ شے جو مطلوب کی طرف اشارہ کرے
قبطی: مصر کا قدیم رہائشی / قومِ فرعون کا شخص
قلبی کیفیات: دل کی حالتیں
قبائح: برائیاں / بدکرداریاں
قدسی نفوس: پاک روحوں والے افراد
قصرِ توحید: توحید کا محل / توحید کی عمارت
قفل: تالا

ل

لطافتوں: خوبیوں
لازم الزوال: جس کا ختم ہونا لازم ہو
لامتناہی: بے انتہا
لامذہبیت: مذہب سے بے تعلقی / بے دینی
لرزہ: کپکپاہٹ

م

موزوں: جچنے والا / مناسب
مبروص: کوڑھ یا سفید داغ کا مریض

معلق: درمیان میں ہونا / لٹکا ہوا ہونا
مطبخ: باورچی خانہ / کچن
مشاعر: حواسِ خمسہ
منکشف: ظاہر / واضح / آشکار
مثلیت: مماثلت ہونا / ایک جیسا ہونا
مُرتَسِمْ: نقش ہونا
مادہ: کلمے کے حروفِ اصلیہ / ماخذ
منابعِ علم: علم کے چشمے
مدارجِ ولایت: ولایت کے درجات
موہوم: خیالی چیز
مفروض: فرضی
مکتوباتِ لوح: لوحِ محفوظ میں لکھی باتیں
مدنی الطبع: لوگوں کے ساتھ مل جل کر رہنے والا
مواخذہ: پکڑ
منزّہ: پاک
مکر: دھوکا / فریب
مینہ: بارش
مزاحمت: روک ٹوک / تعرض
محامل: مفاہیم
مافوق الاسباب: اسباب سے ماوراء / عقل سے بالاتر
ماورائے قیامت: قیامت کے بعد
مطلقاً: بغیر قید کے / بغیر وضاحت کے
معطل: ناکارہ / بے کار

ملحد: بے دین / راہِ حق سے پھرا ہوا
مربوط: ملا ہوا ہونا / وابستہ ہونا
موالیدِ ثلاثہ: تین قسم کی مخلوق حیوانات، نباتات، جمادات
متضاد امور: باہم مخالف اشیاء
مستزاد: بڑھایا گیا / پہلی بات سے زیادہ بڑی بات
مقفل: تالا لگا ہوا
منہدم: گرنے والا
منشائے ربانی: اللہ کا ارادہ
موجبِ تحسین: قابلِ تعریف
مستحسن امر: اچھا کام
مسخ: بگاڑنا / بدل دینا
منبع: چشمہ
منشا: مراد / مقصد
مستفیض: فیض چاہنے والا / فائدہ اٹھانے والا
مرزائی: مرزا غلام احمد قادیانی کا پیروکار

و+ی

وبال: بوجھ / عذاب
ودیعت: عطا کرنا / عنایت کرنا
یاس: امید
یکسانیت: مماثلت / مشابہت
یقینی الافادہ: جس کا فائدہ دینا یقینی ہو

مصادر و مراجع

قرآن پاک	کلامِ الٰہی	مکتبۃ المدینہ
نام کتاب	مصنف / مؤلف / متوفیٰ	مطبوعات
	کتبِ تفسیر	
زاد المسیر فی علم التفسیر	امام ابو الفرج عبد الرحمن بن علی ابن جوزی، متوفیٰ597ھ	المکتب الاسلامی1984ء
تفسیرِ کبیر	امام فخر الدین محمد بن عمر بن حسین رازی، متوفیٰ606ھ	داراحیاء التراث العربی بیروت1999ء
تفسیرِ قرطبی	ابو عبد اللہ محمد بن احمد انصاری قرطبی، متوفیٰ671ھ	دار الفکر بیروت1999ء
تفسیرِ بیضاوی	امام ناصر الدین عبد اللہ بن عمر شیرازی بیضاوی، متوفیٰ685ھ	دار الفکر بیروت2000ء
تفسیر النسفی	امام عبد اللہ بن احمد بن محمود نسفی، متوفیٰ710ھ	دار المعرفہ بیروت2000ء
تفسیرِ غرائب القرآن	علامہ نظام الدین حسن بن محمد قمّی نیشاپوری، متوفیٰ728ھ	دار الکتب العلمیہ بیروت1996ء
تفسیرِ خازن	علاؤ الدین علی بن محمد بغدادی، متوفیٰ741ھ	دار الکتب العربیہ الکبریٰ مصر
تفسیرِ بحر المحیط	ابو حیان محمد بن یوسف اندلسی، متوفیٰ745ھ	دار الکتب العلمیہ بیروت1993ء
تفسیرِ مظہری	قاضی محمد ثناء اللہ حنفی مظہری پانی پتی، متوفیٰ1225ھ	دار احیاء التراث العربی2004ء
تفسیراتِ احمدیہ	شیخ احمد بن ابی سعید ملاجیون جونپوری، متوفیٰ1130ھ	پشاور
روح البیان	علامہ اسماعیل حقی بروسوی، متوفیٰ1137ھ	دار احیاء التراث العربی بیروت
تفسیرِ عزیزی	شاہ عبد العزیز محدث دہلوی، متوفیٰ1239ھ	کوئٹہ
تفسیرِ صاوی	علامہ احمد بن محمد صاوی مالکی خلوتی، متوفیٰ1241ھ	دار الفکر بیروت1421ھ
روح المعانی	ابو الفضل شہاب الدین آلوسی، متوفیٰ1270ھ	داراحیاء التراث العربی بیروت1999ء
تفسیرِ نور العرفان	حکیم الامت مفتی احمد یار خان نعیمی، متوفیٰ1391ھ	نعیمی کتب خانہ لاہور
	کتبِ حدیث	
مصنف ابن ابی شیبہ	امام عبد اللہ بن محمد بن ابی شیبہ کوفی عبسی، متوفیٰ235ھ	مؤسسۃ علوم القرآن2006ء
مسندِ احمد بن حنبل	امام ابو عبد اللہ احمد بن محمد بن حنبل، متوفیٰ241ھ	دار الفکر بیروت1994ء
سننِ دارمی	امام عبد اللہ بن عبد الرحمٰن دارمی، متوفیٰ255ھ	دار الکتاب العربی1987ء
بخاری	امام ابو عبد اللہ محمد بن اسماعیل بخاری، متوفیٰ256ھ	دار الکتب العلمیہ بیروت1998ء
مسلم	امام ابو الحسین مسلم بن حجاج قشیری، متوفیٰ261ھ	دار الکتاب العربی بیروت2006ء

ابو داود	امام ابو داود سلیمان بن اشعث سجستانی، متوفیٰ 275ھ	دار احیاء التراث العربی بیروت 2001ء
ترمذی	امام ابو عیسیٰ محمد بن عیسیٰ ترمذی، متوفیٰ 279ھ	دار الفکر بیروت 1994ء
السنن الکبریٰ للنسائی	امام ابو عبد الرحمن احمد بن شعیب نسائی، متوفیٰ 303ھ	دار الکتب العلمیہ بیروت 1991ء
مشکل الآثار	ابو جعفر احمد بن محمد بن سلامہ طحاوی حنفی، متوفیٰ 321ھ	دار الکتب العلمیہ بیروت 1995ء
صحیح ابنِ حبان	امام ابو حاتم محمد بن حبان تمیمی بستی، متوفیٰ 354ھ	دار الکتب العلمیہ بیروت 1996ء
معجمِ اوسط	امام ابو القاسم سلیمان بن احمد طبرانی، متوفیٰ 360ھ	دار الکتب العلمیہ بیروت 1999ء
المستدرک للحاکم	ابو عبد اللہ محمد بن عبد اللہ حاکم نیشاپوری، متوفیٰ 405ھ	دار المعرفہ بیروت 2006ء
السنن الکبریٰ للبیہقی	امام ابو بکر احمد بن حسین بیہقی، متوفیٰ 458ھ	دار الکتب العلمیہ بیروت 2003ء
شعب الایمان	امام ابو بکر احمد بن حسین بیہقی، متوفیٰ 458ھ	دار الکتب العلمیہ بیروت 2000ء
مشکاۃ المصابیح	امام محمد بن عبد الرحمن خطیب تبریزی، متوفیٰ 509ھ	دار الکتب العلمیہ بیروت 2003ء
فردوس الاخبار	حافظ شہرویہ بن شہردار بن شہرویہ دیلمی، متوفیٰ 509ھ	دار الفکر بیروت 1997ء
	شروحِ حدیث	
شرح مسلم للنووی	امام محی الدین ابو زکریا یحییٰ بن شرف نووی، متوفیٰ 676ھ	دار الکتب العلمیہ بیروت 1981ء
عمدۃ القاری	امام بدر الدین ابو محمد محمود بن احمد عینی، متوفیٰ 855ھ	ملتان پاکستان 1998ء
فیض القدیر	علامہ عبد الرؤف مناوی، متوفیٰ 1003ھ	دار الکتب العلمیہ بیروت 2001ء
مرقاۃ المفاتیح	علی بن سلطان المعروف ملا علی قاری، متوفیٰ 1014ھ	دار الفکر بیروت 1994ء
اشعۃ اللمعات	شیخ محقق عبد الحق محدث دہلوی، متوفیٰ 1052ھ	کوئٹہ
مراٰۃ المناجیح	حکیم الامت مفتی احمد یار خان نعیمی، متوفیٰ 1391ھ	ضیاء القرآن پبلی کیشنز لاہور
	کتبِ فقہ واصولِ فقہ	
بدائع الصنائع	علاؤ الدین ابو بکر بن مسعود کاسانی حنفی، متوفیٰ 587ھ	دار احیاء التراث العربی بیروت 2000ء
فتح القدیر	کمال الدین محمد بن عبد الواحد المعروف بابن ہمام، متوفیٰ 681ھ	کوئٹہ
عنایہ	امام اکمل الدین محمد بن محمود بابرتی، متوفیٰ 786ھ	کوئٹہ
البحر الرائق	زین الدین بن ابراہیم المعروف بابن نجیم مصری، متوفیٰ 970ھ	دار الکتب العلمیہ بیروت 1997ء
المسلک المتقسط	علی بن سلطان المعروف ملا علی قاری، متوفیٰ 1014ھ	کراچی 1425ھ
فتاویٰ ہندیہ	شیخ نظام الدین و جماعت علمائے ہند	دار الفکر بیروت 1402ھ
فواتح الرحموت	عبد العلی محمد بن نظام الدین سہالوی لکھنوی، متوفیٰ 1225ھ	دار الکتب العلمیہ بیروت 2002ء

طحطاوی علی المراقی	علامہ احمد بن محمد بن اسماعیل طحطاوی حنفی، متوفیٰ 1231ھ	دار الکتب العلمیہ بیروت 1997ء
ردالمحتار	علامہ سید محمد امین ابن عابدین شامی، متوفیٰ 1252ھ	دار المعرفہ بیروت 2000ء
رسائل ابن عابدین	علامہ سید محمد امین ابن عابدین شامی، متوفیٰ 1252ھ	لاہور 1411ھ
الاختیار لتعلیل المختار	عبد اللہ بن محمود بن مودود موصلی حنفی، متوفیٰ 683ھ	دار الکتب العلمیہ بیروت 1998ء
فتاویٰ رضویہ	اعلیٰ حضرت امام احمد رضا خان، متوفیٰ 1340ھ	رضا فاؤنڈیشن لاہور
بہارِ شریعت	مفتی محمد امجد علی اعظمی، متوفیٰ 1367ھ	مکتبۃ المدینہ کراچی 2012ء
فتاویٰ امجدیہ	مفتی محمد امجد علی اعظمی، متوفیٰ 1367ھ	مکتبہ رضویہ آرام باغ کراچی
ملفوظاتِ اعلیٰ حضرت	مفتیٔ اعظم ہند محمد مصطفےٰ رضا خان نوری، متوفیٰ 1402ھ	مکتبۃ المدینہ کراچی 2015ء
اصول الشاشی	المدینۃ العلمیہ	مکتبۃ المدینہ کراچی 2012ء
	کتبِ عقائد	
شرح اصول اعتقاد اہل السنۃ والجماعۃ	امام ابو القاسم ہبۃ اللہ ابن الحسن طبری لالکائی، متوفیٰ 418ھ	دار البصیرہ اسکندریہ
المطالب العالیۃ للرازی	امام فخر الدین محمد بن عمر بن حسین رازی، متوفیٰ 606ھ	دار الکتاب العربی بیروت 1987ء
شرح المقاصد	مسعود بن عمر المعروف بسعد الدین تفتازانی، متوفیٰ 793ھ	دار الکتب العلمیہ بیروت 2001ء
شرح العقائد النسفیہ	مسعود بن عمر المعروف بسعد الدین تفتازانی، متوفیٰ 793ھ	مکتبۃ المدینہ کراچی 2019ء
شرح المواقف	ابو الحسن علی بن محمد المعروف سید شریف جرجانی، متوفیٰ 816ھ	دار الکتب العلمیہ بیروت 1998ء
شرح العقائد العضدیہ	علامہ جلال الدین محمد بن اسعد دوانی صدیقی، متوفیٰ 918ھ	مکتبۃ المرکز الثقافی العربی 1317ھ
منح الروض الازہر	علی بن سلطان المعروف ملا علی قاری، متوفیٰ 1014ھ	مکتبۃ المدینہ کراچی 2014ء
ہدایۃ المرید	علامہ برہان الدین ابراہیم لقانی مالکی، متوفیٰ 1041ھ	دار البصائر قاہرۃ 2009ء
تکمیل الایمان	شیخ محقق عبد الحق محدث دہلوی، متوفیٰ 1052ھ	لیاقت آباد کراچی 1421ھ
النبراس	علامہ محمد عبد العزیز پرہاروی، متوفیٰ 1239ھ	ملتان
تحفۃ المرید	شیخ ابراہیم بن محمد بن احمد باجوری، متوفیٰ 1276ھ	مکتبۃ دار البیرونی دمشق 2002ء
تحقیق الفتویٰ (مترجم)	امام حکمت وکلام علامہ محمد فضل حق خیر آبادی، متوفیٰ 1278ھ مترجم: شرف ملت محمد عبد الحکیم شرف قادری، متوفیٰ 1428ھ	مکتبہ قادریہ لاہور 2011ء
امتناع النظیر (مترجم)	امام حکمت وکلام علامہ محمد فضل حق خیر آبادی، متوفیٰ 1278ھ مترجم: مولانا محمد ناظم علی رضوی مصباحی	امام احمد رضا اکیڈمی بریلی 2016ء
المعتقد المنتقد	خاتم المحققین شاہ فضل رسول قادری بدایونی، متوفیٰ 1289ھ	دار اہل السنۃ 2018ء

اصول الرشاد	علامہ مولانا نقی علی خان، متوفیٰ 1297ھ	دار اہل السنۃ 2009ء
رشاقۃ الکلام فی حواشی اذاقۃ الآثام	اعلیٰ حضرت امام احمد رضا خان، متوفیٰ 1340ھ	دار اہل السنۃ 2016ء
دس عقیدے	اعلیٰ حضرت امام احمد رضا خان، متوفیٰ 1340ھ	مکتبۃ المدینہ کراچی 2015ء
الدولۃ المکیۃ	اعلیٰ حضرت امام احمد رضا خان، متوفیٰ 1340ھ	دار اہل السنۃ 2019ء
نجم الرحمن	علامہ غلام محمود پپلانوی گولڑوی، متوفیٰ 1948ء	دار الاسلام 2017ء
فتاویٰ شارح بخاری	فقیہ اعظم ہند مفتی شریف الحق امجدی، متوفیٰ 1420ھ	مکتبہ برکات المدینہ 2012ء
مفاہیم یجب ان تصحح	محمد بن علوی مالکی مکی، متوفیٰ 1425ھ	دار السلام لاہور 1986ء
العقائد و المسائل	حضرت علامہ مفتی عبد القیوم ہزاروی، 2003ء	مکتبہ تنظیم المدارس لاہور 1417ھ
من عقائد اہل السنۃ	شرف ملت محمد عبد الحکیم شرف قادری، متوفیٰ 1428ھ	منظمۃ الدعوۃ الاسلامیہ لاہور 1995ء
کبری الیقینیات الکونیہ	محمد سعید رمضان بوطی، متوفیٰ 2013ء	دار الفکر دمشق 2019ء
تمہید ابو شکور سالمی	امام ابو شکور محمد بن عبد السعید سالمی کبشی حنفی	نوریہ رضویہ لاہور 2013ء
حاشیہ خیالی علی شرح العقائد	علامہ شمس الدین احمد بن موسیٰ خیالی، متوفیٰ 870ھ	کوئٹہ
حاشیہ رسائلِ فضلِ رسول	مولانا اسید الحق محمد عاصم قادری بدایونی، متوفیٰ 2014ء	مکتبہ برکات المدینہ 2010ء
لوامع الانوار البہیۃ	شیخ محمد بن احمد سفارینی حنبلی، متوفیٰ 1188ھ	دمشق 1982ء
	کتب سیرت	
دلائل النبوۃ	امام ابو بکر احمد بن حسین بیہقی، متوفیٰ 458ھ	دار الکتب العلمیہ بیروت 1988ء
شفا	القاضی ابو الفضل عیاض مالکی، متوفیٰ 544ھ	مرکز اہلسنت برکات رضا ہند
المواہب اللدنیہ	الشیخ احمد بن محمد القسطلانی، متوفیٰ 923ھ	دار الکتب العلمیہ بیروت 1996ء
شرح الشفا	علی بن سلطان المعروف ملا علی قاری، متوفیٰ 1014ھ	دار الکتب العلمیہ بیروت 2001ء
شرح الزرقانی علی المواہب	محمد بن عبد الباقی بن یوسف زرقانی، متوفیٰ 1122ھ	دار الکتب العلمیہ بیروت 1996ء
	کتب لغت	
مفردات الفاظ القرآن	علامہ حسین بن محمد راغب اصفہانی، متوفیٰ 425ھ	دمشق 1996ء
لسان العرب	ابو الفضل جمال الدین محمد بن مکرم ابن منظور افریقی، متوفیٰ 711ھ	مؤسسۃ الاعلمی بیروت 2005ء
التعریفات	ابو الحسن علی بن محمد المعروف سید شریف جرجانی، متوفیٰ 816ھ	دار المنار
التوقیف علی مہمات التعریف	علامہ عبد الرءوف مناوی، متوفیٰ 1003ھ	عالم الکتب قاہرہ 1990ء
جامع الدروس العربیہ	شیخ مصطفیٰ غلایینی	مکتبۃ العصریۃ بیروت 1994ء
اردو لغت تاریخی اصول پر	مجلس انتظامیہ اردو لغت	اردو لغت بورڈ کراچی 1990ء

	متفرقات	
فضائل الصحابة لابن حنبل	امام احمد بن حنبل، متوفیٰ 241ھ	مؤسسۃ الرسالۃ بیروت 1983ء
احیاء العلوم	امام ابو حامد محمد بن محمد غزالی، متوفیٰ 505ھ	دار صادر بیروت 2000ء
فتوحات مکیہ	محی الدین ابو بکر محمد بن علی المعروف بابن عربی، متوفیٰ 638ھ	دار الکتب العلمیۃ بیروت 1999ء
التذکرۃ للقرطبی	علامہ ابو عبد اللہ بن احمد انصاری قرطبی، متوفیٰ 671ھ	دار السلام قاہرہ 2008ء
طبقات الشافعیۃ الکبریٰ	علامہ تاج الدین عبد الوہاب بن علی سبکی، متوفیٰ 771ھ	دار احیاء الکتب العربیہ 1964ء
حاشیہ جرجانی علی المطالع	ابو الحسن علی بن محمد المعروف سید شریف جرجانی، متوفیٰ 816ھ	مصر
البرہان فی علوم القرآن	امام بدر الدین محمد بن عبد اللہ زرکشی، متوفیٰ 794ھ	دار الفکر بیروت 2001ء
الحاوی للفتاوی	امام جلال الدین عبد الرحمن بن ابی بکر سیوطی، متوفیٰ 911ھ	دار الفکر بیروت 2000ء
تدریب الراوی	امام جلال الدین عبد الرحمن بن ابی بکر سیوطی، متوفیٰ 911ھ	دار الفکر بیروت 2000ء
فتاویٰ حدیثیہ	احمد شہاب الدین ابن حجر ہیتمی مکی، متوفیٰ 973ھ	دار احیاء التراث العربی بیروت
حجۃ اللہ البالغہ	شاہ ولی اللہ محدث دہلوی، متوفیٰ 1176ھ	آرام باغ کراچی
شرح الباجوری علی البردہ	شیخ ابراہیم بن محمد بن احمد باجوری، متوفیٰ 1276ھ	مکتبۃ الآداب قاہرۃ
فضائلِ دعا	علامہ مولانا نقی علی خان، متوفیٰ 1297ھ	مکتبۃ المدینہ کراچی 2009ء
علم القرآن	حکیم الامت مفتی احمد یار خان نعیمی، متوفیٰ 1391ھ	مکتبۃ المدینہ کراچی 2014ء
مقالاتِ کاظمی	غزالیٔ زماں علامہ احمد سعید کاظمی، متوفیٰ 1406ھ	مکتبہ ضیائیہ ضیاء العلوم راولپنڈی
المعجزات	مفتی محمد فیض احمد اویسی، متوفیٰ 1431ھ	مکتبہ اویسیہ رضویہ بہاول پور
حاشیہ عبید اللہ بر حواشی زاہدیہ بر رسالہ قطبیہ	علامہ محمد عبید اللہ ایوبی قندھاری، متوفیٰ 2015ء	کوئٹہ
مدارج العرفان	شیخ الحدیث والتفسیر علامہ پیر محمد چشتی، متوفیٰ 2016ء	علم دین پبلشرز لاہور
اصول الدعوۃ والارشاد نیکی کی دعوت کے اہم اصول	مولانا عبد اللہ نعیم صدیقی عطاری مدنی	مکتبۃ المدینہ کراچی 2022ء

24

www.ingramcontent.com/pod-product-compliance
Lightning Source LLC
LaVergne TN
LVHW072030061026
849558LV00051B/561